台灣蘭花達人劉黃崇德

王者的園丁

Taiwan Orchid

徐元民、劉黃碧圓——著

劉黃崇德夫婦親訪李金盛夫婦。左起：劉黃崇德夫人、李金盛夫人、李金盛、劉黃崇德。
p.44 高雄的李金盛

劉黃崇德（右一）親赴陳忠純住家訪問，與陳忠純夫婦合影。
p.48 台中的陳忠純

劉黃崇德與蘭友合影。前排左二起：劉黃崇德、洪東發、林萬來。

p.87 劉黃崇德的師父

台大蘭園賴本智獲第十屆創業青年楷模。（翻攝自《洋蘭月刊》，1988，19：11，賴本智提供）

p.184 企業化蘭園嶄露頭角

台中的祥育蘭園在此戰局中是個小角色，卻有聲有色。（攝於2015 TIOS會場）

p.232 企業紛紛投入戰局

「蘭花產業農業科技人才培訓班」年紀最大的學員，也擔任講師的劉黃崇德代表全體學員領取證書。（翻攝自《生活蘭藝》，2006，1：38，沈榮壽提供）

p.243 積極推廣蘭業教育

在嘉義宴請中島文子。左起：陳盈達、劉黃碧圓、中島文子、劉黃崇德。
p.269 親友旁觀劉黃崇德

2013年，劉黃崇德接受全日本蘭協俳句比賽頒獎。（蕭元川提供）
p.267 全日蘭會的趣味

劉黃崇德伉儷鑽石婚照。
p.269 親友旁觀劉黃崇德

序一

蘭花，在一般人的印象中，已形成一種高貴、優雅、脫俗的符號。在社會的價值觀裡，她經常獨領風騷，人們經常為她舉辦公開展覽會，聘請審查員評分，一比高下；在蘭花科技化、產業化、平民化、國際化之後，使得蘭花發展史更加豐實。

我從認識蘭花到了解蘭花，乃是婚後的事（1980年，民國69年），這時岳父劉黃崇德的蘭花事業處於起色階段，經常出國，我們很少碰面，他木訥寡言，我好奇多問，從他的長榮街愛蘭園到鹿滿愛蘭園，以至愛蘭園石卓溫室，他一路走來的歷程，在我的觀察裡，起初，我認定那是他的飯碗，他的工作；之後，我發覺除了飯碗與工作之外，還有那份執著、熱愛、傻勁，甚至到了狂迷、沉醉、忘我的境界，蘭花，不論在他的生活世界或內心世界裡，總是擺在第一位，此乃玩蘭趣味者的表徵無疑。

我乃體育界出身，專攻體育史，為此，我深入史學方法的探究，發表並出版諸多的論文與著作，也帶過許多博、碩士生，因而養成面對事件的觀察時，總會以追溯該事件歷史的根源為先。數年前，在愛蘭園家族例行聚會場合，方知岳父在寫台灣蘭界的人物史，他的第一篇〈濫觴物語〉於2003年（民國92年）發表在《豐年半月刊》。

撰寫人物史，那可是我的專長。1999年（民國88年），我集結了20篇人物史，編輯成《中國近代知識份子對體育思想之傳播》一書出版。2007-2011年（民國96-100年）期間，我主持的行政院國家科學委員會專題研究—〈台灣當代樹立體育專業形象的知識份子〉，撰寫了14位人物史。這些都是對體育界有影響力的人物。但我未曾考慮過要寫蘭花界的人物。

直到今年年初，我聽聞有人來採訪岳父，並收集有關蘭花的資料，這時才引起我撰寫的動機。起初，我只想為岳父寫一本傳記，將他在蘭界的種種經歷，搭配他收集的相片和撰寫的文章，編輯成冊出版，以資紀念。然而，在做完初步訪談並參觀他的書房後，發現他所收集的蘭花專業圖書與期刊相當的豐富，我當下決定為蘭界撰寫一部《台灣蘭花發展史》，以劉黃崇德的見證為主軸來延伸，其理由如下：

一位白手起家的台灣嘉義青年打造了愛蘭園傳奇；

一位好學不倦的台灣蘭花販子收集豐富的蘭界文獻；

一位小學學歷的台灣蘭花販子發表百餘篇蘭界文章；

一位獨具慧眼的台灣蘭花販子開創蘭花插花之應用；

一位台灣蘭花販子獨闖日本為台灣蘭界開拓市場；

一位台灣蘭花販子率先投資興建專業之中海拔溫室；

一位懂得飲水思源的台灣蘭花販子撰述蘭界前輩史；

一位台灣蘭花販子擔任日本東京巨蛋世界蘭展評審；

一位忠厚老實的台灣蘭花販子擔任台灣國際蘭展主審；

一位愛蘭如痴的台灣蘭花販子榮獲日本俳句大賞；

一位台灣蘭花販子見證了台灣蘭花發展史一甲子。

歷史，是我們從小學開始就經常接觸的課程，但大多數的人都不知道為何要念歷史，而在我們的日常生活當中，卻經常應用歷史而不自知；例如：求職時要填寫履歷表，看病時醫師要調查疾病史，相親時要多了解對方的家族史，到了一個新的工作職場，要多了解以往業務的辦理情形，想從事蘭花事業，當然得從了解蘭花的發展史開始，會比較容易進入狀況。

在以往，學校裡所念的歷史，被喻為帝王的家譜，重視的是政治軍事史，屬於上層社會的歷史，對於普羅大眾的生活史多被邊緣化。台灣於1987年（民國76年）解嚴之後，本土性的歷史、庶民的生活史漸受重視。以蘭業為例，今日的台灣蘭花產業能夠蓬勃發展，取得國際市場之優勢與聲望，是由許許多多蘭花趣味者奠下的基礎，不論是專業的或兼差的，雖然他們只是一般的平民百姓，卻都曾經投下心力，為締造「蘭花王國」的美夢而奮鬥。

因此，本書是以蘭花為題材，採取歷史的架構，運用口述的方法，輔以當年代的文獻，從一個身歷其境者的角度，描繪台灣蘭花發展的歷程。接受正式訪談並錄影者13人，訪談時間自2015年（民國104年）02月14日起，至同年4月17日止，訪談語言以台語為主，共錄影15小時餘，轉譯稿4萬餘字。由於受訪者對事件發生的年代會有錯置現象，因此，我就像偵探一樣，多方蒐集證據，抽絲剝繭，釐清真相，例如一個生肖的確定，解開數個謎題，又如一齣真善美電影，釐清了許多疑惑，一句郭婉容事件，確定了事件發生的年代。

在文獻方面，以岳父提供的《台灣蘭藝》、《中華蘭藝》、《蘭花世界》、《洋蘭月刊》、《蘭藝生活》、《生活蘭藝》6種期刊300多冊為主，我一一選擇文章→解讀→摘錄，再搭配轉譯稿擬定全書的歷史分期架構與章節，佈局完成後，便開始撰述初稿，缺乏史料者，再到圖書館查閱，必要時還補行訪談，撰述的原則為：表象陳述→還原真相→解釋文本→提煉意義。全書分為五大部分：

第一部分：台灣蘭藝萌芽的時代（1945年之前）

第二部分：台灣光復初期的時代（1945-1962）

第三部分：台灣省蘭藝協會的時代（1962-1978）

第四部分：蘭花產業興起的時代（1978-1997）

第五部分：蘭花產業勃興的時代（1997-2015）

歷史的分期乃為方便陳述而設，但絕不代表是歷史事件的斷點，因為歷史是流動的，一個時代裡所發生的事件之前因後果，不見得都在同一個時代裡產生。至於時代的稱呼，本書統一使用日本時代、台灣光復，毋庸政治聯想；年代以西元為主，輔以適當的年號示之。

在台灣，這應該是第一本比較完整的台灣蘭花發展史專書，受限於史料，難免有所疏漏，局限於觀點，難免落於主觀；我深信，未來會有先進與方家跟進，另著出版，更勝一籌本書的格局。

徐元民序於開南大學休閒事業管理學系
2015年8月8日父親節

序二

從我有記憶開始，就知道父親是個蘭花農民，我們七個兄弟姊妹自幼都被分配分擔蘭園的工作，迨懂事一點了，知道父親經常在夜深人靜時寫文章投稿，他也寫了一手好書法，獲得我的崇拜，引發我的興趣與學習，他還會插花，當過插花老師，他是我學習插花藝術的啟蒙老師，我會念嘉義農專園藝科，也是受到他所鼓勵的。

念嘉義農專五年級時，我選修了黃達雄教授所開的「蘭花學」，這是台灣首創的科目，授課內容以蘭花栽培技術與管理為主；之後進入中興大學園藝學系，也選修了王才義教授所開的「蘭花學」，教授經常帶我們參觀中部附近的蘭園，讓我見識到台灣中部蘭花產業的特色不同於南部。在學院派環境的薰陶下，方理解到整個蘭花界的範疇，讓我得以理論與實務更加結合，身為蘭農子弟的我，體悟尤深，惟斯時尚偏重於栽培技術的層次。「蘭花學」的領域逐年的擴大之後，專業術語、登錄制度、歷史發展、生物科技、行銷管理皆是我授課的教材；然而，較完整的蘭花史素材尚付之闕如，乃引發我撰寫本書的動機。

我在念五專時，就已經學會蘭花的組織培養技術，我的碩士論文於1995年完成，此時台灣園藝界尚未見以蘭花為主題的作品；我在任教之餘，於2009-2010年間獲行政院農委會經費補助，赴日本研發機構進修一年，經由父親的引介，拜蘭界大師唐澤耕司門下，學習蘭科植物染色體觀察技術，此外，也利用課外時間，從事社會服務，擔任台灣國際蘭展審查委員、台灣蘭花產銷發展協會評審委員兼編輯主任委員，和自己的教學工作互補。

十餘年前，我便鼓勵父親撰寫他所認識的蘭界人物故事，投稿發表以留下歷史見證，並納入我的教學教材。在2003-2007年期間，以「濫觴物語」為題總共發表了9篇，每一篇都採用口述歷史方法，親自登門拜訪關係人，每一段史實，他一定會經過多方的求證，落筆時碰到瓶頸或疑問時，會再次專訪，當面釐清事實的真相；每一趟的訪問，都是由我充當司機，南北奔波，我一方面在旁聆聽他們的對話，獲得第一手的經驗，另一方面從旁體驗到父親事必躬親的執著精神。

以拜訪「陳慶春」家屬為例，在偶然的機會裡獲得線索，按圖索驥尋覓到素昧平生的受訪者，父親總是以誠懇的態度設法讓其卸下心防，引導他們娓娓道出「陳慶春」一生的起伏事蹟，這位堪稱台灣在地人士投入最深的蘭界專業人士，我有幸能陪伴父親挖掘出這一段歷史，深感與有榮焉。

然而，一路走來，漸感父親年事已高，恐力有未逮，畢竟欲獨力完成台灣蘭花發展史，並非易事，所幸，大姊夫（徐元民）專攻體育史學，對人物史的撰述頗有心得，我倆乃商議聯手投入撰寫工作，以父親撰述的「濫觴物語」——台灣蘭界先輩人物誌系列文章為藍本，搭配父親畢生所收集的蘭花專業期刊，以及訪問父親周遭的親友，歷經8個月完稿。

蘭花的人文歷史故事，最貼近人類的真實生活，生物科技與行銷管理只是提升人類生活素質的手段。本書提供給愛好蘭花或以蘭花為業的朋友，發生於台灣在地的諸多蘭花故事，了解蘭花如何被發現？人們為何風靡蘭花？他們如何栽培蘭花？蘭花產業的發展脈絡為何？如何從逆境中找出口？為何有人會誤入歧途？藉由本書可以尋得上述疑問的蛛絲馬跡，從史例中找答案，從閱讀中增加人文素養，讓蘭花不只是一盆市場價值的蘭花，而是豐富生命價值的蘭藝。

劉黃碧圓序於嘉義大學園藝學系

2015年9月27日中秋夜

目次

第三輯　台灣省蘭藝協會的時代（1962-1978）

第一輯

台灣蘭藝萌芽的時代

1945年之前

第一章　蘭花為何風靡全球

人類採擷蘭花、培植蘭花、欣賞蘭花，從現有的史料來看，中國人算是最早的民族，這種蘭花文化也傳到崇尚儒家思想的韓國、日本諸國；歐洲各民族也有採擷蘭花、培植蘭花、欣賞蘭花的紀載，但形成一種蘭花文化，則是在18世紀之後的事。

什麼植物叫做蘭花

「蘭」，在漢語中一般所指的就是「蘭科植物」，尤其指的是「蕙蘭」，它所開的花就叫「蘭花」，但是漢語中帶有「蘭」的植物語詞，所指涉的則不一定是「蘭科植物」，例如木蘭、玉蘭、螃蟹蘭、球蘭等有20幾種帶有「蘭」一字的植物名，均不是「蘭科植物」；[1]一般漢語中所泛指的「國蘭」、「中國蘭」、「東亞蘭」、「東洋蘭」、「洋蘭」均屬於「蘭科植物」，英文標記為「Orchid」。

從植物學的角度來解釋「蘭科植物」，它是單子葉植物中三大家族之一，其他兩科分別為菊科和豆科，依1960年代（民國50年代）的統計，蘭科植物有500多屬，超過15,000多種，85%分布在熱帶和亞熱帶之間，但被採集成為園藝品種且具觀賞價值者約占10%而已，經過交配產生的新品種則已超過數萬種之多；[2]蘭科植物的特性，大致可分為著生蘭和地生蘭二大類，整體而言，其莖、葉、根、花都有其共同特性，尤其是花的變化無窮，因此被譽為萬花之王，蘭花除了被人拿來觀賞與裝飾之外，有些還具有藥用與食用的功能。[3]

---

[1] 孫福根，〈非蘭之蘭〉，《臺灣蘭藝》，14.6（臺北市，1975.11）：311-12。

[2] 翁文謨編，〈論蘭科植物（一）〉，《臺灣蘭藝》，4.1（臺北市，1965.01）：6-9。

[3] 翁文謨編，〈論蘭科植物（三）〉，《臺灣蘭藝》，4.3（臺北市，1965.05）：11-

1992年（民國81年）蔡政雄翻譯〈蘭科植物的分類與命名法〉一文，用學術的觀點介紹蘭科植物，以嘉德麗雅蘭屬的labiata（原生種名）為例，從最上層開始分別為：植物界→顯花植物→被子植物門→單子葉植物綱→蘭目→蘭科→嘉德麗雅蘭屬→labiata。近代蘭科植物的分類體系基礎，是林德利（Lindley）在18世紀所建立，當時將知名的蘭花200種，於科（Family）和屬（Genus）之間細分出為族（Tribe）和亞族（Sub-Tribe）；HP-FITZER依據林德利的基礎再加許多亞族（Sub-Tribe）和2個亞科（Sub-Family）；Schlechter於2個亞科（Sub-Family）上又增3個。[4]所以蘭界所稱的蘭花，是從生物分類學的觀點所定義的蘭科植物，才叫蘭花。

中國古代雅賞國蘭

許多文獻都指出中國人養蘭已有數千年歷史，也指稱是世界上最早養蘭修身的民族，本書係以台灣蘭花發展史為主題，對中國古代養蘭文化雖未做深入考究，但仍簡易概述之。中國古籍裡甚早就提及「蘭」，但不見得指的是蘭科植物，比較具體的提及「蘭」的栽培、屬性、特色，約在隋唐之後，文人墨客經常透過繪畫、詩詞表達「蘭」的優雅、幽靜、芬香，甚至比喻為君子；此外敘說蘭的分類與栽培技巧的蘭譜也相繼出現，甚至將各種花卉做排名；例如宋朝張翊的《花經》以九品、九命來定花卉的品第高下，將蘭列為一品九命之首，其次為牡丹；宋朝姚寬（1105-1162年）的《西溪叢話》將蘭排名第二，僅次於牡丹；雖然這些只代表個人之意見，卻也逐漸地被社會各階層所認同。[5]

13。

4 蔡政雄譯，〈蘭科植物的分類與命名法〉，《蘭花世界》，163（臺北市，1992.01）：26-28。

5 孫福根，〈世界花后「蘭」〉，《臺灣蘭藝》，14.6（臺北市，1975.11）：302-303。

「王者香」為蘭花的別名；古人所謂的「四君子」－梅、蘭、竹、菊，「四愛」－蘭、蓮、菊、梅，「四友」－松、蘭、竹、梅，「五清」－松、竹、梅、蘭、石，正是詩人靈感的來源，歌詠的對象，也是繪畫、刺繡及藝術作品的主題，這當中少不了蘭的元素。例如「蕙質蘭心」比喻女子芳潔的心地、高雅的品德；「空谷幽蘭」指生長在深谷中的蘭花，比喻人品高潔、幽雅；「蘭交」隱喻為氣味相投、志同道合的至交好友；「蘭閨」、「蘭房」、「蘭堂」、「蘭室」均是對女子居室的美稱。[6]

專業的蘭書方面，中國最早的二冊蘭花專著：宋朝趙時庚撰（1233年）的《金漳蘭譜》和王貴學編著（1247年）的《王氏蘭譜》，這個時期著重於蘭的花數的多寡、花徑的大小、花香之韻緻及株勢葉姿等；明朝王象晉（1621年）的《群芳譜》，將蕙蘭分類分級，其欣賞觀點與宋朝相近；及至清朝蘭藝文人相率著譜立論，包含品種解說與栽培方法，數量為歷朝之最，其中以清朝許鼐龢（1865年）之《蘭蕙同心錄》最具代表性，對蘭蕙之品論突破宋、明之觀點，著重於花型、花瓣、捧心、舌之變化等。[7]

中國的蘭花文化也傳到韓、日等國，從欣賞花的美，愛那清香和品氣的高尚，乃至一年四季皆可觀賞葉的藝變，例如紋理、線條、金邊、錦砂、虎斑和千絲織錦的中斑線，經命名登錄，提升價值；日本在德川時期（1603-1867年）的蘭藝，從流行至興盛，高峰時期價昂千金，導致幕府公告禁止；然眾之所趨，又告死灰復燃，及至明治維新（1860年代-1880年代）又告中止，但仍流行於海外，在被殖民的台灣出現多種新品，其中以拜歲受到青睞。[8]

---

6 檢索自教育部重編國語辭典修訂本：http://dict.revised.moe.edu.tw。

7 朱嘉雄，〈古典蘭蕙的欣賞：蘭蕙同心錄－品論篇詮釋〉，《臺灣蘭藝》，10.4-5（臺北市，1971.07-09）：141-149。各專書出版的年代檢索自維基百科：https://zh.wikipedia.org。

8 蘇得志，〈蘭藝叢談〉，《臺灣蘭藝》，10.4-5（臺北市，1971.07- 09）：169-174。

台灣的蘭花文化，受到明清以來閩粵移民之導入，以至被日本統治之影響，「國蘭」與「洋蘭」同時獲得重視，在20世紀中期之後，才逐漸的走向產業化和國際化。

歐洲流行蘭科植物

17、18世紀是英、法二國掌握海權的年代，他們在地球上四處殖民、搜刮物產；18世紀末、19世紀初，貴族與富豪之間流行一種嗜好，就是以收集珍禽異獸、奇珍異草為樂，藉以展現其財力、威權和知識的淵博。自從英國嘉德麗氏（Wm. Cattley）所培養的蘭株開出美艷的花朵之後（之後取名嘉德麗雅，*Cattleya*），熱帶地區的蘭科植物便受到這些貴族與富豪爭相採集，導致破壞原生地相當嚴重，而採集到的蘭株離開原生地，移植到溫帶地區如何培養與繁殖，也經過一段時間的研究方得到要領；19世紀中葉於英、法、比利時興起栽培蘭花的營利蘭園，並開始做雜交培養新品種、做登錄，蔚為風潮；從19世紀末乃至20世紀初，蘭花的栽培與繁殖技術已臻成熟，以嘉德麗雅蘭最多，產量增加後，價格也趨於平民化，但播種與育苗技術仍不斷地改進，新品種的價格仍然居高不下；二戰期間許多美國官兵從世界各地攜回家鄉種植，經由業者、學者共同努力之下，美國的蘭花質與量才能執世界之牛耳。[9]

日本在明治維新之後，陸續有些外籍貿易商在日本種植蘭花，19世紀後期也有一些日本人從海外引進品種，種在溫室裡，受到西化的影響，養洋蘭的風氣也逐漸流行於上流社會。[10]

蘭科植物的科學化

18世紀之後，蘭科植物開始受到植物學家的重視，他們收集各

---

[9] 黃靈芝，〈嘉德麗雅培養史〉，《臺灣蘭藝》，8.1（臺北市，1969.01）：21-24。

[10] 岡見義男著、崇德譯，〈蘭栽培的歷史〉，《臺灣蘭藝》，6.3（臺北，1967. 05）：97-100。

現代蘭學之父：約翰・林德利。

品種蘭花主要的目的是為了做基礎研究，而不是為了觀賞或牟利；第一位蘭學研究者：奧魯夫・史華茲（Olof Swartz, 1760-1818），出生於瑞典，1800年發表了一系列的蘭花文章，對花朵的研究甚為詳細，是第一個將一個雄蕊和二個雄蕊的屬種做劃分的蘭花學者。現代蘭學之父：約翰・林德利（John Lindley, 1799-1862），出生於英國，1814年主編《園藝家年鑑》，由於海運逐漸方便，世界各地新品種蘭花一一被發現，1830-1840年間他陸續發表了《蘭科植物的屬種》，並持續於1859年增訂版本，[11]他熱衷於研究蘭花的屬與種，當時已知的有1980種，他自創一種明確的分類法，成為英國園藝界的蘭學權威，各地送來鑑定的蘭花源源不絕。[12]蘭花生理學家：魯易士・納德遜（Lewis Knudson, 1884-1958），出生於美國，是一位植物生理學家，1922年採無菌播種技術用在蘭花的播種，文章發表後引起法國柏納德（Noel Bernand）和德國貝格夫（Burgoff）的重視，發出了蘭花種子不需蘭菌也可發芽的假設，採用蔗糖與澱粉做介質，發表了約20篇的論文，成了蘭藝的救世主。[13]這3位科學家對蘭科植物的分類、繁殖方面均有著實的貢獻。此外，英國的外科醫生約翰哈里士（John Harris），是世界第一位人工雜交育種蘭花成功者，

---

[11] Merle A. Reinikka原著，資料室譯，〈蘭藝史上四名人〉，《臺灣蘭藝》，12.6（臺北市，1973.11）：250-254。

[12] Merle A. Reinikka著、賴武揚譯，〈近代蘭學之父：約翰・林德禮〉，《臺灣蘭藝》，7.6（臺北市，1968.11）：179-182。

[13] Merle A. Reinikka原著，資料室譯，〈蘭藝史上四名人〉，《臺灣蘭藝》，12.6（臺北市，1973.11）：250-254。

被譽為蘭藝之父。[14]最具革命性的研究便是蘭花的組織培養技術。（詳述於第四輯第一章「蘭業興起時代的瓶頸」。）

蘭科植物的普及化

蘭科植物被中國人們所欣賞、栽培、呵護，甚至吟詩作畫讚美，從上層社會影響普羅大眾；[15]歐洲的權貴大亨也熱衷收集蘭花，市場需求大增，引發貿易商的商機，紛紛派員到原產地採集原生品種，19世紀中期出現了一位南美採蘭家：約瑟・華滋維（Joseph Warscewicz, 1812-1866），他出生於立陶宛，雙親是波蘭人，1844年受雇於比利時園藝家擔任採集員，赴瓜地馬拉（Guatemala）採集各種植物寄回雇主，其中大部分是蘭花，1846年他自己創業擔任獨立採集人，在山區四處跋涉，披荊斬棘，採集各種熱帶植物直接寄出賣給英、德二國花園，1848年橫跨中美洲諸國，隨身只有一位印地安原住民助手，生活雖清苦，但興趣使然仍甘之如飴，其中二度罹患黃熱病返歐休息治療，採集的原生種蘭花達300種之多。[16]像華滋維這種採集者絕非特例，因為當時的原生種的植物利潤很好，利之所趨，投入此行業者一定不少。

加上溫室的改良、介質的改進、容器的開發，使得採自熱帶地區的原生種蘭花存活率大增，栽種者便愈來愈普及；[17]二次大戰前，蘭花的培育中心在英國，戰爭前後移至美國，並逐漸擴及歐洲；1970年代，在歐洲種植蘭花的溫室面積共有100公頃，其中荷蘭排行第一，有56公頃，其次是西德的22公頃，主要的蘭屬為東亞

---

[14] 本社，〈約翰哈里士（John Harris）外科醫師、蘭科專家〉（譯自The Orchid Review Vol. 88, p.200-204），《中華蘭藝》，4.1（臺北，1981.01）：28-31。

[15] 黃靈芝，〈嘉德麗雅培養史〉，《臺灣蘭藝》，8.1（臺北市，1969.01）：21-24。

[16] Merle A. Reinikka原著，資料室譯，〈蘭藝史上四名人〉，《臺灣蘭藝》，12.6（臺北市，1973.11）：250-254。

[17] The Orchid Review原載，林榮森譯，〈英國蘭花栽培史概況〉，《臺灣蘭藝》，16.5（臺北市，1977.09）：336-338。

蘭、拖鞋蘭（目前已更名仙履蘭）、蝴蝶蘭、嘉德麗雅蘭等；切花原以夏威夷為中心，之後逐漸移轉到東南亞諸國；[18]尤其是珊達氏蘭花雜交種名錄（Sander's List of Orchid Hybirds）建立了蘭花品種登錄制度之後，使得全世界的養蘭人士形成一個大家族，有系統的遵守規則風靡著蘭花。[19]世界上所有植物品種，都無法如蘭科這麼有系統性的登錄制度。

建立蘭花的名稱與記載法，有助於大眾化的推廣，蘭科植物透過同種間交配，或近緣屬間交配，產生許多新品種，為了明確記載交配過程的遺傳系統，蘭花種苗商珊達氏（Sander's），以與原種交配產生的種類再以學名為基準，命出園藝種名的新品種目錄《Orchid Guide》於1901年出版，蘭花的登錄制度就此開始。1961年之後的登錄制度移至英國皇家園藝學會（RHS），以《珊達氏蘭花雜種登記簿（Sander's List of Orchid Hybrid）》相傳至今。登錄後的新種名不得再變更，此為蘭界的共同規則，蘭花交易時會掛上登錄牌，以標明身分，蘭友可從登錄種名查出其血緣和原種，其標示方式有一定的格式。[20]

---

[18] 陳石舜譯，〈洋蘭熱潮〉（譯自新日本花卉雜誌），《中華蘭藝》，3.5（臺北市，1980.09）：412。

[19] 彭昌祜，〈介紹珊達氏蘭花雜交種名錄〉，《臺灣蘭藝》，9.2-6（臺北市，1970.10）：167-168。

[20] 蔡政雄譯，〈蘭科植物的分類與命名法〉，《蘭花世界》，163（臺北市，1992.01）：26-28。

蘭心纪事

人類蘭花文化的形成，始自中國漢唐，成形於宋明，至清朝達到顛峰，歷經約二千年，受呵護的品種以俗稱的國蘭為主，多為蕙蘭屬的品種，經由文人雅士的疵迷，以詩詞、書畫賦予蘭花人格化、雅痞化而達到顛峰。歐洲由於地理位置偏於溫帶地區，原生種的蘭花並不常見，及至海運發達之後，由位於熱帶地區的殖民地攜回的各蘭屬植物，經由達官貴族的收集偏好，加上植物科學家的投入，使得人類更加認識蘭花的奧祕，繁殖的技術更臻成熟，玩蘭者更富挑戰性，賞蘭者更有樂趣性，蘭花從貴族專屬走向平民化，20世紀之後，在東方的感性賞蘭與西方的理性養蘭融合之下，逐漸流傳到世界諸國，而今蘭花可謂已經風靡全球，雅俗共賞的最高檔花卉了。

第二章　日本時代的蘭花迷（1910-1945）

台灣被日本統治了50年（1895-1945年），史學界對「日據時代」和「日治時代」爭論不休之際，本書採用了耆老俗稱的「日本時代」比較貼近一般民眾的口語。日本總督府對台灣各地仕紳、富豪等社會領導階層採攏絡與利用政策，納入基層組織，建構台灣新領導階層，日人稱之為「上流社會」，以傳統科舉功名取得仕紳地位者，逐漸被與總督府合作的富豪所取代。[1]日本時代的蘭花迷，不論是本土人士還是日本人士，都是富商巨賈或是政商名流才玩得起的嗜好。

台灣的傳統蘭蕙迷

劉黃崇德發現一篇刊載於1935年（昭和10年，民國24年）由「全台灣蘭蕙會」出版的《台灣蘭蕙誌》創刊號的文章，為黃茂盛先生收藏，劉黃崇德閱此文章頗有意思，乃譯成中文與蘭友分享，其重點在描述台灣於日本時代，甚至清朝時期，對於國蘭的來源、品種、買賣者、買賣狀況、蘭花身價等風行的狀況，約略獲知當時之玩蘭者的一些梗概，在蘭會的組織方面，台中蘭友會的創立比台北要來的早，每年舉行1-2次的欣賞會，台北同好欣賞會於1930年（昭和5年，民國19年）成立的，1932年（昭和7年，民國21年）創始交換競賣會，隔年成立蘭秀會，乃至1934年（昭和9年，民國23年）成立了「全台灣蘭蕙會」。[2]

當時之玩蘭者如何瘋蘭花？對達官巨賈而言，他們有權、有錢又有閒，若要更上一層樓，就需要標新立異，與眾不同，搭配自己

1　黃源謀，《臺灣通史》，臺北縣：新文京開發出版公司，2007.07。136-144。

2　宮尾進著、崇德譯，〈臺灣蘭蕙史：主談臺北地方〉，《臺灣蘭藝》，5.4（臺北，1966. 07）：136-139。

的身分地位，以滿足虛榮心，因此喜愛蒐集並擁有奇珍異草，就蘭蕙而言也是如此，偏好奇與異，奇者特殊也，異者稀有也，因此，專賣古玩或特殊藝品之販子便會投其所好，四處尋找好貨色，台灣的野生蘭蕙種類甚多，有些了解行情的在地人，便會上山採集，好貨色可以賣得一般行情10倍的價錢，轉手之後再增10倍，等到達官巨賈接手已達1000倍之譜，這種暴發戶心態引發許多人的好奇與投入，造成採擷風潮，此乃台灣光復之前的蘭蕙行情。[3]文中所言達官巨賈絕大多數是日本人，參與蘭蕙組織、欣賞會、交換競賣會者，也都是以日本人為主。因為此刻日本本土正在瘋迷傳統的蘭蕙，因此不惜重金來台灣搜購。

張李德和與其先生張錦燦醫師生長於書香門第，也是清朝時期嘉南地方名士之間品蘭養蘭的重要人士，在日本時代他們夫婦倆成立了非正式組織「嘉義愛蘭會」，會員還包含不少日本人；她的「望蘭思母」之見解頗值得發人省思，她認為：蘭的母株，為生養後代，傾其所有滋養，乃至葉殘幹萎在所不惜。[4]足見張李德和對蘭蕙的品味，延續漢民族的感性賞蘭，賦予蘭蕙人格化的精神價值，和一般的達官巨賈追求名利的品風有所不同。

本土洋蘭專業蘭園

台灣本土的洋蘭專業蘭園，在米澤耕一的回憶文章裡曾經提到過，然其內情台灣的蘭友付之闕如，幾乎無人知曉，好奇的劉黃崇德在偶然的機會裡，透過蘭友得知陳慶春的嫡孫陳國泰住家，乃刻意從嘉義遠赴高雄登門造訪，但陳國泰對自己的祖父所知有限，經由陳國泰得知他的大姑媽，也就是陳慶春的長女住屏東縣枋寮鄉的

3　宮尾進著、崇德譯，〈臺灣蘭蕙史：主談臺北地方〉，《臺灣蘭藝》，5.4（臺北，1966.07）：136-139。

4　籬齋居士，〈愛他蘭味養吾真：臺灣蘭藝界元老張李德和女士簡介〉，《臺灣蘭藝》，1.3（臺北市，1962.09）：15-17。

水底寮，遂又專程拜訪她，受訪者除了陳慶春的長女之外，還有陳慶春的兒子和媳婦，當時劉黃崇德70歲，受訪者平均81歲。劉黃崇德訪談後撰稿發表於《豐年》雜誌，他將陳慶春定位為「開啟台灣蘭花產業之始祖」，其大意摘錄如下三段。

據推算，陳慶春出生於1900年（明治33年，光緒26年）左右，是為望族家庭，自幼養尊處優，繼承了80餘甲農地、宅第等遺產，可謂富甲一方，在日本時代的確是風光透頂。他於台南師範畢業，在家鄉完成三年的義務職之後，發現志不在此，乃轉業經營農園，「慶春農園」於焉誕生。與其說他在「經營」農園，不如說在「玩」農園來的貼切。因為他不惜成本，投下巨資引進各種蔬果花卉做為種原，在台灣本土人士的農業史上，他創造許多私人農園的第一，例如開闢大規模農場、引進諸多的熱帶蔬果，進行栽培試驗、育種改良，包含我們現在所享用的酪梨、荔枝、人心果、芒果、蘋婆（台語）、白肉柚、洛神葵、黃秋葵、澳洲胡桃等等。甚至創下台灣農家的首例，蓋超級昂貴的玻璃溫室種起「溫室洋香瓜melon」。在藥草類有俗名叫做貓鬚草（クミスクティン）的藥草，是專治腎臟病的特效藥，另一種叫カチブテン是專治結石的化石草，這些都還流傳在台灣民間。

由於他喜歡玩別人沒有的植物，成果相當的特殊與珍貴，尤其是那些稀有的水果，以致聲名遠播，獲得日本昭和天皇御弟高松宮殿下蒞園視察參觀，建立起特殊的官民關係，其社會地位當不在話下。足見他的智識先進、財力雄厚、眼光獨到、抱負凜然，然而，他缺乏成本概念、不懂理財，加上闊爺個性，為人豪爽，農作之上品大多上貢官府，次品全數棄置，導致散盡家財、甚至負債累累，由後代子孫收拾，雖然留下一些農地，但在戰時根本無價。1942年（昭和17年，民國31年）他因過溪涉水腳指頭被鐵釘刺傷，得破傷風不久而喪命。

陳慶春為了種植蘭花，經常委託往來南洋的友人，帶回來一些蘭科植物原生種株，有時一出手就是一萬圓，可見他這個人的狂熱程度。他的蘭花遺作，劉黃崇德僅知道的兩個品種，其一是*Dendrobium* Takao，另一是*Den.* Daitowa，這兩個石斛蘭屬的品種都未曾登錄。陳慶春之子陳文華，家門前右邊大樹樹幹附著了像甘蔗般的石斛蘭，正盛開著一串一串紫紅捲瓣性花朵，劉黃崇德一眼就看出來，這是台灣最早的交配種*Den.* Takao，劉黃崇德以他養蘭50年的經驗指出：

> 當我初入道，家父曾經說過，這就是慶春蘭園流傳出來的新交配種，而今尚記憶猶新。
>
> 另種*Den.* Daitowa才更酷，它的花形、花色很特別，陪伴筆者蘭花生涯近五十年之久，經歷了環境變遷以及景氣盛衰，浮浮沉沉的滄桑，還捨不得丟棄。雖然無法查考父母本品系，以我的推測，應該是*Den. musciferam*與*Den. bigibum*的配對。十不離九，因為樹勢總覺得有這兩個品種的綜合身影，花形與花色也錯不到哪裡去。[5]

可見，陳慶春耗資將南洋的蘭花引種進台灣，可說是為台灣留下重要的部分蘭花種源，對台灣的蘭花產業發展不無貢獻；他雖然沒能為台灣蘭藝造就宏偉的成績，然而他以興趣的態度去面對蘭花，以專業的研究精神去栽培蘭花，實值得後進之蘭友學習。

本土洋蘭純趣味者

台灣本土人士跟上時代潮流養蘭花者並不多見，在《台灣蘭藝》找到的文獻有4篇，已經殊屬難得。

---

[5] 劉黃崇德，〈濫觴物語——記開啟蘭花產業始祖慶春農園典故〉，《豐年》，53.16（臺北，2003.08）：49-53。

首先介紹台中的陳瑞南醫師。他是台中大肚人，推估於1892年（明治25年，光緒18年）出生，醫校畢業後在家鄉開業，1917年（大正6年，民國6年）開始對園藝產生興趣，蘭科方面有蘭蕙、蝴蝶蘭和劍蘭等，與同鄉人士蔡海春、黃朝應、張上苑形成同好小團體，1926年（昭和元年，民國15年）他赴日本遊歷攜回一批蘭花品種，1930年（昭和5年，民國19年）有日本蘭花販子田中勳來台中經營生意，陳瑞南算是大客戶，此外從島內、山田、下宮、台北川端町等業者也購入不少，有時從日本橫濱植木、翠香園直接輸入，1935年（昭和10年，民國24年）再度赴日本遊歷攜回大批嘉德麗雅蘭、喜姆比地蘭（*Cymbidium*，蕙蘭）等蘭花品種，由於品種不斷增加，蘭園也跟著擴建，並增加夜間照明，以便晚上作業，並採用先進的無菌播種法繁殖，這種繁植法他可能是台灣第一位；當時的台中農試所於春、秋二季舉辦蘭展，他的展品最受眾人讚賞。直到1945年（昭和20年，民國34年），他的蘭園可能是最大的蘭花標本園了。[6]

其次介紹台中的廖以銳。他是劉黃崇德的父親劉黃朝金的愛蘭摯友，推算年齡，廖以銳1890年生（明治23，光緒16年），在日本時代1913年（大正2年，民國2年）廖以銳便熱愛栽培國蘭，屬於玩得起蘭花的社會階級，1919年（大正8年，民國8年）與朋友相偕赴印尼爪哇追求夢想，以種植咖啡為業，閒暇時仍不忘玩起蘭花，取材於當地的自生蘭點綴在自家的庭園，據聞種類繁多，於返台省親時都會帶一些品種回來，這些原生種的蘭花多數被屏東枋寮的陳慶春所接收，目前台灣擁有的石斛蘭（*Dendrobium*）、萬代蘭（*Vanda*）、腎藥蘭（*Renanthela*）幾屬皆是他所引進，卻於1947年（民國36年）被荷蘭當局遣送回台，但仍不忘養蘭、品蘭、參加

---

6 張朱金璋，〈難忘的人和品種〉，《臺灣蘭藝》，8.1（臺北市，1969.01）：6-7。此文轉載自1959年出版的《蘭友月刊》。

蘭會和蘭展，與蘭友話蘭經。劉黃崇德的父親劉黃朝金為了提攜兒子走入蘭界，曾為劉黃崇德引見廖以銳多次。[7]

第三位介紹台南的郭睿。他1920年（大正9年，民國9年）擔任台南州曾文郡下營庄長（相當於現在的村長），1921年（大正10年，民國10年）郭睿隨團赴日本考察地方行政和農園，首度看到種在溫室裡的蘭花，乃萌生種蘭念頭，買了石斛蘭20株、萬代蘭2株和嘉德麗雅蘭10株，並蓋蘭棚，展開種蘭之旅，從門外漢入手，一邊購買專書研讀，一邊請教有種蘭經驗的日本友人，在台灣光復前，台南、嘉義已有蘭園販售蘭花，郭睿在跌跌撞撞之後，到了光復前已經收集了嘉德麗雅蘭210種512盆，石斛蘭25種60盆，蝴蝶蘭19種100盆，萬代蘭2種6盆；1962年（民國51年）因霜害損失匪淺，遂決定蓋溫室保護蘭花。[8]劉黃崇德將郭睿定位是「台南縣蘭人的第一號人物」，光復後他被推選為台南縣第一任蘭藝協會會長，並連任多次直到年邁方休。[9]

第四位介紹台南的莊朝基。推估他出生於1906年（明治39年，光緒32年），依他自身的經驗敘說，在1929年（昭和4年，民國18年）前後，台南只有少數日本商人和官員，本土的醫生和高薪階級者，才會有興趣栽培洋蘭，他推測當時的蝴蝶蘭是從南洋輸入，嘉德麗雅蘭從日本引進的；這一年，他從日人經營的興隆園，花了2.5元買了一株剛從南洋引進的蝴蝶蘭*Phalaenopsis schilleriana*，2.5元對莊朝基而言是一筆大開銷，也是玩蘭之始，惟因過度澆水而爛死；之後又以6.5元向興隆園購買一株嘉德麗雅蘭原生種，開小型紫色花，引來許多友人觀賞，也分株與人分享。之後又有人從英國

---

[7] 崇德，〈九十二老人，七十六青年〉，《臺灣蘭藝》，4.4（臺北，1965.07）：22。

[8] 郭睿，〈我愛蘭的動機即開始種蘭的經過〉，《臺灣蘭藝》，3.6（臺北，1964.11）：21-22。

[9] 劉黃崇德，〈濫觴物語外傳：臺南縣蘭人的第一號人物郭睿〉，《蘭藝生活》，8（高雄市，2005.08）：47。

直接進口嘉德麗雅蘭三年實生苗，趣味者爭相購買，每株6.0-6.5元之間，遂使栽培蘭花者日增，有位糖廠退休職員大屋氏於東門栽培了5、60盆，其分株以2.5-3.5元分讓，使栽培蘭花者大幅增加；1933年（昭和8年，民國22年）之後，有中山和米澤從日本專程前來高雄、鳳山種植蘭花，因此業餘的趣味家有了更多的選購機會，但是隨著戰事日益吃緊之下，蘭花的培養呈現停滯狀態。[10]

日本洋蘭專業蘭園

日本專業人士來台種植洋蘭，對台灣蘭花的專業發展有著實貢獻者首推米澤耕一。1933年（昭和8年，民國22年）正值年輕力壯的米澤耕一和他的同學中山林之助，毅然連袂渡海來到台灣，選擇高雄為他們的根據地。[11]他們二人是日本千葉大學園藝系畢業的同學，原本計畫栽種水果，之後發現台灣的氣候適合種蘭花，他們共同成立了「台灣園藝生產協會」，該園藝所位於現今高雄市警察總局附近，由中山主導，米澤負責另一園藝所於鳳山，李金盛於1937年（昭和12年，民國26年）小學畢業後，至中山主導的蘭園擔任助理，1939年（昭和14年，民國28年）中山因故必須返回日本，15歲

日本千葉大學園藝系畢業的米澤耕一在高雄鳳山經營的蘭園與家人、僱工合影。（李金盛先生提供）

---

[10] 莊朝基，〈蘭栽培：我的記憶〉，《臺灣蘭藝》，7.2（臺北市，1968.03）：67-68。

[11] 劉黃崇德，〈濫觴物語（II）——記述美齡蘭與李金盛的故事（上）〉，《豐年》，54.6（臺北，2004.03）：54-56。劉黃崇德，〈濫觴物語（II）——記述美齡蘭與李金盛的故事（下）〉，《豐年》，54.7（臺北，2004.04）：49-50。

的李金盛便跟隨中山往日本，依然協助中山照顧蘭園。[12]中山在台灣只停留了6年，之後他在日本蘭界地位甚高，曾擔任日本洋蘭協會（JOS）會長很久，可謂是日本蘭藝元老。

米澤耕一於1933-1946年（昭和8-21年，民國22-35年）期間在台灣從事蘭花事業，引進先進的無菌播種技術，提供台灣蘭界諸多的技術指導；[13]米澤耕一回憶當時情景：當年抱著理想遠赴台灣開創蘭業，發現台灣氣候適合嘉德麗雅蘭生長，理應得天獨厚，奈何許多品種仰賴進口，外匯手續不便，遇到不少波折，加以名花多數掌握在豪門權貴之手，更是求購無門，米澤耕一回憶這段往事，仍回味無窮；米澤耕一指出，日本時代一株名花要價300元，折合小學教員半年的薪水，導致激起養蘭熱潮。經過12年的艱辛經營，正要開花結果時，奈何天不從人願，日本戰敗，結束了台灣的蘭花事業之夢想。[14]台灣光復後，政府所接收的士林園藝試驗所有意發展洋蘭，得知米澤擁有蘭藝專業，遂延聘他為蘭圃技師，並將米澤氏手中的洋蘭也購買進圃，約定服務三年期限，他在此期間是創造「美齡蘭」奇蹟的首要推手。[15]

另有一位蝴蝶蘭培育家管虎吉，以栽培蝴蝶蘭40年之經驗，敘說其栽培的歷程，當他將台灣蝴蝶蘭移植到日本之後，起初2、3年尚正常生長開花，之後卻枯萎死亡，為查其因，乃親赴台灣原產地觀察，包含環境、氣候、寄生介質等，他發現台灣蝴蝶蘭生性頑強，一個月不澆水不致枯萎，為何移植到日本就無法存活超過2、3年，遂從病蟲害防制、光線和水份之控制等作多方的測試，成功的

---

[12] 林清強，《蘭花傳奇——李金盛先生傳》。高雄市：李金盛紀念雙親教育基金會，2012。

[13] 米澤耕一口述、大島明一筆記、郭宗熙譯，〈與米澤耕一先生談臺灣蘭藝情況記〉，《臺灣蘭藝》，2.3（臺北市，1963.05）：9-17。

[14] 米澤耕一，〈祝詞〉，《臺灣蘭藝》，1.1（臺北市，1962.07）：2-3。

[15] 劉黃崇德，〈濫觴物語（II）——記述美齡蘭與李金盛的故事（上）〉，《豐年》，54.6（臺北，2004.03）：54-56。

培養了40年之久，此文他提供了6種栽培的方法，各種栽培上常見的問題，以及3種大量繁殖的方法。[16]

台灣蘭藝片鱗半爪

除了以上的史料之外，以下的文獻比較零星，但仍值得一提，有助於對日本時代的蘭藝文化有更多的了解。

中山林之助（前排中）、米澤耕一（後排左一）、李金盛（後排右一）。（李金盛先生提供）

米澤耕一於1961年（民國50年）回憶起他在戰前對台灣蘭藝的一些印象。他說：屏東的氣候很適合栽培蝴蝶蘭，當時的「慶春蘭園」曾經培養了幾萬株蝴蝶蘭，積極從爪哇輸入石斛蘭和萬代蘭，並改良品種，尤其積極改良秋石斛，還有叫「大東亞」的品種很有名；片桐貞還說陳慶春曾送給他過，但他轉贈給後藤先生，種在山崎的蘭園，然而「慶春蘭園」園主去世後就沒落了；「慶春蘭園」曾經是荻原先生的委託栽培場；此外，屏東有許多業餘愛蘭人士，其中有一蘭友李明道，也專心培養蘭花。屏東公園種了許多蝴蝶蘭，當時相當有名氣，蘭棚朝東日照，頂端鋪稻草遮陽光，蝴蝶蘭是種在去皮的龍眼樹幹上，若在山區雖在乾季，只要有晨霧就不必澆水。在品種方面已有從美國、法國輸入，並做交配改良品種。[17]

---

16 管虎吉原著、編輯室譯，〈栽培蝴蝶蘭四十年之回顧〉，《臺灣蘭藝》，4.1（臺北市，1965.01）：1-5。虎吉原著、編輯室譯，〈栽培蝴蝶蘭四十年之回顧（續）〉，《臺灣蘭藝》，4.2（臺北市，1965.03）：3-5。

17 米澤耕一口述、大島明一筆記、郭宗熙譯，〈與米澤耕一先生談臺灣蘭藝情況記〉，《臺灣蘭藝》，2.3（臺北市，1963.05）：9-17。

米澤的蘭友片桐貞也提到在1932年（昭和7年，民國21年）將玻璃瓶苗賣了不少到台灣。[18]

劉黃崇德指出：

> 日本時代的蘭花品種，有些是日本人從日本本土帶過來台灣的，也有從英國買進來的，像高雄鳳山有一位彭清良醫師，就是彭明敏的叔叔，就從英國直接購買實生苗進來培養，屬於私人的嗜好。（訪談稿，20150226a）

張朱金璋曾在1935年（昭和10年，民國24年）擔任陳瑞南的助手，經常接受他的指導直到半夜未歇，之後進入台中農試所服務也是受他的影響。[19]依劉黃崇德所知，由於張朱金璋曾服務於台中農藝試驗所，負責管理蘭花，也從日本收集蘭花專書，習得蘭花栽培技術，是光復後少有的養蘭專家。（訪談稿，20150427）

陳石舜說，日本時代的蘭花是屬於皇族、名流、高官、文人雅士的觀賞品，一般民眾若有養蘭，反而會招來冷嘲熱諷、批評訕笑。[20]

台灣光復初期，政治環境閉塞，何以台中地區擁有多數的嘉德麗雅蘭繁殖母本，為解開此一歷史迷團，劉黃崇德採用田野調查方法，親自走訪當地蘭界耆老，獲得以下推論：在日帝專制時代，凡是國家大慶典來訪的外國權貴帶來的禮儀，莫不以嘉德麗雅蘭最為上品，雖有「新宿御苑」的溫室與成熟技術可以栽培，然而在二次大戰期間，因為加溫用的能源吃緊，為了保護皇家與國家這些蘭

---

[18] 米澤耕一口述、大島明一筆記、郭宗熙譯，〈與米澤耕一先生談臺灣蘭藝情況記〉，《臺灣蘭藝》，2.3（臺北市，1963.05）：9-17。

[19] 張朱金璋，〈難忘的人和品種〉，《臺灣蘭藝》，8.1（臺北市，1969.01）：6-7。（此文轉載自1959年出版的《蘭友月刊》）

[20] 翁麗珠，〈蘭界元老陳石舜〉，《中華蘭藝》，12.3（臺北，1989.05）：72-74。

花，乃移植台灣避險，考慮的地點就是培育出「蓬萊米」奇蹟的台中農業試驗所，隨著戰爭的變局，漸漸地有些流落民間的機會，被養植在宿舍旁，戰後這些宿舍配給公教人員當宿舍，蘭花被拋棄在路旁，這些稀世奇珍的洋蘭，被內行人用布袋一一撿拾回家培養，造就出台中地區擁有多數的嘉德麗雅蘭繁殖母本。以上雖是臆說，卻也合乎邏輯。[21]

[21] 劉黃崇德，〈洋蘭發祥地在台中〉，《豐年》，55.22（臺北，2005.11）：64-65。

蘭心紀事

本章收集到的史料看似零散不全，但仔細閱讀後發現多數都是當事者的回憶紀錄，是相當寶貴的第一手經驗。經由整理之後，可以看到台灣在日本時代蘭花迷的一些梗概。在蘭花的偏好方面，台灣本土的傳統書香門第之望族，仍然承襲漢民族明清以來對蘭蕙的欣賞與品味，吟詩歌詠、行書作畫以自娛娛人；日本本土此刻正風靡蘭蕙的稀有種和變異種，紛紛到台灣來採集或採購，這些達官貴族他們以何種的欣賞與品味方式，不得而知；在洋蘭方面，經營專業蘭園者，台灣的本土人士不如日本人士多，雖然整體的產量有限，但仍足以供應一些富商巨賈或達官貴族的需求，他們設法從日本本土、歐美和南洋地區進口昂貴的品種，進行雜交以培育新品種，其中以米澤耕一引進的無菌播種技術貢獻最大；在風靡洋蘭的趣味者方面，仍以日本人士在台為官經商者占多數，台灣本土經濟條件較好的醫生或任職政府機構要職者方有能力玩洋蘭，其中持續玩到光復之後者，皆是光復初期台灣蘭藝之翹楚，推廣台灣蘭藝重要的推手。

第二輯

台灣光復初期的時代

1945-1962

第一章　光復初期的主力蘭友

台灣光復之初，一般社會底層人士的直接感受就是：物資不需受配給限制、不需要再疏開躲空襲，只關心自家的三餐溫飽，無心理會政治的問題。之後發生了二二八事件（1947，民國36年）、國共內戰（1946-1949，民國35-38年）、頒布「動員戡亂時期臨時條款」（1948，民國37年）、中華人民共和國成立以及中華民國政府遷都台北（1949，民國38年），海峽兩岸自此陷入軍事對峙的局勢；在經濟方面，上海爆發金融危機（1948，民國37年），導致舊台幣四萬元折合新台幣一元（1949，民國38年），從1951-1961年間（民國40-50年）平均每人國民所得毛額（Per Capita GNI）只在154-161美元之間，[1]大多數的物資用於國防，一般人的生活過得相當清苦。

雖然如此，仍然有少數有識之士，堅持投入蘭藝活動，樂此不疲，本章所載光復初期的主力蘭友，皆是劉黃崇德親自交往、專程訪談、撰文投稿名為「濫觴物語」的系列文章，為台灣蘭藝史留下珍貴的史料。本章所謂的光復初期，係指台灣光復至台灣省蘭藝協會成立的年代（1945-1962，民國34-51年）。

士林所的陳國榮

劉黃崇德2004年（民國93年）於《豐年》為台灣光復後，士林園藝試驗所第一任所長陳國榮發表了一篇文章，陳國榮以官方的立場，

李金盛（後排左一）與陳國榮（後排右一）攝於士林園藝試驗所。（李金盛先生提供）

1　行政院主計處國民所得統計年報（2012）。http://www.dgbas.gov.tw。

為光復初期的台灣洋蘭產業開啟了第一扇門，不論是在收集品種、培養技術、舉辦蘭展、參加國際評審，以及「美齡蘭」的品牌行銷手法，均直接或間接的帶動起台灣民間養蘭的風氣。以下將此文縮寫如下7段。

1945年（民國34年）政府接收了士林園藝試驗所，聘請留學法國的園藝博士陳國榮，擔任第一任所長。原本士林試驗所的主要任務是研究柑桔，陳國榮上任後看上了洋蘭的發展前景，此舉獲得行政首長魏道明的認同與支持。起初，一方面聘請在台灣種植蘭花非常有經驗的米澤耕一入所，另一方面大量收購民間蘭花品種，尤其是那些即將被遣返的日本人手中的蘭花，大多賤價脫手，士林所在此時機使用有限的經費，採用簽約分期付款的方式購得諸多蘭花品種，包括「米澤」、「齊藤」的蘭園在內，據聞他們收到前款之後，遇上台幣大貶值事件而吃了悶虧。

當時的士林所能夠擁有這些洋蘭，的確值得驕傲，大花朵最美又豪華的複莖性嘉德麗雅蘭被看好最具經濟產值，這種靠發芽分株而繁殖，都是很費神又極慢，所以物以稀為貴，比起現代的生物科技發展成為大眾化產品，真的是不可同日而語。

蔣公與夫人將官邸選在士林所旁，或許是考量的因素之一，然，蔣夫人愛好洋蘭，影響了台灣的高層社會，連帶產生了熱衷洋蘭的風尚，饋贈禮品也是以洋蘭最會感動主人是不爭的事實；尤其是陳國榮以蔣公與夫人誕辰為由，每年分別在春、秋二季舉辦的蘭花展最受矚目，是台灣蘭藝協會尚未成立之前，規模最大的蘭花欣賞會，因此刺激了有興趣者投入了這門行業，動手栽培洋蘭之風氣也就應運而生。

士林所的春、秋二季祝壽蘭展，建造了展蘭專用的溫室，佈以自然景觀、魚池水流等等來增進濕潤等效果。劉黃崇德當時每季經常都代表「嘉義愛蘭會」押送會員的洋蘭、盆景等展品來參展，凡是奇花異草能吸引觀眾的作品都在列，雖然沒有評選給獎的制度，可是陳國榮卻是用心良苦，特別准許農友在展覽現場標價脫售，隨時讓顧客選購帶回家。當然場面不能因此而冷落，官方、農民都會想盡辦法補足，好讓現場景觀維持如常。劉黃崇德在此文末為陳國榮讚美了幾句，他說：

> 有了上述這些蘭藝文化的起源，也才能演化出來今天蘭花產業的國際化，至少陳國榮所長那時候的遠見與努力，值得吾人的緬懷與追思。偶而回想起昔日的點滴，我總是會自言自語的說：謝謝您！陳所長。

1952-53年（民國41-42年）接連兩年，「台灣阿嬤」（*phal. amabilis*）在美國大展覽會場，連奪兩次冠軍，也是陳國榮所長的傑作，牽動了民眾對栽培蘭花的信心，呼朋引伴的種起洋蘭，最明顯的就是將養蘭做為副業的老師族群。

與士林所連成一段佳話的便是美齡蘭傳奇，因為它登上台灣郵票的圖面，且以「蔣宋美齡」之名命名，更增添了光彩，經媒體大肆宣揚後，真的是家喻戶曉，無人不知。美齡蘭是一種改良成功的嘉德麗雅蘭，苗木開始陸續開花時，的確風靡了當時愛好蘭藝的人士，可惜這品種的出生地是在公家單位「士林園藝試驗所」，而且與蔣公為鄰，通常都不對外開放，更不可能對外出售，因此保有幾分神祕之色彩。[2]

高雄的李金盛

李金盛（1925-2011）過世之後，由「李金盛紀念雙親教育基金會」為他出版了《蘭花傳奇－李金盛先生傳》紀念專輯，其中紀

---

[2] 劉黃崇德，〈濫觴物語（III）——不可遺忘陳國榮所長對蘭藝的功勞〉，《豐年》，54.13（臺北，2004.07）：50-52。

載了他在蘭花事業的點滴：

李金盛於1937年（昭和12年，民國26年）小學畢業，經由堂兄李進丁引介至「台灣園藝生產協會」擔任童工，協助中山林之助管理蘭園，1939年（昭和14年，民國28年）中山因故必須返回日本，15歲的李金盛便跟隨中山回日本，依然協助中山照顧蘭園，2年後徵得中山之同意，進補校進修，並寄居在神戶的大林組社長家協助蘭園的管理，之後又移到東京日本礦業公司老闆島田的大型溫室蘭園工作，也習得更多的蘭花栽培技巧，然而，李金盛具有「皇民」身分，被徵招入伍，艱苦的歲月維持了4個月，因日本投降而結束了「日本之旅」，返台時只有一只皮箱，內有不少蘭花母株，這是他日後事業的母本。台灣光復返台後，經由米澤耕一介紹進公賣局服務，當時米澤已將他的蘭花全數賣給士林所，並答應協助士林所擔任指導工作，簽約3年期滿，米澤又介紹李金盛頂替他的位置，此時的李金盛已經辭去公賣局的工作，專心照顧自己的蘭園，因此，李金盛只得每個月至士林所上半個月的班，南北奔波。1952年（民國41年）李金盛培育出嘉德麗雅蘭新品種，取名「美齡蘭」，於美國參展獲得冠軍，因此聲名大噪。[3]

早在2004年（民國93年）劉黃崇德為了記述李金盛從事蘭藝生活的故事，經由親自深度訪談，曾在《豐年》分成二期刊出，他不但肯定了李金盛在台灣民間從事蘭藝的貢獻，同時運用他多年的經驗，藉此追蹤美齡蘭的身世，是一篇具有蘭花考證史不可多得的文章。以下分5段摘錄其要。

力求上進的李金盛在日本，總是半工半讀，在夜校進修，島田社長業務忙碌時，他經常代替社長出席「帝國愛蘭會」聚會，甚得該蘭會同好疼愛。這個蘭會組織裡的人物來頭可不小，非王公貴

---

[3] 林清強，《蘭花傳奇——李金盛先生傳》，高雄市：李金盛紀念雙親教育基金會，2012。

族就是富商巨賈，不是一般人容許進入的場所，根據李金盛口述，例如：久邇宮殿下（昭和妻舅）、朝鮮王的李王家、伊集院子爵、相馬子爵、三井公司的三井社長、戶越農園（鳥居子爵創立）、德川家康的後裔德川齊、大場守一等人都是那時代社會階層最高的人物，在這種環境薰陶下，李金盛學到了很多成功必備條件，例如為人處世之道、宏觀思想，事務的觀察能力、氣質品味、外交禮儀等等，都是塑造完美人生最基礎的資產。

李金盛返台之後，在老家高雄內惟闢建李氏蘭園，培育嘉德麗雅蘭新品種共200餘種，其中登錄於Sander's List有50餘種，是台灣民間擁有最佳培育技術以及最多品種的蘭園，劉黃崇德和父親劉黃朝金都是常客，和李金盛建立了亦師亦友的情誼。錄列中唯一蝴蝶蘭配種（*Phal.* Kao-Hsiung），就是台灣蝴蝶蘭屬的第一個登錄品種，不過父母本乃是*chilleriana*×Shou Shan（壽山）。李金盛同時也忙於開創自己的事業，包含創立塑膠二次加工的金獅企業，至菲律賓開設建設公司、經濟土地開發以及果汁工廠，也赴緬甸投資合板、木材加工廠及建築公司；公益事業方面有創辦正修工專、擔任國際獅字子會中華民國總理事長、紅十字會高雄分會副會長等。

1950年代（民國40年代）風靡一時的「美齡蘭」，就是李金盛所交配的種子，父本是*Lc.* Momus'Calipso'，母本是*Lc.* Easter Bell。這是李金盛在日本學藝歸國，於高雄內惟蘭園所交配出來的第一粒果莢，由於自己蘭園設備不齊，乃寄給士林試驗所的米澤耕一代為無菌播種，才會在台灣誕生，並決定了這品系燦爛的命運。

李金盛指出，時常光臨內惟李氏蘭園，來選購蘭花品種的比較高層人物，諸如何應欽將軍，胡偉克將軍，一銀董事長也是省議會議長的黃朝琴，華銀董事長劉啟光，曾經是日本貴族院台灣唯一議員的許丙，文學家楊仲佐，板橋林家的林柏壽等社會賢達，也都是帶動培育洋蘭的先驅。

劉黃崇德於文末感慨的說：

本土性的蘭花發展史裡，李金盛的功績，不能不記上一筆，時代有潮流，後浪推前浪，歷程的演變必然有其因素與展演的結論。今日的盛況，無可置疑乃是先人所踏過的路程，後人繼往開來的。現今大家的努力，也必然為後世蘭人所緬懷，僅此與蘭友共勉互勵。[4]

台中的張朱金璋

劉黃崇德以〈洋蘭發祥地在台中〉為題發表的文章，內容描述了一段「何以台中地區擁有多數的嘉德麗雅蘭繁殖母本」之臆說，還指出光復後台灣第一個營利性的蘭花園為「芳苑」，最先有蘭友組織的蘭會也是在台中，叫做「台中市蘭友聯誼會」，而最先發刊蘭友通訊錄，類似雜誌的專刊也是該會發行的《蘭友》，因此劉黃

劉黃崇德（右二）與張朱金璋夫婦（左二、三）參加東南亞蘭藝考察團，攝於香港。

[4] 劉黃崇德，〈濫觴物語（II）——記述美齡蘭與李金盛的故事（上）〉，《豐年》，54.6（臺北，2004.03）：54-56。劉黃崇德，〈濫觴物語（II）——記述美齡蘭與李金盛的故事（下）〉，《豐年》，54.7（臺北，2004.04）：49-50。

崇德才下了台灣光復後「洋蘭發祥地在台中」的標題。

「芳苑蘭園」主人張朱金璋，日本時代曾服務於台中農藝試驗所，負責管理蘭花，也從日本收集蘭花專書，習得蘭花栽培技術，光復之初，撿拾許多日本宿舍被拋棄的蘭花，成立了一個蘭園，但較少做交配工作，自行繁殖賣到台北，尤其是美軍需要的切花胸花都由他提供，他是第一個有經營買賣的蘭園，曾經服務於台中農校，之後專心經營蘭園，啟發後進，推動蘭藝風氣，功不可沒。他商借到了現今台中市復興南路與國光路交叉點附近的「林祖厝」庭園一角，約有100-200坪，當時還沒開發出來塑膠遮光網，而是採用檜木的「瓦檔仔」遮光，而柱子與吊蘭架也是檜木角材，算是最高級的蘭花棚。他採用傳統的分株繁殖方式，主要是銷售到台北，也是中台灣首屈一指的蘭園。[5]

台中的陳忠純

劉黃崇德和父親劉黃朝金是陳忠純的常客，經常親自到陳忠純的蘭園選購蘭花品種，劉黃崇德獨立經營蘭園之後，和陳忠純逐漸的建立起非比尋常的友誼，劉黃崇德也因此得以深入了解陳忠純內在的蘭花世界，將他撰成文章發表於《生活蘭藝》與人共享，以下摘錄成5段敘述之。

這裡舉出陳醫師當時引進台灣的一些優良母株品種，為台灣育種史上留下來豐功偉蹟的事實。他為「蘭藝而藝蘭」，一心一意為提升水準，作育優良品系而不斷努力，從1960-1980年間（民國49-69年），他作育而登錄的嘉德麗雅蘭品種有52種，在台灣無人能出其右。（這一段歷史，留於第三輯第二章之「品種改良家陳忠純」再述）

陳忠純出身普通公教家庭，完成醫生養成教育之後，服務於

[5] 劉黃崇德，〈洋蘭發祥地在臺中〉，《豐年》，55.22（臺北，2005.11）：64-65。

省立台中醫院內兒科，上下班都騎著單車，路過張朱金璋的芳苑蘭園，經常被棚上的蘭花所吸引，因此很快就進入狀況入了迷。當醫生收入雖然比一般人豐碩，但想要擁有正規的蘭花農場則須要做長期性投資。他從自己的「忠純」內兒科診所開始，將蘭花棚蓋在前後落中庭深井，一邊認真的看診取得患者群的口碑，另一邊就是搜購當代銘花，做起育種的事業。

為了要育種改良，首先得蒐集嘉德麗雅蘭母株來培養開花以便配種，求得提升水準，當然必須擁有優良種源，不然就沒有「改良」意義了。再說，優良品系稀少又昂貴，且大都是三倍體，更增添了成功的難度。好在當時最流行的嘉德麗雅蘭是複莖性，分株繁殖得要領的話，年年倍數生長並讓售他人。過了幾年，蘭棚客滿了，交配的蘭苗也開始需要舒適環境栽培，因此將診所連同蘭園搬遷到郊區，說來令人難以置信，他那台灣最大面積的蘭花園，所有的蘭株大都是陳忠純利用早晚時間親手栽植的，動作之快，確實是一位蘭界奇才。劉黃崇德談及親到他的蘭園購買蘭花的經驗，他說：

> 當我們造訪求售蘭花株，都得自己到園區動手挑出，然後帶來診所讓他鑑價，而洽談價位更是乾脆俐落，絕不拖泥帶水，不然，我說蘭界第一忙人的他，哪有時間蘑菇閒聊。有些人嫌他太傲慢，其實不然，如果你能站在他的立場去思量，反而能發自內心的同情與尊敬他那種「拼命三郎」般的精神。筆者開始創業期，認識到陳醫師，讓我得到很多啟示與效法，幹勁油然而生，亦師亦友，幸得其人。

陳忠純培育的蘭花之所以受到蘭友的喜愛，是因為他願意砸下重資購買世界頂級的優良母源，一般人在台灣、日本能買得到的未能滿足他的期待，領導世界蘭花水平的美國洋蘭母種，才能吸引他的興趣，他就是台灣蘭界願意砸下重資引進世界級銘花品種的第一人，換句話說，有他這種信心與行動力，才能奠定今天台灣嘉德麗雅蘭，能夠趕得上世界水準的基礎。在那組織分生未問世的1960年代裡（民國50年代），動輒就是每bulb（鱗莖，台語稱「歌」）美金250元起算，甚至較稀有或新出世的銘品，500-1000美元的計價是很正常的。假如每一品種至少2Buld就是500美元起算，試問，有幾人可以這麼甘心拿得出來？台灣歷年來育出的嘉德麗雅新花，能引起世界蘭壇注目，他這一件大功，可不能不記上一筆。與眾不同的是，他是個理想主義者，他不會把利益排在第一順位，雖然他也會賣花。最值得稱頌的是他正確的理念：「創新進步，把台灣蘭花趕上世界水平，接軌先進國家」，這些才是最受尊敬的理念。[6]

[6] 劉黃崇德，〈濫觴物語：臺中的蘭藝人文歷史——陳忠純醫師〉，《生活蘭藝》，2（臺南市，2006.04）：36-40。

蘭心紀事

持平而論，以光復初期的台灣經濟條件，對一般百姓而言，蘭花是一種奢侈品，蘭花是上層社會才玩得起的農產品。上述這4位蘭友，也許是個人的因緣際會所驅使，或者來自個人的偏好與矜持，他們不約而同的一起奠定了台灣蘭藝的基礎，不論是保護親本或收集親本、雜交新品揚名國際、建立蘭友展覽平台、奠定蘭花產業基礎等，均有著實貢獻，無庸置疑。

第二章　蘭花之鄉的小人物

光復初期不但有主力蘭友，更多的是一些經濟條件較佳的消費型蘭友，而像劉黃朝金、劉黃崇德父子他們這種以花販子起家的蘭友，在蘭藝界只算是想從中賺取些許蠅頭小利的小人物。台灣是個蘭花之鄉，劉黃這一戶人家世居嘉義，在台灣光復初期開始接觸蘭藝事業，以下的敘述，多數經由口述整理而成，主述內容為日本時代，相信這也是同時期居住在台灣都市邊緣家庭的寫照。

劉黃這一戶人家

一位眉髮俱白的八旬老翁，坐在壁爐前靜靜地燒著柴火取暖，雙眼凝視著火焰沉思，此乃冬天的劉黃崇德居家習慣。2015年（民國104年）2月14日他第一次接受筆者訪問的地點，這間農舍座落在嘉義縣竹崎鄉紫雲村，是他自己規劃設計的紅色斜頂歐式二樓建築，訪問的主題為身世背景。由於年代久遠，有些人物的姓名、年代、地名已經模糊。3月20日筆者陪同他親自到嘉義市戶政事務所申請日本時代和台灣光復初期的戶籍謄本，祖厝之戶籍地於1896年（明治29年，光緒22年）登錄在台南州嘉義郡嘉義街嘉義字東門外53番地（今台灣．嘉義市雲霄古道上），出生地之戶籍地登錄在台南州嘉義市檜町一丁目十九番地（今嘉義市雲霄古道上），比對訪談稿（訪談稿，20150214）之後，整理出劉黃崇德日本時代的家庭成員和簡易的生平如下：

父親劉黃朝金，1887年生（明治20年，光緒13年），嘉義雲霄厝人，俗名阿遁仔，骨董伯仔。卒於1963年（民國52年），享年76歲。[1]

---

[1] 本書的人物年齡均以實歲計算。

劉黃崇德之二姊劉黃玉英大他15歲，雖然自幼送人當童養媳，出嫁後仍歸寧親娘家，留下一幀全家福合照。前排左起：三姊劉黃品鳳、母親劉黃賴好、大堂弟劉黃克銘、二姊劉黃玉英、二姊夫、父親劉黃朝金、劉黃崇德本人；後排右一：大哥劉黃德生。

母親劉黃賴好，1893年生（明治26年，光緒19年），嘉義水上人，俗名阿遁嬸仔，1910年（明治43年，宣統2年）嫁入劉黃家。因子宮癌卒於1950年（民國39年），享年57歲。

大姊劉黃玉鳳，1912年生（明治45年，民國元年），幼歿，未滿1歲。

大哥劉黃德生，生於1914年（大正3年，民國3年），小學畢業，服務於嘉義火車站前的日商「日通」通運公司事務員，工作穩定，婚後育有1子2女，卻因得肺結核，於1945年（昭和20年，民國34年）病逝，享年31歲。

大嫂劉黃徐氏寶，生於1916年（大正5年，民國5年），於1934年（昭和9年，民國23年）嫁入劉黃家。

二姊劉黃玉英，生於1918年（大正7年，民國7年），俗名菱角仔，出生未滿4個月即送人收養。

二哥劉黃添德，生於1920年（大正9年，民國9年），年輕時自己籌措到搭船旅費後，獨自到日本念美術學校，半工半讀，在1943年（昭和18年，民國32年）大戰期間返鄉省親，搭富士丸商船返回日本途中，被美軍潛艦魚雷攻擊殞命，年僅23歲。據同船劫後餘生者轉述，當船被擊中時，他奮勇指揮旅客搭救生艇，自己未及逃生，船沉被捲入漩渦，意外身亡後，得肺癆的大哥聞訊病情加重。船公司代表送慰問金登門拜訪，進入會說流利日語的大哥房間，轉交給躺在床上的大哥，這時的劉黃崇德已經10歲，記憶猶新。

三姊劉黃品鳳，1927年生（昭和2年，民國16年），今年88歲（2015年），現住台東市區。

劉黃崇德，1933年生（昭和8年，民國22年），屘子，今年82歲（2015年），現住嘉義縣竹崎鄉。

他們為何姓劉黃

華人的姓氏絕大多數是單姓，姓氏有二個字的有「複姓」與「雙姓」之別。傳統的「複姓」通常是古代因封侯賜地而採用封地、封號或官名為其姓氏，例如歐陽、司徒、司馬、公孫、上官即是，台灣的張簡、歐陽、陳黃、范姜、張陳等則稱為「雙姓」，都是因某種因素把兩個單姓結合成一姓，這些雙姓背後通常會有一段故事，例如因招贅、為感念或緬懷皆有。

劉黃崇德對他們為何姓劉黃，也有個典故：

> 在閩南地區有劉姓和黃姓二位要好的青年，相偕渡海來台謀生，由於聽聞許多移民發生意外情事，因此約定若一方無法延續香火，另一方願意冠上其姓，事後果真劉姓青年無後，黃姓青年就信守承諾，將自己的子女改姓劉黃。然而，民國之後，已有少數劉黃宗親為了簡化，而更回黃姓。（訪談稿，20150214）

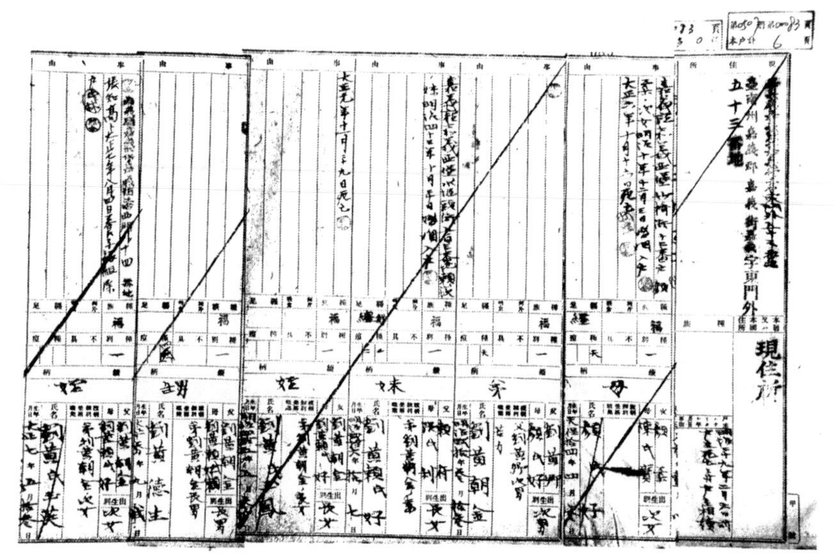

日本時代的戶口名簿。

內政部將姓氏有二個字者定義為複姓，將「複姓」與「雙姓」混合統計。依據內政部戶政司2012年（民國101年）的統計，全國有1517種姓氏，其中複姓（二字姓）有119種，占0.13%，其中姓劉黃者153人，全國排名第485位（排名第483-487者尚有曠、同、糠、味），戶口在嘉義市者38人，排名第158位，就複姓（二字姓）而言，排名第2位，僅次於歐陽。[2]

依此推斷：1.台灣的劉黃一姓可能源於嘉義市；2.台灣的劉黃一姓人數排名後段，可能是移民年代較他姓晚之故。3.台灣的劉黃一姓本姓黃。

傳統上，姓氏可以顯示宗族的權勢大小，是社會階級的表徵，也是父權社會下的產物，然而，當今教育機會比較均等的年代，多

2　內政部戶政司，《全國姓名探討》。臺北市，內政部。2012。14-15，190-191，234-235，304-305。

數人不再倚賴宗族的權勢，而需要各憑本事打拚，目前少子化現象可以證明，不再以多子多孫取勝，是以，姓氏幾乎只是一個識別的符號罷了，但是，每一個姓氏的背後，仍然隱藏著令人懷念的故事，不易抹滅的記憶。尤其是在華人世界裡，一般人仍會對「劉黃」一姓感到好奇：

「他是入贅的嗎？」
「她還冠夫姓嗎？都什麼時代了」
「喂！妳是劉黃碧慧女士的先生嗎？喔，劉先生您好！」

乃至被稱呼「劉先生」或「黃小姐」，這對劉黃家族而言，已經習以為常，見怪不怪。

雲霄厝的歷史典故

筆者為了更為貼近劉黃崇德口述的史實，請求他擔任嚮導，於2015年（民國104年）3月21日回到他兒時的生活環境——雲霄古道。雲霄古道已被嘉義市交通觀光處列為重要景點，經過整修路面並增加許多解說壁畫，搭配劉黃崇德現場的解說，宛如重回歷史現場，敘說當年。包含雲霄厝的歷史淵源、地理位置、城門舊址、剖香腳的故事、宰殺牛隻的牛灶、購買剖香腳竹材的竹寮、北嶽殿音樂團的風華、總舖師富司的聲望、地藏庵媽祖回娘家等等，此外，還有劉黃家的祖厝、出生的舊屋、結婚生子的老厝、母親租屋開雜貨店的舊址、岳母住宅兼剖香腳老宅，以及自己尚無正規蘭園之前，四處借地方種觀賞植物的地方，可謂歷歷在目。

雲霄古道是指從安和街197巷連接和平路361巷到共和路135巷，延伸到忠孝路，寬約2-3公尺，全長約300公尺，跨及「內安里」、「雲霄里」、「檜村里」。這一帶俗稱雲霄厝，意即來自「福建省漳州府雲霄廳的聚落」，當地人自稱為「溫蕉厝」（台語）。從古地圖來看，「雲霄厝」位於嘉義城區之東北角外圍，相對於城區居民而言，「雲霄厝」的居民多屬「新移民」，社會地位不高，再就路狹房矮來看，亦可印證。劉黃崇德說：

> 雲霄厝一帶街坊鄰居都很和善，幾乎都是善良的市井小民，沒有敗壞的風俗或行為不羈的太保流氓，家家戶戶都像家庭工廠一樣，為了生活各自打拼，客廳就是工廠的社區生態，其中，最普及的行業就是剖香腳。

「剖香腳」就是製作拜拜所燒的線香之香心棒，當時都是純手工剖竹材製造，再由工廠收購去加工做成一般人燒香拜佛的線香。「雲霄厝」緊鄰香火鼎盛的北嶽殿九華山地藏庵不及百公尺，社區內有一家批發竹材的「竹寮」，加上「雲霄厝」的婦女肯吃苦，願意接受這種「細活」，因而造就出當時南台灣最大的香腳產地。劉黃崇德的母親曾以此為業，貼補家用，岳母則是剖香腳高手，他婚後曾協助岳母剖過一段時間，因此對剖香腳的流程相當的了解，他說：

> 剖香腳，自古雲霄厝就形成，多數婦女以此為業，男性很少是主業，婦女若手巧一點的、勤快一點的，收入都還不錯。那裡有一家竹寮，就是竹材的集散地，剖香腳的材料是刺竹，產地的刺竹去頭去尾，取其中間長約5-6公尺左右，竹寮堆成一堆一堆的，婦女們一次購買一堆，論重量計價，運回後鋸除節的部分，成為空心的竹筒，長約1尺2寸，這正是每支線香的長度，這些新鮮的竹筒當天就可加工剖成一支支1mm平方的香腳，隔夜才要剖的竹筒則需要泡水保持濕潤，若乾了就不好剖，所以戶戶備有大水槽，剖時須先垂直剖成寬約1寸的長條形竹板，再將外皮和內con剖除，熟練者

很快就完成，我全都做過，設備只有一張稍矮的長凳子，上置一塊鐵砧板，手持一把專用的刀，此刀比一般柴刀短小、輕薄、鋒利，每天拿刀約10小時，小時候曾當過母親助手，婚後會抽空協助岳母鋸竹筒、剖香腳，流程很熟練，剖好的香腳綑成一把，立在地上，捆繩偏在靠地面一端，將上端撐開如一朵花，以利曝曬，乾了再倒置換另一端曬，整個雲霄厝曬香腳之場景，遍地猶如一朵朵的香腳花，其綑繩係利用剖下來的竹皮，長度也和香腳一樣都是1尺2寸，因此，每一朵香腳花大小一致。一把把的香腳曬乾後再捆成一大捆，等待批發商來收購，這些批發商大多來自南部的台南、高雄，甚至屏東。（以上2段訪談稿，20150313a）

雲霄厝的第一等人：劉黃朝金

劉黃崇德的父親劉黃朝金，是個成長於跨清朝、日本、民國三個朝代的人，自小失學，也未曾進漢學，既不識字，也不會說日語或「國語」，但天資聰穎，有自己的理想與抱負，擁有識別事理的能力，頗富社會經驗，日本時代的戶口名簿職業欄登錄的是「苦力」，之後的登錄是「古物業」，人稱骨董伯仔，他的座右銘：「會賺錢也會花錢者為第一等人，若會賺錢卻不會花錢者，屬第二等人，而不會賺錢卻會花錢者，則是第三等人」，（訪談稿，20150214）他的人生理想就是要做「第一等人」，也是他的人生寫照，劉黃崇德說：

早年做骨董生意，四處搜尋稀奇珍寶，轉賣給嘉義的賢達人士，熟人都稱呼他的綽號——骨董伯仔，留著長鬍鬚，穿著非常時尚，整套的白色禮服都親自燙過，頭戴紳士帽，手持木杖或雨傘，宛如西方的紳士。他的一生既很會賺，賺得比別人快，但都自己把它花光光，不太有家庭觀念，也不關

> 心子女的教養與教育，所以我們都很貧困，幸虧我母親非常勤儉持家，把我們兄弟姊妹扶養長大，他雖然很有才能，卻未能收心。在日本時代曾種過國蘭，並從事買賣，台灣光復之後，社會逐漸安定，他很精明，探知有些上層人士開始對洋蘭有興趣，便去借別人的地搭蘭花棚以及臨時工寮，改種洋蘭，開始試種、繁殖，開了花與人共賞，並售給有興趣者，由於當時洋蘭價位很高，雖然僅種幾十株而已，但這些都是高單價的商品，由於他的眼光很犀利，他有可能是嘉義首位種植洋蘭者，從台中、高雄買回，再轉賣給嘉義地區的上層階級養蘭人士，例如醫生、銀行經理等，嘉義有一個愛蘭會，理事長為張李德和，每周日在合作金庫嘉義分行琳瑯山閣花苑，張錦燦醫師診所的庭院，蘭友聚集談天說地，將自己培養的蘭花展現眾人面前，品頭論足，蔚成風氣。父親在商場上的應對技巧令我佩服，念小學時看他在園子裡種國蘭，在生活中會耳濡目染，但在當時，並未立志走上這一行。（訪談稿，20150214）

劉黃振育對祖父劉黃朝金有一段深刻的印象，他說：

> 我還沒上小學之前，在舊房那邊（雲霄厝老宅），他的蘭花就種在樓頂，其實阿公主要在做買賣，他早上提一盆花出去，中午就提著一條虱目魚搖晃回來，他的外表像「黑狗兄」一般，穿著時髦有派頭，有一次叫我和阿妹（劉黃碧華）去東市買了一把香蕉，他撕下一條折成二半，給我們一人一半，其餘的自己留著吃，只要有好吃的都是大哥優先享用，阿公疼大孫，我二年級時，他被一年輕人騎腳踏車撞傷，倒地不起，臥在床上好幾個月才過世。（訪談稿，20150323）

躺在床上養病期間長了褥瘡，劉黃崇德必須每天幫父親翻身擦澡，盡為人子的義務。

寧可吃虧、不占便宜：賴好

劉黃崇德的母親賴好，父母早歿，她們家是在水上鄉下種田的農家，由她的大哥負責扶養，為免淪為窮苦的農家女，自小就幫她纏足，期待她將來能嫁個好人家，長大之後刻意找人說親，嫁到城市裡來，17歲時如願嫁入市區邊緣的劉黃家，戶口名簿登錄為劉黃賴好，或許是命運的安排，先生是一個「會賺錢也會花錢的第一等人」，以現代的用語形容就是沒有家庭觀念，一個只顧自己享樂、不顧家人死活的大男人。所幸，劉黃賴好一手撐起這個家，嫁到雲霄厝，自然也跟個社區裡的婆婆媽媽剖香腳，賺取生活費，她生過3男3女，也曾在巷弄口開了一家小型雜貨店（柑仔店），是雲霄厝一帶唯一的一家，生意尚可，由於她待人很好，所以街坊鄰居都很尊敬她，人稱阿遁嬸仔（先生劉黃朝金的小名叫阿遁仔），有時候必須外出辦貨，鄰居會幫她顧店，甚至採無人管理的自助商店經營，消費者均是街坊鄰居，彼此互相信任，雜貨店做到「疏開」才歇業。[3]

劉黃賴好的次子劉黃添德攝於日本求學期間，有著英挺帥氣的外型，奈何英年早逝。

劉黃崇德指出，母親對他的影響最大，由於她39歲才生他，小時很可愛又聽話，時常教導他做人之道理，要誠實、耿直、認真、奮發等等。劉黃崇德在接受筆者訪談時，聲淚俱下，頻頻拭淚的說：

3 戰爭日益吃緊，美軍經常轟炸市區，市區民眾疏散到郊區暫居，俗稱「疏開」。

> 自小母親時時教導我說：「我們寧可吃虧，絕不占人便宜，所以即使吃了悶虧也會忍受」。

也因為他自小受到母親這句話的影響，形塑出他在從事蘭花販子時的特有風格—寧可吃虧、不占便宜。

劉黃賴好真的是名如其人，真正的好，一個好女人。由於先生打扮瀟灑，風流倜儻，成天與上流社會人士交際應酬，期待他的骨董賣個好價錢，如此的「第一等人」甚至將他花天酒地結識的酒家女帶回家。這若是一般傳統婦女，早就控制不了自己的情緒，難免上演一段「一哭二鬧三上吊」的戲碼；劉黃賴好見狀卻表現的不可思議的鎮靜，首先，她不但沒有敵意，還接納她，建立彼此的信任感，形同姊妹般，劉黃賴好見時機成熟後才向她表述：

> 我的先生看似風度翩翩的紳士，其實是個很不顧家的男人，今天他當妳是個點心捧在手上，如果妳嫁給他當小老婆的話，下場就會跟我現在一樣。果真，幾天後酒家女不告而別了。

這種高EQ（情緒智商）的婦女，在那個時代真不多見。

劉黃崇德的大哥劉黃德生大他19歲，因染肺癆病，尚無藥可醫，劉黃賴好聽聞必須吃比較營養的魚或肉，以增加抵抗力，然而當時戰事非常吃緊，所有物資都須提供作戰前線，一般台灣人民採取配給制度，即使是白米都不易購得，只得吃番薯簽度日，她為了自己的長子去走yami（闇，やみ），也就是違法買賣，當時的魚和肉都是照配給的，沒有配給券不得私下買賣，通常規定每個月只能買一、二次，每次幾兩的魚或肉，走yami的暗交易，就是走私，若被警察發現，不但沒收物品，而且還會刑罰，但是她已不顧這些，仍然執意向自己娘家的親戚或要好的姊妹，要求賣給她甚至免費贈送，為了避開警察的盤查，利用傍晚從市區出發，脫掉裹腳布一拐一拐地走到中庄（今水上鄉）約10幾公里，取得東西後再走回家煮給兒子補身，這種母愛與毅力，令人感動，也令敘說此故事的劉黃崇德再次拭淚。（以上4段訪談稿，20150215）

劉黃賴好於1943年（民國32年）失去次子，又於1945年（民國34年）失去長子，台灣光復時3個兒子只剩小學剛畢業的三子劉黃崇德，協助失學的劉黃崇德炒花生到市場擺攤販售，也需協助長媳養育3個失怙的幼孫，卻無緣見到劉黃崇德娶妻生子就離開人世。（1950年，民國39年）。

剖香腳的左撇高手：吳春

劉黃崇德的岳母吳春，如果她是個男性的話，可說是一條硬漢子，就是性情剛直、有骨氣而能堅毅不屈的男子。吳春她們家也住在雲霄厝，父親早逝，小時候協助母親剖香腳，哥哥做皮鞋，由於家境清寒，母親為了讓哥哥迎娶時風光一點，不讓人取笑家裡貧窮，因此努力剖香腳賺錢，吳春也因為對兄弟的付出，延遲了適婚年齡。

劉黃崇德偕帶幼子劉黃振坤、岳母吳春和阿寶姑暢遊彰化八卦山。

劉黃崇德的夫人劉黃吳淑珠，也是吳春的養女，對自己的養母回憶說：

> 因為過了適婚年齡，自己打算不嫁了，歲數大了嫁不到好的，但她姑姑硬要她嫁，結果嫁了一個又要賭又要花，沒錢就回來要的男人，當時我已經念小學一年級了，已經懂事還記得，她的姊妹淘們強烈建議要盡速了斷，否則會更糟，所以她就黯然離開那男人的家，離開時身無分文，所以就到機

場附近做臨時工，存了一點錢後，才有能力購買剖香腳的竹材和工具（香腳刀、鋸子、鐵砧、椅子），成為獨立的剖香腳人家。光復後，日本人撤離，留下許多土地和房舍，市公所人員認識她，知道她單身清貧，人品很好，其中中山路有一棟店面房子要分給她，被她婉拒，她說她必須剖香腳維生，離家太遠不方便，還有王田（今民權路全聯福利中心附近）那裡有塊地也要配給她，仍被她拒絕，因為她還有一種觀念：不想不勞而獲、讓人恥笑。

劉黃吳淑珠接著說：

其實她剖的香腳在雲霄厝最受歡迎，是個左撇子，手非常的巧，她剖的香腳大家爭相向她購買，甚至廠商先付款給她，事後再來取貨，由於訂貨量大，所以會向友人收集品質較好的香腳一起交貨，這些廠商大多來自台南，她經常手持剖刀工作，腳撐嬰兒搖籃，前後照顧過我的7個小孩，外加她哥哥的3個（嫂嫂早逝）以及弟弟的一個小孩，小孩醒來就放在大澡盆裡自行玩耍，有時泡牛奶給她喝，換好尿片再抱回搖籃用腳搖，長榮街蘭園的地是她買的，振峰念五專時的學費都是她支援的。

劉黃吳淑珠又說：

我嫁給劉黃家之後，先生原先炒花生賣，之後與朋友合夥到產地批花生，做批發生意，一袋袋的帶殼花生必須日曬乾燥才轉售，為了曬花生，她經常天未亮就到民權路上卡位，等清晨我先生將花生一袋袋從家裡運送過去鋪在路旁曬，她使用木耙子不定時翻動，因為她平日對人很好，若遇

> 下雨，住街旁的婦女好友會主動地幫忙收拾。有一次先生於價格貴時大批買進花生，導致虧了錢，被人登門逼債追討，被她回嗆：你們別擔心，我們會還你。我嫁妝的金飾，和她私房的金飾全數變賣還債。（以上3段訪談稿，20150226b，20150313b）

這些錢都是靠她的雙手剖香腳所得，全是勞力錢，也全用在親人的身上，自己鮮有享用。1960年代（民國50年代）後期，剖香腳的工作逐漸被機器所替代，年近60歲的吳春也逐漸放下剖刀，經常至寺廟走動，吃齋念佛，和長孫女劉黃碧慧看經習字，自幼未曾念書的吳春，竟然從閱讀佛經習得認字，看得懂報紙，足見她的天賦與毅力，非比尋常，晚年的某一天（1998年，民國87年），在睡夢中，如願的讓佛祖帶往西天，享年88歲。嚴格說起來，她並不屬於劉黃家的人，戶口也不在劉黃家，但是她的大半輩子都獻給了劉黃家，除了經濟的資助，還包含養育7個小孫子，她對劉黃家的付出大於她自己的娘家。她宛如劉黃家的總司令，全家人對她畢恭畢敬，唯命是從，無人敢抗命，但她也具有重男輕女的傳統觀念，對女生的行為舉止要求嚴格，對男生就比較寵幸與包容。她雖然不懂栽培蘭花，卻是劉黃崇德從事蘭花事業最重要的後盾。

蘭心紀事

劉黃崇德沒有顯赫的家世背景，居住在嘉義雲霄厝就已經被貼上市區邊緣人的標籤；和其他家庭類似，當時每戶人家子女眾多乃是常態，只是他的兄姊命運欠佳，有3位提早辭世，所幸，還有父母和之後的岳母得以撐腰。這一段往事雖與蘭藝事業無直接關聯，卻也能與本書第一輯日本時代的歷史背景相互呼應，反映出日本時代那些有能力玩蘭花的社會階層，和一般社會底層的小人物，有著強烈的對比。

第三章　劉黃崇德的成長歷程

有些人一生的事業得以成功，仰賴自家族的既有優勢，而能白手起家、成就非凡者往往成為後世傳頌的故事。尤其是劉黃崇德僅僅小學畢業，卻能在台灣蘭界闖出一片天，甚至揚名日本，其故事確實值得後生晚輩所尊敬與重視，故事的描述必定從成長的歷程來了解，成功絕非偶然。

劉黃崇德的成長背景

劉黃崇德出生於1933年（昭和8年，民國22年）的台灣，時值日本統治的時代，之前一、二年中國發生九一八事變、一二八事變，日本在東北建立偽滿州國。此時日本的西化程度、經濟與軍事實力，已算是世界強國。劉黃崇德出生的這一年，希特勒成為德國

劉黃崇德（右一）讓贏母（番婆姨，成人左二）在門前照顧著。

元首，日本及德國先後退出國聯；這一年也是世界經濟大蕭條最嚴重的一年；這一年，是嘉農棒球隊第二度參加夏季甲子園大會（第19回）；這一年，有中山林之助和米澤耕一二人從日本專程前來高雄、鳳山種植蘭花。當然，對幼小的劉黃崇德而言渾然無感。之後發生的二次大戰、台灣光復、政府遷台等重大事件，劉黃崇德不僅有感，而且在在影響到他的前途。

本章敘述的內容，以口述資料為主，加以重回田野現場所收集的資料整理而成，主述內容為日本時代入小學就學開始（1939年，昭和14年，民國28年），至光復後結婚初期為止（1953年，民國42年），其中有許多小故事相信可以引發一些人有共同的記憶。

皇民化的小學教育

日本對台的殖民政策係以逐步強化的同化政策為其統治方針，改變台灣人成為「順良的日本人」、「利害與共的日本國民」，其中影響最深遠的就是殖民教育，在台的日本人以公教軍警和商人、技術人員為主，約占台灣人口數658萬的6%，約40萬人。1940年（昭和15年，民國29年）兒童入學率有58%。從1944年初（昭和19年，民國33年）開始到戰爭結束，台灣被美軍轟炸15梯次，躲空襲的日子，學校關閉，都市居民往鄉下「疏開」。[1]

劉黃崇德6足歲就進小學念書，光復當年畢業（1939-1945，昭和14-20年，民國28-34年）。1年級時念嘉義市東門公學校（今國立華南商業職業學校校址），對一位剛滿6歲的小學生而言，要走一段蠻遠的路，2年級就轉進了新開辦的新高國民學校（今林森國小前身），離家比較近了一點，直到6年級畢業。劉黃崇德敘說了小學時期的幾則故事，他說：

[1] 黃源謀，《臺灣通史》，臺北縣：新文京開發出版公司，2007.07。136-161。

我從一年級到六年級成績都還不錯，排在第2和第3名之間，第1名都是一位老師的小孩包辦，他都當班長，我當副班長。我的書法字不錯，一年級在東門公學校念書時，老師黑板寫了台北州平假名，我寫的這張被老師選去展覽，也有入賞；小學一到三年級都是台籍老師，四年級在新高小學校是一位日籍老師叫中積，他剛師範畢業就被派到台灣就任，單身住在長榮街的一間很大的宿舍，他很疼我，大小瑣碎事都會交代我做，當時的米和魚肉都採配給制，他認識在西市賣牛肉的林清輝，經常遞給我一張紙條，要我跑腿到西市找林清輝的攤子，取回一包牛肉，因為他愛吃牛肉，要求上好的牛肉部位。我每天上學時要帶便當，但沒蒸飯設備，中午都吃冷飯。我們每日朝會時要向東方朝拜。

小學五年級時曾被老師獲選到台南參加童子軍大會，當時每年級有三個班，五、六年級各班級有兩個名額，總共12個同學，由我們班的級任老師帶隊，在出發前一天交代同學要帶便當，但我可能沒聽到，所以當天出發前先帶到老師家集合吃便當，只有我沒便當可吃，被老師碎碎念了一番，說我不是交代你們要帶便當嗎，他念歸念，仍然交代他的夫人炒了一盤加了番茄汁的蛋炒飯給我吃，真是讓我非常難忘，因為平日無機會吃到這種人間美味。我們搭火車到了台南的體育場參加各種童子軍活動，還有炊事和露營，此乃生平第一次出外離開嘉義，也是生平第一次搭火車，相當的新鮮與好奇，和同學一起出遊的經驗，感到非常光榮。印象比較深刻的就是第一次出門，母親特別給了我一些零用錢，我很捨不得花，直到在返回途中，於台南車站候車時，老師給同學自由活動的時間，我在車站附近一家店裡看到香蕉乾，忍不住誘惑，買了來吃，由於從未吃過，又是自己花錢買的，好吃到難以形容。

我念五年級時，我的三姐已經小學畢業並步入社會就業，她和一位賣豬肉的女性友人都約17、18歲，她們相偕到學校了解我的學習狀況，我還有印象，當時我正在教室上課，她們請教了我的日籍老師，老師回應她們說：「他很會念書，但面對事情缺乏果斷力，經常猶豫不決。」我最好的科目是歌唱，某日全校師生帶到嘉義戲院（文化路上）看電影，開演之前的等待時間，老師指名要我上台唱一首，我上台才唱了一句就忘了歌詞，連忙向大家鞠躬說對不起而下台，引發全場同學哈哈大笑，應該太緊張了吧。

當時的社會狀況算是安定，因為日軍經常打勝戰，打到東南亞，五年級之後，美軍開始反攻，六年級時我們經常疏散到郊外，空襲警報響時，就躲進學校的防空壕，所以五年級下學期之後就很少上課了，學校也被軍方進駐，以致學校學生分散配到其他學校上課。六年級畢業時是3月，當時全家人已疏開到深坑仔，美國飛機經常使用燃燒彈轟炸市區，雖未目睹爆炸與燃燒實況，但看過以木造屋為主的市街燒成一片焦黑之景象，這時三姐嫁人了，全家只剩父母、嫂嫂和3個侄子。

小學時母親從事剖香腳工作，我會協助搬運材料，當時沒啥娛樂，三餐得以溫飽就很滿足了，只為了活下去而已，不像現在這麼的豐盛，主要的玩伴都是那些姐姐們，大哥的孩子都還小，上小學時似乎沒有規定穿制服，以當時的經濟條件，台灣的學生應該多數穿不起才是，打赤腳或穿木屐徒步上學。（以上5段訪談稿，20150214，20150215）

劉黃崇德何其有幸，童年時期就有上學念書的機會。人出生會被哪個政府所統治，並不是自己的選擇，會去接受皇民化的小學教育，也不是自己的選擇。劉黃崇德在小學教育時打好的日語基礎，在光復後根本不管用，然而，卻是往後從事蘭花販子的重要法寶。大她6歲的三姐劉黃品鳳，是他年齡最接近的親人，也是最關心他學習的親人，由她轉達他的日籍老師之一番話：「他很會念書，但面對事情缺乏果斷力，經常猶豫不決」，是否就烙印在他的心坎裡，造就出他的「堅定的意志、脆弱的情感」的人格特質。

失學的模範青年

小學畢業時是在二戰的最後一年3月底，全家疏開到深坑仔（今中埔鄉），光復後才又搬回家，對劉黃崇德來說，畢業了，光復了，也輟學了。劉黃崇德回憶當年說：

> 台灣光復後，家境比較好的同學紛紛申請升學，以我的成績進嘉義中學念初中沒問題，卻因家境因素而輟學，開始做生意貼補家用。這時物資很缺乏，整個生活秩序還不穩定，父親的古玩和國蘭生意一落千丈，母親的雜貨店在疏開時就收了，收入頓減，嫂嫂會裁縫，幫人家做衣服有些收入，但她有三個稚子要養，這時一家七口人生活還得過，但謀職不易，自己又沒本錢，所以只能做個小生意，有生以來第一份工作，就是去麵包廠批麵包，自己釘一個木箱子掛在胸前沿街叫賣，一個剛年滿13歲的男孩，每天天未亮就到麵包廠批麵包，直到當天賣完為止，夏天時就批冰棒，挨家挨戶拜訪販售，多少貼補一點家用。

劉黃崇德年少時的摯友。前排左起：劉黃崇德、吳門；後排左起：吳由天。

> 一到二年之後有一個機會，二姐的小叔在東市有一個賣炒花

生的攤位，因要收攤所以我就頂了下來，這時已經14歲，每天炒花生、賣花生，持續到19歲結婚後，直到長子出生沒多久，因入伍服役才結束營業。初期的花生是嫂嫂幫忙炒，之後母親接手炒，母親過世後我自己炒，這時已經改用滾筒炒，剛結婚時，由內人協助炒，有時候岳母會叫她的外甥來協助炒花生。我們將整袋的生花生批回來，撥出生花生粒，先泡鹽水，在大鍋裡滲入粉沙控制火候慢慢炒，粉沙又叫膨沙（台語），是從山上被大水沖下來的沙子，有人專門賣這種沙子。原先用傳統大鐵鍋炒，之後採用改良式的滾動鐵桶炒，並設計類似腳踏車的踏板採動滾筒，如此可以增加炒豆的數量，省工又省火，火爐是在可燒粗糠的灶上，不需燒柴。通常每1斤生花生本錢，炒熟後只增加1-2成賣出，所賺的工資很有限，而且在東市有好幾攤位在賣，蠻競爭的，無法提高價格，勉強應付三餐而已。（以上2段訪談稿，20150215）

奮發向上的動力

劉黃崇德的小學同學們紛紛升學念初中時，他正在大街小巷「遊學」——遊走街頭、沿街叫賣的學習；同學繼續升學念高中時，他在市場擺攤「留學」——定點留在市場擺攤，利用晚上學習。由於他的家境使然，啟動了奮發向上的原動力，他說：

從賣麵包、冰棒、花生的過程都算順遂，每天安穩度日，沒印象有發生大的挫折，自小母親時時教導我說：「我們寧可吃虧，絕不占人便宜」。所以即使吃了悶虧也會忍受（聲淚俱下，頻頻拭淚），我這種小生意沒有什麼大不了的「僫客」（台語），最多是遇上一些挑三揀四的客人，只是當時我的花生攤旁還有2、3攤，彼此難免競爭搶客人，我個

群聲英語補習班全體同學歡送姜老師攝影留念（1951.10.24於嘉義）。第二排右四為劉黃崇德。

性軟弱，他人比較壓霸（強勢，台語），但我仍秉持母親「寧可吃虧」的教誨（再度啜泣拭淚）。我絕不會與人衝突或反抗，一切委屈往肚子裡吞。

由於每天認真工作，沒啥玩伴，有一位從朴子來的老勢（本名吳門），來嘉義的雜穀店當學徒做粗工，我經常到雜穀店批花生才認識他，由於同年齡，所以很談的來，雖然沒有結拜，卻談得很投機，內心事會相互訴苦、疏解壓力（再度啜泣）；他之後與朋友合夥做五穀雜糧的批發生意，被派駐台北據點，是以，我後來做蘭花生意之後，需要在台北出差時，會在他家過夜敘舊，他是我的莫逆之交。

在東市擺攤賣花生期間，認識了阿典，他和我也同年紀，他在診所當藥劑生，診所就在我擺花生攤的旁邊，他人很正派，也會講日語，我們也會抽空聊天，目前在中山路開的那家「阿典師」餐廳，就是他當主廚，八十幾歲了還經常下廚開發新菜色。

我是個安分守己的小販，對社會、政治、經濟等時勢狀況並無特別的感覺，也沒參加過任何休閒活動，每天只顧三餐，努力打拼向上，期待改善生活；在顧花生攤時，會利用時間向旁邊的日用品店借報紙來看，也看一些書，有外省的顧客來時向他們學習國語；又曾經在朋友的姐姐家裡補習學國語，義務性的不用交錢，老師是從大陸過來的單身漢，他在大陸時念過書，光復之後渡海到嘉義開補習班，教國語，後來他到華南商職當正式老師。我當時才15-16歲，只要有機會就會把握，已有求學問上進的觀念。

二二八事件之前，張李德和曾在仁武廟辦理仁武修養會，包含國語課、英語課、修身課，道德課等多種，完全免費，有一位蔡老師教四書五經，用閩南語教學，教師都義務教學，桌椅也是善心人士捐的，場地免租金，對我這種失學青年頗有助益，所以我一定會把握機會學習（遞擦手紙拭淚），二二八事件發生之後，政府規定不得公開集會，以致仁武修養會被迫解散。在仁武修養會，我認識了吳由天，他小我1歲，我們也很要好，形同手足，他婚後到台北發展，學電器，我師專旁房舍和鹿滿的農舍所有燈具都是叫他從台北來裝的。

母親過世之後，嫂嫂帶著三個孩子搬到外面開雜貨店，經濟獨立出去，家裡只剩我和父親二人，沒人煮飯，自小送給人家當童養媳的二姐，長大嫁給養母的兒子，並搬來雲霄厝居住，她獲悉自己的生父母的家庭狀況，要我們父子到她家吃飯。我每天清晨5、6點天未亮就起床開始炒花生，整理擔子，約6、7點就得出門，每天固定的路線從雲霄厝、共和路、美軍招待所，往東市走，幾乎每天都會遇到張博雅姊妹二人，她們也是徒步上學，由於互不認識，未曾打過招呼或搭訕，但我知道她們是許世賢的女兒，（筆者問：是否會覺得自己生長在貧困家庭而覺得命不好）我絕無此觀念，我只有一個信念：「我們出生貧窮沒關係，只要我們認真，努力打拼，總有一天，我會出頭天」（顫抖雙唇啜泣不成聲），遇張博雅姊妹上學這一幕卻是我奮發向上的動力。

當時自覺需要進修，渴望學好，尤其是英文，我已預知它是我未來的前途須靠它，我在結婚前一年，（1951年，民國40年），到姜老師開的英文補習班念了一年多，姜老師是外省人，教學很仔細，時時叮嚀細節。當時中文、英文同時進修，在賣花生時會利用時間複習，看報紙學習中文與新知，用最多的是後來出國交易蘭花的會話，我的同學都不斷的上學、升學，我當然也不甘心原地踏步，只為三餐溫飽工作而已。（以上7段訪談稿，20150215）

娶得一位美嬌娘

劉黃崇德的夫人劉黃吳淑珠，本名蘇淑珠，5歲時母親過世，被摯友吳春收養，1952年（民國41年）嫁給劉黃崇德，冠夫姓為劉黃蘇淑珠，直到1985年（民國74年）改從養母姓，更名劉黃吳淑珠。2012年（民國101年）慶祝結婚60週年鑽石婚紀念日。憶起兒時往事，還很清楚，她說：

我出生在嘉義東市附近，母親是人家的續絃，正房有3兄3姊，自小受到母親和兄姐的寵愛，但母親因病早逝，臨終前將我託付給她的姊妹淘，住在雲霄厝的吳春收養，當時她32歲，我剛到新家庭時，看到外形嚴肅的養母，心生畏懼，她的管教方式嚴厲，口氣很不好，只要她一有要求，我會當場震懾，杵在原地不敢動。我念過日本時代小學3年，光復後再念3年，畢業那年，我三姊在化工廠上班，快結婚了，要

新娘劉黃吳淑珠、新郎劉黃崇德攝於自宅門前。

把職缺讓給我，但養母不准許，連鄰居也反對，說女孩子家不要去上班就業，但是我知道鄰居的女兒卻可以去上班；所以，小學畢業後跟著養母協助剖香腳，由於我的手藝差，她的要求標準嚴格，經常被責罵，養母很兇，會舉起整把的香腳敲我的腦袋，她的脾氣很暴躁，但我怎麼剖都大頭尾（台語，頭粗尾細不均勻），必須耗時間再去將頭太粗的一端作修飾，由於我小時被寵慣了，被收養後像個小媳婦（台語，欣不阿），她的外甥女大我1歲，比較聰明伶俐，也會欺負比較憨直老實的我，例如有一次，我有一線（cent）零用錢買了鹹橄欖來吃，被她去告狀。其實，養母自己沒生小孩，只有我這個養女，她對我嚴格都是為我好，從小就很會照顧我，尤其是我的身體不太好，她很會補我的身體，也不允許我獨自外出，直到結婚之後都是如此，還幫我扶養7個小孩，算是我的第二母親。（訪談稿，20150226b）

劉黃崇德和劉黃吳淑珠是如何結為夫妻的，劉黃崇德說：

> 母親有一位要好的鄰居，親如姊妹，在某次的聊天玩笑爭議中，兩人下了一個賭注，她這位姊妹淘看我年幼可愛，就要求如果她贏了，我要歸她，事後果真「我」被她贏走，當然，這只是個玩笑，我並沒有被她收養或養育，但我私底下稱呼她為「贏母」，就是額外贏來的母親，當時我才5、6歲。我母親過世之後，由於我在雲霄厝一帶算是一位模範青年，每天認真誠實的做生意，不會遊手好閒或成群結黨好吃懶做，因此我的贏母見我沒人幫我煮飯，就主動幫我向鄰居吳春說親，她們是經常一起剖香腳的婆婆媽媽，所以贏母是我的媒人，吳春自己並沒小孩，只有一位養女，吳春和贏母很要好，我和父親便信任贏母對我們的種種描述，想說別人都沒嫌棄我們的家境，我們也沒啥挑剔的，乃一口答應，隨即提親、擇日、下聘，兩位素未謀面的男女青年就這樣結為連理。由於我家的經濟條件不佳，婚禮雖依傳統習俗，但一切從簡。此時家裡只有父親和我們小倆口，這是1952年（民國41年）初冬的事，我19歲，蘇淑珠17歲。（訪談稿，20150216a）

人生事業跌第一跤

劉黃崇德和劉黃吳淑珠他們都住在雲霄厝，相距才一百公尺左右，結婚之前並不相識，劉黃吳淑珠對剛嫁入劉黃家時有如下的印象：

> 婚前沒看過劉黃崇德，也不知蘭花為何物，婚後知道先生在炒花生、賣花生，他父親有種蘭花。房子為土角厝，牆面抹白石灰，內有竹片和泥土，中間正身是廳堂，有神明公媽

祭祀桌，房間是拖坪仔有3間（正房的延伸），爸一間、我們一間、嫂嫂及其3個孩子一間，後面還有成仔他們，成仔就是阿公（劉黃朝金）的友人，當時地是阿公的，房子是成仔他出資蓋的，嫂嫂她們是後來才搬出去的。（訪談稿，20150226b）

劉黃崇德也描述他結婚初期的生活狀況，他說：

婚後還是賣花生，但是自己體認到有了自己的家庭，無形中增加了不少壓力，擺攤賣自己炒的花生利潤太薄，恐無法養得起小孩，因此開始做批發的生意。親自到產地收購花生，一袋袋的帶殼花生運回後，必須經過曝曬再轉售，曾經借用嘉義監獄員工宿舍的網球場曬花生，擔心被偷，晚上睡在球場，旁邊全是墓地，岳母認為球場太遠，因此天未亮就到民權路卡位，在馬路邊曬。花生屬於雜糧，由於我不諳產期的淡、旺季，於價格貴時大批買進，導致虧了錢，被人登門逼債追討，幸好岳母和內人變賣金飾還債。這是我人生事業跌的第一跤，雖然這一跤付出不少的代價，但是這一跤所獲得的人生經驗，卻時時警惕我在未來事業的發展上，非常重要的做生意態度——有多少錢、做多少事的態度。（訪談稿，20150216）

蘭心紀事

劉黃崇德所生長的家庭環境，能有機會念小學已經算很幸運了，雖然功課表現優秀，卻無機會升學，小學畢業便投入就業市場，擔任沿街叫賣的小販，2年之後才有機會在市場固定擺攤，正值青年時期的劉黃崇德並不以此自暴自棄，隨時自我進修，充實自己的學識，並以憨厚老實、勤奮好學的條件娶得美嬌娘，婚後初期想將生意做大，卻栽了一個跟斗，這個教訓卻是他日後從事蘭藝事業最佳的座右銘。事實上，在同一時期和劉黃崇德相同境遇者不乏其人，但並非人人都能苦撐過來，劉黃崇德卻做到了。

第四章　光復初期的嘉義蘭友

1953年（民國42年）長子劉黃振峰出生不久，劉黃崇德於1954年（民國43年）入伍服補充兵役4個月，退伍之後尚無固定的職業，也沒有專業的技能，為了養家活口，只要能賺點外快的活都得幹，包含協助父親買賣洋蘭的工作，就在情非得已的情境之下接觸了蘭藝事業之途。為了吃這一行飯，他參與蘭會組織，結交蘭友，也有師父指導。

初試啼聲的愛蘭園

劉黃崇德婚後開始感受到家庭生活的壓力，首度期待改善生活的批發花生生意，便栽了跟斗，跌的這一跤並未減弱他的奮發意志力；婚後隔年長子振峰出世，壓力持續加大，他說：

> 振峰出生沒多久，被調去服四個月的補充兵役，東市的花生攤位就此頂給了他人。服兵役的營區在台中大里的竹仔坑營區，營區規模頗大的，印象中的活動有基本教練、射擊、行軍等。退伍後暫時沒有工作，所幸父親還有些許收入資助生活費用，由於一時沒有適合的工作可做，便協助住在廟後的岳母「剖香腳」，每天清晨幫忙鋸竹筒、剖香腳，同時開始種植花花草草，由於自宅庭院狹隘，所以四處借用鄰居友人的空地種，一開始去借別人家的庭院種菊花，一年之後，覺得收入有限，就播種種榕樹盆栽，也去找九重葛的老樹頭，鋸下來培養盆景，我也在美軍俱樂部旁，就是警察局長宿舍對面免費使用了一塊空地種盆栽，地主叫林天祿，這個庭院很大，有好幾棵大芒果樹，我只使用了約40-50坪於樹下，另外也商借品芳醫院的病房樓之頂樓平台，將盆栽暫置此處

培養，等植物成長像樣了才拿去販售，地點就在民生路，與人共租一個花攤，就是在黃國興開的汽車保養廠門口的空檔擺攤販售，售後結帳對分，這個花攤約維持了4、5年，因店家另有規劃而收攤。（訪談稿，20150226a）

沒有資本、沒有人脈、沒啥學歷的劉黃崇德，結婚生子並服完兵役之後，只有依靠年輕力壯的原始資本以園藝為業，而且還四處借用免費的空間種植草花與盆景。他的父親在日本時代便以買賣骨董，和種植國蘭販售為業，國蘭就種在自家庭院，光復之後，骨董生意黯淡，他再度發揮他的精明的眼光，看準了高單價的洋蘭，借用他人的庭院搭棚架種起洋蘭。劉黃崇德說：

父親早年種有國蘭，國蘭的銷售不佳而停止種植，光復之後才開始種洋蘭，父親在鄰居租了一個庭院，設有棚架專種洋蘭，他曾經帶我去向李金盛、陳忠純買各種蘭花品種，再轉售有錢人家，沒賣完的才種在自己的園子裡，我算是有所接觸，耳濡目染，但當時我只專心我自己的園藝工作，並未直接接觸，直到我服完兵役退伍，尚無正式工作之際，才開始接觸蘭花，父親會帶我去拜訪蘭友，我也幫他做跑腿的工作，例如運送蘭花給某人看，對方若喜歡的話，就可賣給他，有時也向某人取回東西，擔任他的助手，其實我原本對種蘭花沒興趣，實在是因為失業，不得已才接觸的，在與一些蘭友接觸之後，逐漸培養興趣，於是除了種草花與盆景之外，也於屋前小庭院搭起棚架種蘭花。（以上2段訪談稿，20150226a）

這就是愛蘭園的第一現場，位於雲霄厝老宅的庭院裡，雖然只有小小幾坪的空間，卻在專心投入之後，逐漸擴充蘭園，開拓市場，迄今已逾60個年頭。「愛蘭園」是他父親取名的，雖然他並不識字，也未豎立過招牌，但他都向外自稱自己的蘭園為「愛蘭園」，之所以取名「愛蘭」，當與嘉義的「愛蘭會」有所關連。

專攻洋蘭的愛蘭園

劉黃崇德婚後的10年之間（民國41-51年），7個孩子一一出世，這是戰後各國普遍的嬰兒潮現象，平均每1年半出生1個，夫人劉黃吳淑珠這10年間幾乎不是懷孕就是坐月子和哺乳，足見他們的經濟負擔之沉重。他說：

> 內人雖然不懂我的蘭花事業，但是她對家庭的照顧，可謂盡心盡力、無微不至，岳母（吳春）對這個家的協助更是功不可沒，尤其是7個小孩都被她帶過，經濟上多少也有協助，她自己非常節儉，剖香腳的積蓄，必要時會無償的貼補家用。（訪談稿，20150226a）

劉黃吳淑珠對當時養母協助帶小孩回憶說：

> 先前振峰出生滿月之後，都由阿嬤（吳春）在她的住處帶大的，因為阿嬤擔心我的身體狀況，孩子要吸奶時，我才過去阿嬤那邊給孩子吸奶，碧慧（長女）約2、3歲時也過去和阿嬤同住，振育、振三也有住過，當時阿嬤有一位一起念經的友人，賣兒童玩具的阿秀姨會拿布袋戲偶哄振三，振坤小時也給阿嬤帶過，阿嬤有時會帶回她娘家同齡的小侄孫，有時候她同時帶好幾個小孫子，還邊剖香腳邊顧小孩。

劉黃崇德為了再增加種植面積，聽聞離家附近的長榮街旁有地要賣，約60坪，自己卻無能力購買，劉黃吳淑珠說起這段往事：

劉黃崇德的夫人劉黃吳淑珠在愛蘭園的原始招牌前留影，長榮街24號的招牌依稀可見。

> 當時他聽說那塊地要賣，便找她（吳春）去看，她說你認為適用的話就買下來，錢她來出，你來使用。買時好像振三已出世（1958年，民國47年），買了之後，他先建設蘭園。有了長榮街那塊地之後，所有的蘭花和觀葉植物才集中在一起。（以上2段訪談稿，20150226b）

劉黃崇德的父親劉黃朝金在種蘭花的時代，就以「愛蘭園」自居，對外也稱「愛蘭園」，劉黃崇德將蘭園集中到長榮街之後，沿用「愛蘭園」，並豎起招牌，此乃愛蘭園的第二現場。

幾年之後，一直跟著我學習種植蘭花的蘭友李進利，為了投入蘭業，得知民雄有的要賣，便邀我和幾個朋友合買，劉黃崇德說：

> 阿利仔想買民雄的地，找我買在一起，每塊地60坪，我沒錢，他代我墊付訂金1萬元，尾款9.5萬，我向品芳醫師的醫

> 師娘借了5萬元，其實平常我就會向她借五千、一萬的，這次數額較大，所以要我寫了一張借據。此時我有了長榮街的據點，民雄較遠，交通不便，而且也沒錢建設，因此閒置在那兒。

長榮街這個園子買的時候只有60坪，數年之後覺得不敷使用，為了擴充面積，劉黃崇德看中了隔壁荒廢不用的土地。地主在台北第一銀行當分行經理，交由其侄子看管，起初找其侄子商量未果，其實只是希望將他們的土地拉直，取得雙贏，之後透過蘭友——任職於第一銀行總行的協理莊朝基出面協商，劉黃崇德說：

> 我先寫了一封信給莊朝基協理，說明原委，他也喜愛種蘭花，曾經看過我的文章，知曉我的為人，協理親自帶我去見地主，我說明原委之後，結果地主他一口就答應了，而且地價也是我提出的。幾天後，地主親自南下告知其侄子此事，並要求他必須撤走這塊地上的豬舍。（以上2段訪談稿，20150226a）

增加了這一塊40坪的土地，不僅讓整個園區比較方正，而且可以增建房舍和廚房，以便將岳母和幾個孩子搬過來住在一起，雖然環境條件簡陋擁擠，然而全家總共10口人總算可以容在一個屋簷下了。因為是違建，所以劉黃崇德都利用晚上自己動手，全家搬過去住時，7位小孩都已出世，共有3間，夫妻加上3個小的睡一間，岳母（吳春）和碧慧、碧華睡一間，振峰和振育睡客廳的折疊長木椅，白天才收起來，這把椅還在鹿滿現居的蘭園工作室中。加購40坪鄰地的故事，凸顯了劉黃崇德平日做人處事的態度獲得肯定，同時也展現了蘭友之間特殊的情份，也是劉黃崇德在蘭花事業發展上最大的資本。

嘉義的早覺式蘭會

早期嘉義的蘭展會場。

「蘭會」指的是集結對蘭花有興趣的同好之組織。劉黃崇德踏入蘭花界，參與的第一個蘭會，便是每週一到周六清晨到陳辰樞家裡參加非正式組織的「蘭藝早覺會」；其次是加入嘉義愛蘭會，這是一個以張李德和為首的非正式組織。嘉義第一個蘭會正式組織為嘉義縣蘭藝協會，是在1962年（民國51年）台灣省蘭藝協會成立之後，成為其分會的蘭藝組織。

自從有心投入蘭界之後，求知慾甚強的劉黃崇德，他便積極參與了一個未取名的「蘭藝早覺會」，劉黃崇德說：

> 有一位蘭友陳辰樞，住在民權路的公教福利中心附近，是在他親戚開的木材公司擔任會計工作，我們蘭友每日清晨會聚集在他家談天說地，交換情報，就像早覺會一樣，每晨必聚，除非周日有蘭花欣賞會，經常出席者還有林萬來、洪中醫師，通常最少維持4-5人，其他蘭友有時也會來參與；在此所獲得的蘭花知識與資訊非常廣泛，直到吃早餐之前才解散，這是非正式組織的聚會，大約1-2小時，在此獲得的天南地北知識，不限於蘭花方面，前後維持了約一、二十年，不收費，不吃餐，就是喝茶聊天，也未取名，維持如此之久相當難得，除了我之外，他們都是有自己的工作，利用業餘時間種蘭花，有時也會相互買賣，應該說是分享成果，但需付出代價，這群趣味者若有分株成功會讓售一些給他人，自

己保留母株，就如同集郵者交換郵票一樣，在民風尚樸實單純的年代，算是一種高尚的休閒娛樂活動，直到陳辰樞他後來生了重病才解散。（訪談稿，20150226a）

此時的劉黃崇德，他在這一群蘭友裡，算是最年輕的蘭友，也是最貧窮的蘭友，其他蘭友都有固定的工作和穩定的收入，方得以稱得上玩蘭花的趣味者，也算是將蘭花當做副業的趣味者，而劉黃崇德既要靠蘭花吃飯，又得和趣味者打交道，當然更需要蘭友的支持，例如種植蘭花的技術、辨別蘭花的品種、評估蘭花的價值、了解蘭花購買者的心態、增加蘭花購買者的客源、通報各地蘭會的訊息等等，劉黃崇德經常到陳辰樞家參與這個未取名的「蘭藝早覺會」，看似有錢人家老爺子們的閒暇娛樂，對他而言可是玩不起的，但是對於一個蘭花專業者而言，卻是一個增加人脈、增長知識以及培養早睡早起習慣的最佳場合。

嘉義各界蘭友。張李德和（前排二）、劉黃崇德（後排一）、林玉山（後排三）。

張李德和的愛蘭會

嘉義的「愛蘭會」由張李德和（1892-1972年，光緒18年-民國61年）與其先生張錦燦醫師，在日本時代他們夫婦倆成立的非正式組織，光復之後仍然維持地方文人雅士之間品蘭的重要據點，而且，除了傳統的國蘭之外，也開始流行洋蘭。劉黃崇德說：

> 張李德和為西螺望族之女兒，台北第三女子中學畢業，先生是日本醫科博士畢業，先生返嘉義當內科醫生，她則擅於社交，從事公益事業，經常與名流墨客交流，是一位精通琴棋書畫的奇女子，同時也喜愛蘭花，是一個單純的蘭花趣味者。張李德和長期擔任嘉義愛蘭會的會長，愛蘭會主要的活動就是每周舉辦蘭花欣賞會，聚集一些蘭友同好，其中不乏真正的蘭花「趣味者」，大家談天說地、欣賞蘭藝以及交換栽培的方法與心得，相當的有趣，與會者可以針對蘭友提供於會場展示的蘭花，針對自己喜愛的蘭花投標競價，蘭會幹事部人員會將競標單一一開出，由出價最高者得標，當場完成成交。

又說：

> 張李德和樂善好施，甚得人緣，頗受會員們的尊重與愛戴，她的兒子張兒雄曾擔任軍醫，戰爭結束之後返鄉自行開業，會員們騎腳踏車去她家詢問醫院開幕時要出品多少盆蘭花，然後我們當天請三輪貨車運送到診所布置簡易蘭展道賀，順便熱鬧行銷一番，這些是會員們自願的工作，也是對會長的回饋，對張李德和則是一種尊榮。張李德和只要央求她的事，幾乎會好人做到底，例如我在種菊花時期，被調教育召

集，通常需要3-4天或1週的時間，我若被調走，我的菊花將無人照顧，我靠它吃飯的，他就親自找她的擔任公立醫院院長的侄子幫我開醫師診斷書，就是請我父親去門診，開立病情需有人照顧的診斷書，當時我是他唯一的兒子，所以才收回了教育召集令。當年的風氣就是只要家裡有種蘭花，社會地位相對的比較高，像張李德和這種德高望重的女士也是跟上這種風氣流行種蘭花，展現政商名流、上層社會地位的身分。

張李德和多才多藝，獲得「詩、詞、書、畫、琴、棋、絲繡七絕」之美譽，[1]後人幫她的作品編輯出版《張李德和書畫集》[2]、《張李德和詩文集》[3]、《張李德和集》[4]等，其中不乏與蘭藝有關的作品，堪稱傳統型的蘭藝趣味者，也由於她的樂善好施，獲得蘭友極高的支持率，就嘉義的蘭友而言，她是個精神領袖。嘉義的蘭友若以團體參與活動時，也都以「愛蘭會」自稱，直到她過世之後才漸漸由「嘉義蘭藝協會」所取代。

劉黃崇德的師父

對劉黃崇德而言，只是一個花農，花販子，社會階層很低，但是接觸到蘭花這一行，結識的蘭友，不論是半職業蘭友或是純趣味蘭友，都如同遇見貴人一般，只要誠懇、勤奮，不但不會被歧視，而且會受到尊重，甚至獲得加倍的呵護與提拔，也是劉黃崇德走入蘭業這一行，自知雖不富裕，卻願意刻苦堅持的走下去的動力。其中林萬來（之後更名林秉勳）是他的師父。

---

[1] 陳愫汎，《張李德和集》，臺南市：臺灣文學館。2013，13。

[2] 江寶釵，《張李德和書畫集》，嘉義市：嘉義市文化局。2000。

[3] 江寶釵，《張李德和詩文集》，臺北市：巨流。2000。

[4] 陳愫汎，《張李德和集》，臺南市：臺灣文學館。2013，13。

劉黃崇德從小就看過父親種國蘭買賣，台灣光復後，也看著父親買賣蘭花長大的，婚後受到經濟的壓力，似乎是在無可奈何的情況之下投入蘭花這一行，要吃一行飯，總得師父領進門，一般以為他父親是當然的師父囉，劉黃崇德說：

> 當我要進入蘭花買賣階段時，父親幫我引見一位蘭友林萬來，比我大12歲，人稱萬來仔，他是台北觀音山的務農子弟，與日本人學有燙頭髮技術，在嘉義開業並結婚，業餘對蘭花有興趣，對種植蘭花有一些心得，入道蘭花界也比我早好幾年，父親「命令」他指導我，由於父親威嚴十足，我又不善撒嬌，所以我們父子缺乏親近感，似乎有道隔膜無法順暢溝通，而我和萬來仔可以無所不談，所以一年多之後我已經上了軌道，而且我不斷的進修，吸收新知，他算是我的師父，也是第一位蘭友。我與他合夥做一些買賣，每周六到李金盛蘭園購買盆花或品種，隔天周日會到琳瑯山閣聚會做買賣，當時從事這種買賣的人很少，收入還過得去。

萬來仔是他父親的摯友，所以才會「命令」他一定要把劉黃崇德教會；劉黃崇德與自己的父親相差46歲，其父親原本就是一位只顧自己生活的人，對自己的屘子只是看做小毛頭一個，但又拉不下臉，所以才會找個替身指導劉黃崇德，這種父子之間的代溝，和劉黃崇德與他4個兒子的關係相類似。劉黃崇德看似接收了父親的蘭花事業，然而其父親只是個花販子，自己培養蘭花的數量很少，也沒留下分文遺產，但是劉黃崇德似乎是遺傳了他父親的銳利眼光，也接收了他父親的蘭花摯友，這才是無可估價的遺產。

嘉義蘭友三美傑

1957年（民國46年）張李德和與長子張兒雄夫婦孫兒們攝於張外科醫院開幕蘭展「逸園」會場。

劉黃崇德在愛蘭會最大的收穫就是接觸一些蘭友，包含醫生、老師等文人雅士，尤其是愛蘭會成員大部分受過日本教育，他們有時會用日語溝通，與他們交往不會有距離。所謂的純趣味蘭友，指的是喜歡養蘭、賞蘭但不做販售者，其中，劉黃崇德稱張李德和、珍珠嬸、張秀桃為蘭花趣味者——嘉義三美傑。

張李德和乃是愛蘭會永遠的會長，劉黃崇德受到她的提攜與照顧自不在話下，而劉黃崇德不僅是張李德和的粉絲，更是敬愛有加、崇拜至極的長輩。她自己愛蘭、畫蘭、詠蘭，卻不賣蘭，是一位相當標準型的傳統文人雅士蘭花迷。

劉黃崇德有一位舅媽（俗名珍珠嬸）也喜愛種蘭花，母舅為嘉義鼎鼎大名的盧萬德醫師，他是劉黃崇德母親的姑姑之子，醫學博士，台灣剛光復，缺教授可聘，他的論文很受重視，所以受聘於台大醫學院教授，劉黃崇德的母親罹子宮癌，病床都是他設法的，他是籌設嘉義基督教醫院的最大功勞者，美國的戴醫師要蓋醫院，包含台灣的社會狀況、尋覓土地等等事務都是他協助策劃並提供意見的。身為醫師娘的珍珠嬸也是喜歡種蘭花，但不賣蘭花的純趣味者。

第三位是品芳醫院醫師娘張秀桃：劉黃崇德說：

> 品芳醫院張乃賡醫師的夫人張秀桃，也是一位蘭花純趣味者，我父親在世時偶爾會賣給她骨董或蘭花，她家的洋樓頂有一平台，搭了棚架種蘭花，我經常義務幫她種植、換盆、

> 整理以及技術的指導，她也提供我一些協助，將她們醫院病房的樓頂借給我種花，病房在晚間病人家屬可以自由進出，對我來講滿方便的，這裡主要是種盆栽，前後約5、6年之久，直到我長榮街的園子完成建設。她們人很和善，水也隨我用，不收分毫錢，尤其是為了購買民雄那塊地，我向她開口借錢，她毫不猶豫的答應了，她的禮數也很夠，算是非常的疼惜我。

品芳醫院的醫師娘是劉黃崇德的子女印象最刻的蘭友，劉黃碧圓說：

> 最常接觸的是品芳醫院的醫生娘，她經常到我家，小時候我也到過她家，外型矮胖，穿著舉止很有氣質，說話輕言細語，待人溫文儒雅，客氣大方。

劉黃碧慧說：

> 她每次到我家都是坐三輪車，而且一定會帶一些水果或餅乾之類的禮物，是小時候最期待、最喜歡的人物。

嘉義蘭友三美傑都是醫師娘，當年醫師的社會地位極高，絕大多數的醫師娘不需到外頭就業，頂多是協助診所裡的事物。

蘭心纪事

以上的描述是以劉黃崇德的經驗出發，也正是光復初期的嘉義蘭友之寫照，相信其他縣市的蘭藝發展也很類似。此時期的蘭友多半是趣味者，有些趣味者也做一些買賣，當作一項副業，像劉黃崇德這種專職蘭友尚不多見；此時期的蘭會組織屬於自發性的非正式組織，會員也都是自發性的加入，沒有選舉，沒有灌票之類的歪風，蘭會活動相當具有「君子風度」，沒有評審，不講人情，買賣雙方心甘情願，真誠以對，真是和諧如同一家人。

第五章　光復初期的蘭藝文化

就光復初期的整個台灣所發展出來的蘭藝文化而言，一方面繼承了日本時代的遺澤，李金盛、米澤耕一和士林園藝試驗所的吳澤賢，他們3人共同締造的美齡蘭傳奇，也值得一提，另外，士林園藝試驗所每年舉辦的春、秋二季園藝展，在光復初期最先有蘭友組織的蘭會一台中市蘭友聯誼會，以及最先在台中發刊《蘭友月刊》，均是光復初期的蘭藝文化特色。

日本時代的遺澤

1931年（昭和6年，民國20年）台灣園藝協會成立，洋蘭為其推廣的花卉種類之一，之後發行《熱帶園藝》月刊，對洋蘭的介紹與栽培有所助益；光復之後，幸賴陳瑞南、張上苑、黃在榮、黃朝琴、胡偉克諸先進，暨陳國榮、張朱金璋、李金盛、翁文謨、米澤耕一、齊藤雅一諸同好熱腸慧眼，重新復甦。[1]

台灣光復初期的政治環境閉塞，何以蘭藝事業得以快速成長，其中一項因素，肯定與日本時代的遺澤有關。撇開政治因素不談，蘭藝事業在日本時代也與政治因素關連甚小，戰敗的日本人被遣送回國，蘭花並非生活必要用品，無法攜帶回國，專業性的蘭園或許可以找到買主賤價脫售，那些富商巨賈或權貴們庭院裡的蘭花，只得滯留原地了。尤其是戰後這些宿舍配給公教人員當宿舍，蘭花被拋棄在路旁，這些稀世奇珍的洋蘭，被內行人用布袋一一撿拾回家培養。[2]例如張朱金璋、李金盛等人便是獲益者。

此外，台中的陳瑞南直到1945年（昭和20年，民國34年），

---

1 張耀海，〈過去與未來〉，《臺灣蘭藝》，13.4（臺北市，1974.07）：135。

2 劉黃崇德，〈洋蘭發祥地在台中〉，《豐年》，55.22（臺北，2005.11）：64-65。

他的蘭園可能是最大的蘭花標本園了；惟受到戰事影響，蘭園損失不少，於1948年（民國37年）再度重修，為中部地區的翹楚人物，他的代表作白拉索嘉德麗雅蘭（*Brassocattleya*）－大肚，和嘉德麗雅蘭（*Cattleya*）－瑞南，迄今仍令人難忘。他是一位純趣味者，自掏腰包買品種，親自栽培繁殖，手植的蘭花只送不賣，這就是他一生的興趣。[3]還有，莊朝基在光復初期也收集了日人遺留下來的蘭株百餘盆，打算好好照顧這些蘭花，奈何職務被調離台南，於斗六、新營各待5年，導致這10年間對蘭界無所貢獻，他認為這10年是台灣蘭界的黃金時期。[4]

〈大埤的回憶〉此文是楊玉明懷念風行蘭壇一時的蝴蝶蘭（*Phal. var.*）－大埤，它是日本人從南洋攜來台種植，2年後台灣光復，日人將全數蘭花贈與鄭春勝，經細心照顧獲得分株，並將其中一株與楊士琦交換嘉德麗雅蘭，翌年2株並開，飲譽遠近，約1955年（民國44年）之際，由劉黃朝金以800元收購，並四處迴展，轟動全台，雖然今日已不稀奇，述其歷史仍見花猶憐。[5]

可見在光復初期，台灣的蘭藝接收到日本時代遺留下來的許多品種，除了前述主力蘭友之外，各縣市也有一些熱衷於蘭藝的趣味蘭友，讓台灣的蘭藝文化得以迅速展開。

美齡蘭的冠名行銷

本書在第二輯：光復初期的主力蘭友敘述中，提及高雄的李金盛這位主力蘭友，在劉黃崇德撰寫的〈濫觴物語（II）——記述美齡蘭與李金盛的故事〉一文中，順便追蹤美齡蘭的身世，之後，又以〈濫觴物語：謎樣的身世——美齡蘭〉一文揭櫫美齡蘭的一段祕辛。

3　張朱金璋，〈難忘的人和品種〉，《臺灣蘭藝》，8.1（臺北市，1969.01）：6-7。此文轉載自1959年出版的《蘭友月刊》。

4　莊朝基，〈蘭栽培：我的記憶〉，《臺灣蘭藝》，7.2（臺北市，1968.03）：67-68。

5　楊玉明，〈大埤的回憶〉，《臺灣蘭藝》，8.2（臺北市，1969.03）：47。

劉黃崇德為了記述李金盛從事蘭藝生活的故事，在《豐年》分成二期刊出，他不但肯定了李金盛在台灣民間從事蘭藝的貢獻，同時運用他多年的經驗，藉此追蹤美齡蘭的身世，是一篇具有蘭花考證史不可多得的文章。以下摘錄其要如下5段，他說：[6]

> 說起美齡蘭，稍為上年紀的應該都會有一段記憶，因為她登上台灣郵票的圖面，且以「蔣宋美齡」大名命名，更增添了光彩，經媒體大肆宣揚後，真的是家喻戶曉，無人不知。[7]美齡蘭是一種改良成功的嘉德麗雅蘭，苗木開始陸續開花時，的確風靡了當時愛好蘭藝的人士，可惜這品種的出生地是在公家的「士林園藝試驗所」，對外不出售，除非有特殊身分與管道，否則很難獲得。
>
> 再說，士林試驗所正與故老總統蔣公官邸為鄰，也是當時蔣公老人家要悠閒散步的地方，而且他常去的教堂也在園裡，除非是特別慶典的日子，為了元首安全起見，通常都不對外開放。因此也增添了許多神祕色彩。不過這一品種的確很優秀，花梗都是挺挺直立，可以出葉鞘，花朵中型有結實感，花瓣平整而質感厚重，用不著加工修飾即可自然開展得很整型，淡紫紅配上唇瓣，有艷麗而不俗的氣質及高貴而雅致的風韻。難怪喜愛蘭花的蔣公與夫人，特別垂愛，並蒙賜

---

[6] 劉黃崇德，〈濫觴物語（II）——記述美齡蘭與李金盛的故事（上）〉，《豐年》，54.6（臺北，2004.03）：54-56。劉黃崇德，〈濫觴物語（II）——記述美齡蘭與李金盛的故事（下）〉，《豐年》，54.7（臺北，2004.04）：49-50。

[7] 林清強於《蘭花傳奇——李金盛先生傳》指出：1952年（民國41年）李金盛培育出嘉德麗雅蘭新品種，取名「美齡蘭」，於美國參展獲得冠軍，因此聲名大噪。參閱：林清強，《蘭花傳奇——李金盛先生傳》，高雄市：李金盛紀念雙親教育基金會，2012。另外，陳石舜專訪影片指出：1952年（民國41年）首度參加美國國際花卉展，由美國軍機載運「美齡蘭」和「臺灣阿嬤」參展，「臺灣阿嬤」得了金牌獎，「美齡蘭」得第一獎，之後士林所每年搭配蔣總統暨夫人之生日舉辦春秋蘭展，在新建的新蘭亭舉行。（陳石舜專訪影片之觀賞筆記，2015年03月15日）。

夫人名字的榮耀。

這裡要告訴讀者一件祕辛，原來這美齡蘭是高雄李金盛先生所交配的種子，父本是*Lc.* Momus'Calipso'，母本是*Lc.* Easter Bell。台灣光復後，士林試驗所有意栽培洋蘭，得知米澤耕一是有一身蘭藝本領，遂延聘請他為蘭圃技師，留台服務，而且把米澤氏的洋蘭也購買進圃。此時李金盛正從日本學藝後歸國，於高雄內惟蘭園所作第一粒果莢，一切設備尚未齊全，因而寄給士林試驗所的米澤氏代行無菌播種，就是在這樣情況下，才會在此誕生，並決定了這品系燦爛的命運。

米澤氏期約屆滿，推薦本服務於公賣局的李金盛先生前往士林試驗所，接替這個專業遺缺，就因為這樣的安排，促使這一個「美齡天使」的苗木轉到李金盛手上。他入園服務的條件是每月上班15天，另外15天要回高雄整頓自營蘭園，不過，另有一位負責蘭棚的員工叫吳澤賢，也是相當盡職並對蘭花有深厚興趣，他為人誠懇熱誠，由於年紀相等、意志相投，與李金盛成為莫逆之交，最後階段美齡蘭在成株開花期就是由吳澤賢培養而成的。後來吳先生因車禍以33歲英年早逝，他的遺族承受重情義的李金盛悉心照顧，栽培成人，傳為佳話。

美齡蘭的配種，可說是本土性嘉德麗雅蘭的濫觴，也是台灣培育而成的第一株名花，可是，在新名登錄時，並沒有搶到第一，遲遲在1960年（民國49年）才登上Sander's List，登錄者為吳澤賢，品種名稱照理講應該是*Lc.* Mme. Chian Chieh Shih，結果，發表出來的竟然是前面的「Mme.」給漏掉，變成*Lc.* Chian Chieh Shih（蔣介石蘭），這是唯一美中不足。

劉黃崇德又說：

> 目前的士林園藝試驗所，是否尚保留著「美齡蘭」，我們不得而知，然而曾經外流民間的少數部份，歷經這麼多時代遷移的滄桑，找尋得到的希望，想必也很渺茫，不過我可以見証一件事，正確性將可以達到百分之九十九。如果較早期的中部蘭友不健忘的話，必然知道有一株叫*C.* Long Chuang（龍泉）'Chao Chin'（朝金）的嘉德麗雅蘭普遍在市面上流通著，因為曾經有人切片分生，所以產量必然很可觀。也許認真地追根究底，尚有一絲碩果僅存的希望也說不定。原來這株花就是家父劉黃朝金在高雄李金盛蘭園看上眼而帶花買回來的，然後轉賣給不久前去世的陳忠純醫師。[8]

從「美齡蘭」的身世故事，可以得知台灣光復初期，在台日幾位主力蘭友的共同合作之下所創作出來的成果，這一則故事凸顯出當時的蘭藝文化，在技術面上已有長足的進步，在推廣面上，採用元首夫人名字為花株命名，的確有事半功倍之效，但官方單位未涉足消費市場，因此，在行銷面上卻打了折扣。在新雜交種的登錄作業之疏失方面，也給蘭友一個警惕。從劉黃崇德為「美齡蘭」的身世作如此專業的考證，連登錄作業之疏失亦能明察秋毫，也給蘭友一個模範。

士林所的春秋蘭展

光復之後，台灣最大規模的蘭花展覽，非士林園藝試驗所每年舉辦的春、秋二季園藝展莫屬。劉黃崇德對士林園試所的環境之描

---

8 劉黃崇德，〈濫觴物語：謎樣的身世——美齡蘭〉，《生活蘭藝》，22（臺南市，2007.12）：54-55。

繪：新蘭亭是全台設備最理想的展場，包含場外的中西式庭園，展品有蘭、菊、盆栽、石景、插花、玫瑰、觀葉植物等，及全國園藝之精華。[9]談起這段往事仍然津津樂道，他在接受訪問時說了幾則自己經歷的故事：

士林園藝試驗所在光復後第一任所長陳國榮，據聞他是留學法國園藝專長，士林所在日本時代主要的任務是研究柑橘類，陳所長接任後將蘭花栽培列為重點工作，因他在法國留學時已經知道蘭花是世界上最高貴的花卉，所以他在士林所投入相當多的經費在收集蘭花的品種，例如他特別將日本栽培蘭花技師米澤耕一留在台灣，因為他會無菌播種技術，同時也向民間收買許多的品種，有一日本人的私人蘭園，因要被遣送回日本，但不得帶走任何身外物品，因而全數被士林所收購，惟士林所預算有限，遂簽約分年付款，後幾年因台幣大貶值，4萬元舊台幣抵1元新台幣，這位日本蘭花主人收到的款項連一斗米都不值，算是被士林所賺到了。

雖然士林所收集不少蘭花品種，但仍不及民間的多，由於士林所旁正是蔣中正總統的官邸，官邸旁有一座教堂，他和夫人都是基督徒，每周日在此做禮拜，每年蔣總統的華誕在10月，蔣夫人的華誕在3月，因此士林所每年的春、秋二季會為他們舉辦花展，其中蘭花是主要的花卉展品。為了豐富展覽的內容，便廣徵各縣市的花藝資源展出，大會雖未提供任何經費補助，但以可在現場標價出售為誘因，唯一條件就是賣出後必須補齊展品，以維持展場的規模與品質，展期通常1周乃至10天，因此若售出貨品不無小補，主辦單位與

[9] 崇德，〈士林園試所恭祝總統華誕「蘭菊祝壽」〉，《臺灣蘭藝》，6.6（臺北，1967.11）：190-192。

農民互利雙贏；該活動從1950年代（民國40年代）就有，嘉義市也會共襄盛舉，初期我尚未出道，押送花木的是一些前輩，等我出道後就推派我代表押送，同行者有3位，我們嘉義愛蘭會製作大型的竹籃放置一盆盆蘭花和盆景展品，總共幾十籠，每一籠需要2人一起挑，先用火車托運，由縱貫線轉淡水線（目前已改為捷運）抵士林站，再叫人力貨車送到會場，在花展期間，這種人力貨車在車站旁特多。

我和萬來仔還有一位賴先生3人代表嘉義的蘭友運送展品北上，作品有榕樹、九重葛、各種盆栽以及蘭花，當時經常遇見張學良來光顧，他雖被軟禁，但仍可自由參與一般休閒活動，喜歡種花、賞花，過悠閒的生活，蘭花、盆景都喜歡，一次點選許多盆，又不講價，十分豪爽，我們都非常喜歡他的到來，她的夫人很漂亮，通常會陪同他來，各界政商名流蒞場參觀，多少會買一些，印象比較深的有幾位軍方將領，例如何應欽、胡偉克和一位劉將軍等，有些買主是餽贈長官的，現場展售的蘭花每盆都有好幾梗已開的花，價錢很昂貴，一般民眾買不起。

當時嘉義的蘭花比其他縣市多，而且嘉義有愛蘭會組織，在張李德和會長的爭取與支持下，頗為照顧我們這些蘭友，我們蘭友也很團結，展品以蘭花為主，其他盆景亦有展出，通常我們運上去的可以賣出7、8成，業績不錯，對蘭友來說收入頗豐。此時7個孩子已出生，年紀尚輕不知情，我能在現場顧攤、整理布置、為人解說、親睹政商名流，頗感自豪，我們3位服務人員可以抽取10%的服務費用，算是一筆小外快。

展場不至於警衛森嚴，民眾可自由進出參觀，唯獨周日總統要前往教堂做禮拜，展區不對外開放，有一次，我靈機一動，想要目睹蔣總統本尊，所以在周日上午藉故要整理蘭花，警衛便通融我進入展場，全場唯獨我一人，總統與其夫人做完禮拜後，途經展場欣賞展區作品，當時隨扈陣容龐大，但沒有將我驅離，總統走在最前端，夫人隨在其身後側，我便退離其行經路線一空檔處，立正以目視禮面對總統，直到整群人離開展場，最近距離只有幾尺遠，他行進時頻頻點頭，個子沒有傳說中的矮，看起來很有威嚴，蔣夫人真的很美，氣質高貴，確實是了不起的人物，事後覺得能親睹一個政治人物也很榮幸，但並無太多的政治聯想。

在士林所舉辦的春、秋二季蘭展有舉辦評選，是由該所主辦，聘請台北的專家擔任評審員，獲選的作品會貼上標籤公告，是一種精神的榮耀，沒有物質獎品，但對出售價格有加分效果。

這項押花任務大約跑了近10年，由於我比較專業，也是專職，又有地方可住（吳門），而其他趣味者都需要上班，所以這項任務都會落在我身上，展出期間若展品不足還須通知補貨，展覽結束再負責運回殘貨，並將現金結算給各趣味者，這項工作頗為有趣，照顧展場期間幾乎不會遇到懊客（台語），買賣愉快，是一種高尚的工作，頂多講講價，畢竟那是政商名流出入之場合，當然，如果展期將結束，貨品尚賣不及幾成，就會開始鬱卒煩惱，有時到了最後一天會降價求售，但不至於像現今的花市一般，賤價拋售，通常前幾天就有愛好者或內行人至展場趁鮮搶購，早上賣出後，下午的展品減少了，就得調整間距，排得比較鬆一點。（以上7段訪談稿，20150228b）

筆者在訪問的過程，發現受訪者對幾位曾經到士林所買花的軍事將領姓名記憶猶新，只有一位劉將軍記不起名字，經上網搜尋應該就是劉詠堯將軍。從這些往日軼事可以獲知當年園藝展覽的實況，尤其是稀有的蘭花品種齊聚一堂，這樣的展覽場合自然可以吸引眾多蘭花栽培者參展的意願。就劉黃崇德而言，能有機會恭逢其盛，親臨現場觀賞各種蘭花，體驗各界觀賞者與品位者的愛好與趨勢，奠定了他在爾後評審蘭花和採購蘭花的基礎。

他同時也發現嘉義愛蘭會的團結力量，為嘉義蘭友創造許多聲譽與商機，雖然他每次參展可以賺取外快，但是出門一趟總需離家甚久，家庭的照顧落在其岳母和妻子身上，難免疏於對子女的關懷。至於有機會近距離親自目睹老蔣總統觀賞蘭展，這在當時蘭界恐是唯一的一位。

蘭友月刊為蘭友良伴

陳石舜指出，光復初期，愛蘭人士發起組織「家庭觀摩會」，將自己栽培的成果提供欣賞，以蘭會友，純粹是共同興趣的結合，主要成員有陳瑞南、張上苑、黃在榮、黃朝琴、胡偉克、陳國榮、張朱金璋、李金盛、翁文謨等；[10]這種蘭友間的默契組合，僅僅限於特定的對象而已。

在光復初期台灣最先有蘭友組織的蘭會，叫做「台中市蘭友聯誼會」，最先發刊《蘭友月刊》也在台中，其原始用意是作為蘭友通訊錄，之後也增加了一些文章和報導，形成一本簡易的雜誌，當然該會每個月舉行一次甚至兩次的欣賞會，或春、秋蘭展活動就成為全省蘭友的焦點，自然也發揮了蘭藝智識的教育功能，當然之後全省各地陸續成立蘭會辦蘭展及欣賞會等，該期刊對訊息的傳播與推廣，主編其事的周鎮先生功不可沒。[11]《蘭友月刊》於1959年（民國48年）由台中市蘭友聯誼會編輯，由會員樂捐出版油印本，一年後改為印刷本，每期約20頁，發行量達300份，除了提供百餘

---

[10] 翁麗珠，〈蘭界元老陳石舜〉，《中華蘭藝》，12.3（臺北，1989.05）：72-74。

[11] 劉黃崇德，〈洋蘭發祥地在臺中〉，《豐年》，55.22（臺北，2005.11）：64-65。

位會員服務，也分贈外地之蘭友，先後維持3年，直到《台灣蘭藝》發刊為止。[12]

有此《蘭友》刊物分發全省各地，藉此作為訊息的交流與傳播，聯絡感情之下，助長了養蘭風氣大盛，才有了全省性蘭會組織之議。為此，時任華南銀行董事長的劉啟光先生還特地指派了熟悉蘭花的余富源先生來台中分行當副理，目的就是兼任「台灣省蘭藝協會」的籌備工作，用心良苦，值得我們敬仰與懷念。終於在1962年（民國51年）成立召開第一屆會員大會，而劉啟光先生也順利地被推選為理事長領導蘭界圖謀發展。而經營近十年的《蘭友》也點上休止符，且轉嫁成為《台灣蘭藝》，當然也更充實內容，蘭友們以此刊物充實蘭藝智識與國際資訊，也萌生了蘭花產業與國際接軌的念頭，立定了目標，朝此方向邁進的大有人在。[13]

公開發行的蘭藝期刊，代表一個團體的凝聚力，它可以發揮知識的分享，訊息的傳播，以及樹立社會的地位，獲得蘭界以外領域的認同。

米澤耕一的見聞

1933年（昭和8年，民國22年）米澤耕一於日本千葉農科大學畢業後，便抱著理想遠赴台灣開創蘭業，1961年（民國50年）冬他重返台灣，走訪他熟悉的以及新開發的蘭園，返國後將參訪心得在日本蘭會提出報告，與日本蘭界分享台灣的蘭花市場；該報告經翻譯成中文刊登在《台灣蘭藝》，就一位熟悉台灣環境的外國蘭花專業者而言，其觀點會比台灣本地人客觀；以下依其參訪之順序整理成9段重點分述如下：[14]

---

[12] 張朱金璋，〈從「蘭友」到「臺灣蘭藝」〉，《臺灣蘭藝》，1.1（臺北市，1962.07）：4。

[13] 劉黃崇德，〈洋蘭發祥地在臺中〉，《豐年》，55.22（臺北，2005.11）：64-65。

[14] 米澤耕一口述、大島明一筆記、郭宗熙譯，〈與米澤耕一先生談臺灣蘭藝情況記〉，

（一）李金盛的蘭園約有600坪，嘉德麗雅蘭實生苗有超過一萬株，大部分種在蛇木盆裡，占園區的一半，另外也有一些蝴蝶蘭和秋石斛，他很勤做品種改良。基本上台灣沒有切花市場，贈禮都是連盆帶花送的，花謝了之後吊在屋簷下，僕人偶爾澆水又會開花。嘉德麗雅蘭在台灣是以假球莖多寡計價的，滿好賺的。蘭花的買賣以半職業性的比較多，業餘的愛蘭人士較少，算是有錢人的副業，買了之後培養分株出售，也有作實生親本的，這種專業栽培的人比日本多很多，售價都很高，愈是優級品種愈有人要購買，中級品反而乏人問津。也因為容易種而不太稀奇了。高雄種蘭花的還有阮先生和洪先生。

（二）台南素來就有許多熱愛養蘭人士，例如石遠生醫師。台南幾乎只種嘉德麗雅蘭，其餘的屬種並不多見，栽種的方式與30年前一樣，千篇一律的蛇木板和蛇木屑，不需特別的花架，只需懸吊在竹架之下即可。

（三）嘉義也是熱愛蘭花的城市，會長張李德和，此地也是以嘉德麗雅蘭為大宗，蝴蝶蘭也有一些，嘉德麗雅蘭通常在9、10月開花，蝴蝶蘭在12、1月開花，因此展覽會都配合花季舉行，每個月還舉辦欣賞會。

（四）台中的氣候與南部略異，戰前的台中農業試驗所以石斛蘭為重心做過研究，目前已廢棄。一般人種嘉德麗雅蘭較多，有一位陳忠純醫師很認真栽種，還有一位學校的老師周鎮，很認真地研究國外品種目錄與書籍，並出版專書，同時也一手包辦蘭花的輸入。

（五）台灣的東部綠島和蘭嶼有原生種火燒石斛和紅頭石斛，山裡有櫻石斛、黃花石斛等，日本許多植物學者在戰前曾經努力

《臺灣蘭藝》，2.3（臺北市，1963.05）：9-17。

採集，例如鈴木吉五郎，戰後就被遺棄了，一般人認為那些東西沒有市場價值。

（六）豐原靠山區，日夜溫差大，適合栽種石斛蘭、東洋蘭和拖鞋蘭，但因為市場接受度低，所以栽種不普及。當時豐原正好舉辦蘭花欣賞會，華南銀行很支持蘭花的推廣活動，提供全省各分行場地無償借用舉辦活動，銀行的存摺也印上蘭花圖案，銀行的廣告也印上多種蘭花為標記，欣賞會提供的獎品有金盃、銀盾、錦旗等，養蘭人士家中陳列著許多獎品。

（七）苗栗種有許多東洋蘭，不容易種的就不想種，米澤耕一回應：若只種容易栽培的品種，而不願意種不好栽培的就不能說是園藝，以日本為例，為了種蘭花就必須設法研究品種、系統、栽培法、栽培材料等，必定會成功的。

（八）台北氣候比較溼冷，蘭花要有溫室比較好，士林園藝所還維持以前的老樣子，不買也不賣，有4、5萬株之多，實生苗都長大了，但缺乏管理，也不作交配，「維持現狀，就是退步的開始」。台北還有一位專門種拖鞋蘭的陳一鶚，種得不錯。在台北種蘭花不能像中南部可以不太照顧，夏天多澆水，冬天要避雨，所以需要頂棚式玻璃的棚架懸吊蘭花，四周不需要玻璃。

（九）米澤耕一對此行的總結：台灣的主力放在嘉德麗雅蘭上，因為比較好栽培又好賺，有錢人家只要澆澆水，比銀行的利息還多，很多是醫生和銀行家，他們多半都有買賣，純粹的愛蘭人士不多。另回應政府官員：蘭花產業是一個國家文化水準的測定器，它需要隨著全民生活水準的提高，才發展得起來；其次台灣的蘭花尚不可能外銷日本，因為沒有那麼大的市場。因此他建議：台灣需要有一個統籌的機構，結合學者、試驗所、業者、趣味者共同研究和改良，聽其自然種植法是不會進步的，30年來都沒進步，只是栽種的人增加了，但許多人不懂得登錄品種，導致一錯再錯亂了蘭界的秩序。

米澤耕一在台灣耕耘了17載，返回日本後，睽違了15年舊地重遊。此時的米澤耕一在日本蘭界已經小有名氣，就他的立場而言，無須諂媚為台灣蘭界說好話，同時與台灣蘭界並無利益瓜葛，無須刻意毀謗台灣蘭友，他此行對台灣蘭界的所見所聞，皆出自朋友的立場講出真心話，可謂一針見血。

在優點方面，日本在戰敗後，在台灣種植的蘭花多半被棄置，擁有專業知識的蘭界人員幾乎都被遣返，但是在台灣光復後16年，台灣蘭界頗能自力更生，蘭園四處可見，是欣欣向榮之前兆，尤其是台灣擁有適合蘭花生長的環境，也有許多種類的野生蘭，各縣市都出現有主力蘭友，加上華南銀行提供場地讓全省各地蘭友舉辦欣賞會，各縣市蘭友也會依花季自發性地舉辦展覽會，買賣以假球莖計價，利潤頗豐，部分蘭友勤於雜交改良品種，值得讚賞。

待改善的方面，他認為台灣蘭友過於偏愛嘉德麗雅蘭現象，尤其忽略台灣原生蘭，殊為可惜；蘭友多半是以副業經營的上層社會人士，但幾乎是各自發展，缺乏一個統籌機構，整合蘭友的力量共同開發、研究、行銷，同時他也期待政府應有積極作為，因為蘭藝是測定國家素質的指標之一；他也發現，有些蘭友也做雜交配種卻不諳登錄作業，是蘭界一大隱憂。因此他提醒：維持現狀，就是退步的開始。

台灣光復初期的歸結

自第二輯敘述台灣光復初期的這一段蘭藝發展史，展現出蘭藝精神的特色與盲點：

（一）主力蘭友領銜主導

光復初期的蘭藝事業，在日本時代建立的基礎上，由陳國榮、李金盛、張朱金璋和陳忠純4位主力蘭友的投入之下，在栽培技術開發、品種雜交改良、舉辦全省蘭展、提供蘭友交流、促進蘭株交易等績效顯著，奠定了台灣蘭藝事業自力更生的基礎；陳石舜指出光復初期有一個「家庭觀摩會」，蘭友不定時的將自己得意的作品提出共賞，以蘭會友，賞花品茗話家常，他們對蘭界都具有影響力。[15]不可否認的，斯時的兩岸政情緊張，政策閉塞，人民無法自由出國取得外國蘭藝資訊，政府對蘭藝的發展興趣缺缺，導致蘭界人士缺國際觀，限制了蘭業之發展。

（二）副業型蘭友的崛起

初期蘭花是上層社會的專屬，陳石舜說以前有一位理髮師在店裡種了一株蘭花，卻被人批評訕笑，因為他與豪門貴族不相配。[16]蘭花在獲得人們喜愛養植之初衷，皆因上層社會人士喜愛其特殊的花型、花香以及各種的變異，文人雅士為其傳頌，富商巨賈高價收購，導致行情看漲。光復初期的蘭友，起初也是喜歡養蘭、賞蘭，必要時與人交換、交易，逐漸轉型成為一種副業，像劉黃崇德他們父子以蘭藝為業者，仍屬少數，因為資金不足的話，無力購入優秀品種，市場競爭力自然受限。

（三）各地蘭會號召蘭友

除了嘉義、台中之外，相信其他擁有較多蘭友的縣市，多少應該會有非正式組織的蘭會，他們會定期舉辦欣賞會、展覽會，這在政情閉塞的台灣，算是一種正當且高品質的休閒活動，也是蘭友們聚會交換知識、傳遞蘭藝情報、適時交易蘭株的重要場合；當然，缺少一個全省性的蘭藝組織乃是憾事，所幸，台中的《蘭友月刊》發揮了一點點效果，聊以自慰。

---

[15] 翁金珠，〈蘭界元老陳石舜〉，《中華蘭藝》，12.3（臺北，1989.05）：72-74。

[16] 翁金珠，〈蘭界元老陳石舜〉，《中華蘭藝》，12.3（臺北，1989.05）：72-74。

（四）蘭業平穩蘭友和諧

光復初期的蘭業與市場不大，其行銷與交易型態分為以下幾類：主力蘭友由國外進口優秀品種，進行雜交產出新品種，最受所有蘭友的喜愛；其次是以副業經營小規模蘭園的趣味者，購入新品種栽種分株，參加欣賞會或展覽會，順道行銷；再次是蘭花販子，四處收集銘花，再轉售給趣味者或上層階級消費者，有時也會依照消費者的需求，代為尋找指定的品種轉售；最基層的消費者就是一般的趣味者或愛好者，甚至只因他人的餽贈而隨手照顧者，他們養蘭、賞蘭但不賣蘭。在此時期其行銷的蘭友多數是興趣者起家，蘭友之間情同手足，感情和睦相處和諧，甚少聽聞有不肖蘭友投機、拐騙等不擇手段牟利者，也因為尚無正式組織的蘭藝團體，當然不會有爭相競選理事等等不當的選舉文化發生；至於蘭友過於一窩蜂的種植嘉德麗雅蘭，也因缺乏國際觀、蘭藝專業知識所導致。

第三輯

台灣省蘭藝協會的時代

1962-1978

第一章　全省蘭協時領銜主導

台灣省蘭藝協會（以下簡稱全省蘭協或蘭協時代或蘭協）於1962年（民國51年）成立，直到1977年（民國66年）改組為中華民國蘭藝協會止，這16年在全省蘭協的主導下，讓台灣的蘭藝走入另一個里程碑。這一時期台灣的政治仍停留在光復初期的戒嚴時代，期間發生一連串的外交挫敗，1971年（民國60年）中華民國退出聯合國，1972年（民國61年）與日本斷交，接著1975年（民國64年）蔣中正去世，1979年（民國68年）與美國斷交。在經濟方面表現略有起色，1961年（民國50年）平均每人國民所得毛額（Per Capita GNI）161美元，1971年（民國60年）增至451美元，1977年（民國66年）達1330美元；1974年（民國63年）雖有十大建設工程（1974-1979）起步，但尚未開花結果；整體來說，在全省蘭協時代的政經背景雖比光復初期略加改善，但整體國民經濟尚無突出表現。

站在光復初期的蘭藝發展的基礎上，全省蘭協時代的蘭藝發展，受影響最大的首推全省蘭協的成立，不但統合了各縣市蘭會，聚集了各方蘭友，也發行蘭藝專業的期刊，定期舉辦全省蘭展，建立蘭花評審制度。

統合地方蘭會

「台中市蘭友聯誼會」和《蘭友月刊》在全台引發正面效益之後，有了全省性蘭會組織之議，在華南銀行董事長劉啟光的奔走之下，於1962年（民國51年）成立了「台灣省蘭藝協會」，[1]通過台灣省蘭藝協會章程。[2]當選的理事有：劉啟光、陳石舜、許南陽、

1 劉黃崇德，〈洋蘭發祥地在臺中〉，《豐年》，55.22（臺北，2005.11）：64-65。

2 編者，〈臺灣省蘭藝協會章程〉，《臺灣蘭藝》，1.1（臺北市，1962.07）：18-19。

林清輝、邵禹銘、阮朝英、阮德茂、黃震鵬、張朱金璋、陳承訓、李金盛、陳忠純、張倫、翁文謨、洪趙虎。候補理事：洪東發、王萬傳、余富源、姜渭濱、林秉勳。當選的監事有：張李德和、陳新發、徐灶生、蔡丁炎、林滿榮。候補監事：廖學賜、徐通德。[3]劉啟光於《台灣蘭藝》1卷1期之〈發刊詞〉開宗明義道出了成立全省蘭協之宗旨，他說：

> 近年各界同好紛紛成立蘭友會，舉辦公開欣賞展覽會，惟業餘藝蘭者尚不普遍，職業性藝蘭者尚未走入企業化，因此期盼蘭藝協會能發揮一些效果。[4]

1963年（民國52年）第四屆世界蘭展暨會議在新加坡舉辦，他擔任團長組團前往參加，劉啟光以台灣省蘭藝協會理事長之名，於世界蘭藝會議太平洋區會議上的演說講詞指出：台灣省蘭藝協會在台北、台中、嘉義、台南、高雄、屏東、新竹、豐原、花蓮成立分會，每個月舉行月例會，每年舉辦二次全省性展覽會，政府所屬的園藝試驗所也舉辦二次全省性蘭花展覽，展品每次超過500盆，參觀人數逾3萬人；台灣蘭花的品種主要有嘉德麗雅蘭、蝴蝶蘭、萬代蘭、石斛蘭、春石斛、秋石斛以及東亞蘭，原生種有蝴蝶蘭、東亞蘭、一葉蘭和鶴頂蘭等。[5]

至此，台灣省蘭藝協會統合了各地方的蘭會組織，各縣市也紛紛成立了蘭藝協會。台灣的蘭藝自此步入了另一個歷史階段的里程碑。

---

[3] 資料室，〈臺灣省蘭藝協會成立大會紀錄〉，《臺灣蘭藝》，1.1（臺北市，1962.07）：12-13。

[4] 劉啟光，〈發刊詞〉，《臺灣蘭藝》，1.1（臺北市，1962.07）：1。

[5] 劉啟光，〈臺灣蘭藝簡介〉，《臺灣蘭藝》，2.5（臺北市，1963.09）：1-3。

吸引各方蘭友

《台灣蘭藝》是全省蘭協的會刊，在1卷1期中刊有會員名冊，總共有156名，依人數多寡排序依次為（縣與縣轄市分開計算）：其中台北市26名，嘉義市25名，台南市14名，高雄市13名，台中市13名，台中縣12名，屏東市8名，屏東縣9名，新竹市8名，彰化市7名，彰化縣6名，新竹縣4名，台南縣4名，台北縣2名，南投縣1名，雲林縣1名，嘉義縣1名，基隆市1名，宜蘭縣1名；其中，市區（含院轄市、省轄市和縣轄市）115名（73.7%），縣41名（26.3%）；若以地域來分，新竹以北42名（26.9%），中彰投39名（25.0%），雲嘉南45名（28.9%），高屏30名（19.2%）。[6]

可見，全省蘭協創會之初的會員，多數集中在市區，以中南部居多。其因，種植洋蘭的氣候中南部氣候優於北部，而且蘭株價位較高，市區的上層社會人數較多，比較消費得起。然而，尚無法得知這些會員的基本背景，爾後陸續在此刊公布新會員名單中，有4次紀載詳細基本資料，第1次35人，第2次8人，第3次1人，第4次30人，共74人當中（其中有9人未填年齡），未滿20歲的1人，20-29歲者10人，30-39歲者22人，40-49歲者17人，50-59歲者8人，60-69歲者5人，超過70歲以上者2人，年齡最小的19歲，最大70歲，平均39.98歲；以職業來分，依人數多寡排序分別是商（17人）、公（11人）、工（9人）、醫（7人）、農（7人）、教（4人）、銀行員（2人）、學生（2人），未填者（15人）推斷是學生或自由業；以住址所在縣市分，依人數多寡排序分別是嘉義市（14人）、台北市（10人）、台南市（10人）、台南縣（6人）、台北縣（7人）、雲林縣（6人）、台中市（4人）、高雄市（4人），台中縣

---

[6] 編者，〈臺灣省蘭藝協會會員名冊〉，《臺灣蘭藝》，1.1（臺北市，1962.07）：28-30。

（4人）、新竹市（3人）、屏東縣（3人）、花蓮縣（2人）、彰化縣（1人）。[7]

這些陸續加入的會員，年齡集中在30-50歲居多，從職業別可以發現的確以已有固定收入的受薪階級或高所得的行業佔大多數，至於從事農業者只有7人，居住地仍以中南部居多。到了1968年（民國57年）正式會員（正常繳交會費者）有370名，贊助會員18名；[8]1969年（民國58年）會員450人，尚未繳會費者150人。[9]到了1976年（民國65年）已達千餘人。[10]

會員的良窳與多寡是一個組織的基礎，關乎一個組織的力量和成敗。當然所有的蘭友不一定加入會員，但加入會員的蘭友勢必對協會有更多的期待，從這一時期的協會會員來看，台灣蘭藝的發展已有進展。

編印定期刊物

全省蘭協成立之後，隨即編印協會刊物《台灣蘭藝》，該刊是以台中市蘭友聯誼會發刊的《蘭友月刊》為基礎所編定。它類似一個機構的公報，也是會員們專屬的雜誌。從1962年（民國51年）

---

7 資料室，〈臺灣省蘭藝協會新會員名單〉，《臺灣蘭藝》，3.2（臺北市，1964.03）：32-33。
資料室，〈臺灣省蘭藝協會新會員名單〉，《臺灣蘭藝》，3.3（臺北市，1964.05）：25。
資料室，〈臺灣省蘭藝協會新會員名單〉，《臺灣蘭藝》，3.4（臺北市，1964.07）：13。
資料室，〈臺灣省蘭藝協會新會員名單〉，《臺灣蘭藝》，4.3（臺北市，1965.05）：30-31。

8 資料室，〈臺灣省蘭藝協會56年度工作報告〉，《臺灣蘭藝》，7.6（臺北市，1968.11）：200-201。

9 資料室，〈臺灣省蘭藝協會第四屆第四次理監事會議聯席會議記錄〉，《臺灣蘭藝》，8.5（臺北市，1969.09）：157。

10 張耀海，〈蘭協今後之展望〉，《臺灣蘭藝》，15.4（臺北市，1976.07）：196-197。

7月開始發刊，至1977年（民國66年）為止，共出刊16卷，每卷6冊，其中有部分冊數採合併編輯，除了第1卷每月出刊1冊之外，之後各卷每2月出刊1冊，總共有96冊。每冊的頁數，1-5卷每冊29.2頁，6-10卷每冊34.5頁，11-16卷每冊57.0頁。

就刊物的欄目來看，主要的有：刊頭講詞、銘花彩色照片、蘭藝書畫欣賞、協會授獎花、蘭花栽培心得或譯文、蘭界知識心得或譯文、蘭花史譯文、國外參訪心得、國外蘭界報導、養蘭經驗與心得、蘭界評論、蘭界佚事、蘭花藝文、蘭花插例、各地蘭訊（蘭展、欣賞會預告、報導）、協會會訊、蘭藝信箱、海外來鴻、編輯後記、業者廣告等。

在資訊封閉的年代，蘭友擁有一冊蘭界專屬刊物，可謂如獲至寶，尤其是國外的一些資訊；從各地蘭訊可以獲知全台灣各縣市各種活動的概況，最為特別的是蘭藝信箱，它接受各方蘭友的提問，刊物的編輯也會誠意的回應，如同現代的廣播電視節目之call-in call-out，提供主客之間互動的平台，其服務的態度頗為積極。《台灣蘭藝》首刊裡表示：本刊偏重「公報」形式，乃本刊編輯目的之一，讓會員有親臨會務之感，爾後尚會開發專論、實驗報告、銘花介紹、世界蘭訊、蘭壇掌故、趣味性小品文等。[11]然而，稿源太少乃是《台灣蘭藝》一大隱憂，因此非常期待蘭友賜稿。[12]

舉辦春秋蘭展

台灣省蘭藝協會成立之後，最重要的年度盛事就是舉辦全省蘭展，並且組織審查委員會評出優秀作品。1962年（民國51年）由協會主辦全省秋季蘭展，除了廣邀會員提供蘭花展品，額外函電台灣蘭花栽培重鎮台中、嘉義、台南、高雄蘭友助陣，結果獲得538

[11] 編者，〈編後贅言〉，《臺灣蘭藝》，1.1（臺北市，1962.07）：11。
[12] 翁文謨，〈編輯後記〉，《臺灣蘭藝》，4.2（臺北市，1965.03）：32。

盆，規模甚大，並邀請中國小姐方瑀剪綵，展出的銘花分三組審查給獎。[13]

1965年（民國54年）協會主辦的全省秋季蘭展，地點仍然選在華南銀行總行四樓，為期3天，展品超過1千盆之多，擺設方式打破以往陳規，原依花的種類分區擺設，此次改為以縣市為單位分區擺設，並設團體獎和個人獎，以及個別蘭屬之獎項，以激勵各縣市蘭會團隊影響力，並鼓勵個人創發，提升蘭藝素質。團體獎由台南市獲得，個人獎第一名由陳忠純獲得。[14]

劉黃崇德回憶起當年參與的經驗，他說：

> 每年一度的全省蘭展地點在華南銀行的四樓，雖然只有四樓，沒有電梯，卻已經是當時台北大樓級的建物，這是純粹的蘭花大展，所有的展品都要走樓梯上去。此時的台灣蘭藝協會的會長劉啟光正是華南銀行董事長，他利用華南銀行的資源推廣會務，台灣蘭藝協會年度的蘭花審查則比較正式，由該會的審查委員會組織審查員負責審查，獲選優勝或佳作者會發給獎金或獎品，我曾獲得民國55（1966）年度的總冠軍，這盆花和來現場參觀的電影明星唐寶雲合拍了一張相片，事後有人送我這張相片保留至今。其實，這盆虎頭蘭是向陳忠純醫師買的，他從國外買進來，在夏天用冷房才有辦法讓它開花，正好被我看到，並同意賣給我，結果在花展獲得全場總冠軍，也是有生以來唯一的一次，因為這品種在台灣很稀有，也很難種到開花，現在這種已不算什麼了。
>
> 除此之外，全台華南銀行的各分行，皆可利用假日無

---

13 陳石舜，〈五十一年秋季擴大蘭展記盛〉，《臺灣蘭藝》，1.5（臺北市，1962.11）：18-21。

14 鍾曉星，〈華南銀行、臺灣省蘭藝協會聯合舉辦五四年度春季擴大蘭展〉，《臺灣蘭藝》，4.2（臺北市，1965.05）：26-31。

償借用其場地舉辦地方性蘭展，並舉辦評選以及自由交易，所以每一縣市的蘭會幾乎每個月都會舉辦月例會，而在華南銀行舉辦的蘭展，許多報章媒體都會捧場報導，對蘭花的推廣與行銷助益甚大，我認為劉啟光會長對台灣蘭藝的貢獻極大，我曾看過他在台灣蘭藝期刊的序言說到：「蘭花協會的宗旨就是要朝蘭花產業化邁進」。

各縣市在周日舉辦的蘭展，都會錯開，即使檔期過滿，需要在同一周日舉行時，也會將地點錯開遠一點，例如一南一北，方便各縣市蘭友就近參與，蘭友就如此四處奔波，這些資訊都會刊在《台灣蘭藝》裡，包含欣賞會、出品者的紀錄都有。（以上3段訪談稿，20150228b）

這種全省規模最大的蘭花展覽會，加上正規的審查流程，就如同舉辦全省運動會一般，全台的菁英齊聚一堂比較高下，甚至選出「國手級」的蘭花出國參展，也難怪受到所有蘭友之重視，對蘭藝事業的推廣與行銷有莫大的助益。

建立審查制度

全省蘭協重要的年度盛事就是舉辦全省蘭展，組織審查委員會評出優秀作品。依「台灣省蘭藝協會蘭花審查規則」，訂有詳細的評分標準，分嘉德麗雅蘭、石斛蘭、蝴蝶蘭、萬代蘭、東亞蘭、拖鞋蘭（現已更名為仙履蘭）、*Miltonias*（堇花蘭屬）、一般蘭屬等8大類，每一類分別訂有量化的百分比分數，有些著重在花型，有些則重視色彩，還有些很在意花朵數，當然花的特徵也很重要。審查採投票方式，分特優獎、優獎、佳作獎3個等第。[15]

---

[15] 編者，〈臺灣省蘭藝協會蘭花審查規則〉，《臺灣蘭藝》，1.1（臺北市，1962.07）：20-27。

周鎮將台灣蘭協審查制度做了精要的演進過程，該制度吸取英美二國RHS（英國皇家園藝協會）和AOS（美國蘭花協會）的舉手制和評分制的混合體，要求標準頗嚴格，因此獲獎率低，遂後修改審查規則，降低門檻，導致申請審查件數減少，獲獎率提高，1967年（民國56年）度僅5株申請，2株獲A.M.獎。文中也建議採用「評審」字眼優於「審查」一詞。[16]

然而，1965年（民國54年）即有讀者為文反應，審查委員應去除人情私利。[17]審查制度才走了4年便有人提出如此質疑，想必並非空穴來風；接著另一位讀者發現蘭協有少數「特殊人團」為私利把持，更有少數審查委員不懂審查規章、曲解條文，因此建議採國外慣例，與參賽者有利害關係者應予迴避，審查結果公布時，審查主任委員應現場提出說明，以服於人。[18]甚至有蘭友為文〈我為什麼不當評審委員〉，文中道出審查過程充滿「好友請託」、「假公濟私」、「濫用職權」情事，尤其是為了自己的蘭株賣個好價錢，便設法「弄」個審查獎項，以欺瞞初入道的蘭友，而部分審查委員的強勢跋扈、唯我獨尊、要求他人唯命是從、甚至怒目相向等場合，的確有失蘭藝的君子之風，品蘭之味蕩然無存。[19]在蘭友的眼睛裡，蘭花展品若能經過審查獲獎，等同於名利雙收，在競爭激烈的情境之下，加以審查員擁有主觀認定權，以致頻頻遭惹非議。

周鎮於1974年（民國63年）翻譯美國蘭花協會的〈AOS評審員的資格〉、〈AOS評審員的義務與責任〉二文，認為審查員除了具備專業知識與能力之外，大公無私也是基本條件。[20]是以，劉黃崇

---

[16] 周鎮，〈臺灣蘭協審壇初期簡史〉，《臺灣蘭藝》，14.5（臺北市，1975.09）：287-288。

[17] 忠秋，〈有感〉，《臺灣蘭藝》，4.5（臺北市，1965.09）：29。

[18] 劉尊賢，〈依事論事〉，《臺灣蘭藝》，4.6（臺北市，1965.11）：25-26。

[19] 張玉本，〈我為什麼不當評審委員〉，《臺灣蘭藝》，15.1（臺北市，1976.01）：33-34。

[20] 周鎮，〈A.O.S.評審員的資格〉、〈A.O.S.評審員的義務與責任〉，《臺灣蘭藝》，

德於蘭藝協會第7屆第3次理事會提案，希望透過法定程序修正12年前所制定的審查規則，俾能跟上先進國家腳步，導正台灣蘭藝發展的方向。[21]隔年，果然修正公告了蘭藝協會蘭花評審章則，將評審標準依蘭屬分類規定，訂定固定比例的量化給分標準，也訂定了評審委員與列席評審委員的資格、評審規則、迴避原則、獎懲辦法等等，內容鉅細靡遺，期待改進以往之缺點。[22]

依據美國蘭友的觀點：評審的目的在於對蘭株素質的優異程度之認定，包含原生種或雜交種的個體素質、對雜交種技術的成就、對雜交種發展潛力的鼓勵、對栽培技術改良的獎勵等，然而，評審蘭株是一種藝術，不是技術操作，因此評審員必須擁有蘭藝的專業知識、了解蘭藝的發展歷史與國際趨勢，並且從審美家的觀點、栽培者的觀點以及賞玩家的觀點評審之，看似非常主觀，其實有了制度之後，這種主觀的評審便可獲得多數人的認同。[23]然而，台灣參展的蘭友，有些是專職業者，有些是半職業者，有些純粹是趣味者，這些不同屬性的參展者，對參展的意義與目的不同，對評審標準的認知不同，但是對是否得獎的結果卻都很在意，導致建立的評審制度立意雖佳，卻因為部分評審者與參展者素質欠佳，導致出現一些異議。

13.6（臺北市，1974.11）：293。

[21] 劉黃崇德，〈台灣省蘭藝協會第7屆第3次理事會提案〉，《臺灣蘭藝》，13.6（臺北市，1974.11）：295。

[22] 資料室，〈中華民國臺灣省蘭藝協會蘭花評審章則〉，《臺灣蘭藝》，15.1（臺北市，1976.01）：41-50。

[23] Gordon W. Dillon原著，本刊譯，〈蘭花評審雜談〉，《臺灣蘭藝》，14.2（臺北市，1975.03）：97-99。

蘭心紀事

全省蘭協時代為台灣蘭藝建立起諸多的制度，包含透過社會團體推展蘭藝業務，結合各方自發性蘭友參與會務，定期出版《台灣蘭藝》，提升蘭友的專業認知，並且定期舉辦全省蘭展，建立蘭花審查制度，獎勵培育新種的蘭友，促進蘭友之間的交流。然而，在會務的推展上，尚有諸多改善的空間，尤其是蘭友期待《台灣蘭藝》的內容應更加充實，審查制度應屏除私心，朝更公正、公平的理想邁進。

第二章　蘭協時代的核心人物

光復時期的蘭藝主力蘭友，泰半均被網羅參與全省蘭協的推展工作，就全省蘭協的角度來看，蘭協時代的核心人物有以下5人不容忽略：發起成立全省蘭協的華南商業銀行董事長劉啟光、從公賣局力邀擔任全省蘭協祕書長的陳石舜、編輯《蘭友月刊》和《台灣蘭藝》的周鎮、品種改良家陳忠純醫師以及全省蘭協的改革者張耀海首席。

華南銀行的劉啟光

劉黃崇德有鑑於新一代的蘭友，多數不知劉啟光是誰，感到難過；遂為文〈濫觴物語：記述福報遺人間的啟光仙〉刊載於《生活蘭藝》，冀望能引起今人的感恩惜福之心。以下分4段摘要敘述之。

劉啟光嘉義人，年輕時有熱血、懷大志，參加了日本時代的「文化協會」組織，後來事蹟敗露，偷渡到大陸避難求學，台灣光復返台擔任華南銀行董事長。素愛蒔花養蘭，不喜交際應酬，為廣結善緣，開始在華銀總行（改建前）後廊，每星期日都辦起了「蘭花欣賞會」活動，漸漸地廣為推廣到全省每個城市。這就是台灣蘭花月例欣賞會的濫觴，每個月四或五個週日，各地競相借用，鄰近縣市舉辦時會協調避開同日，似乎很有默契，因此造成當時的審查委員，有時候每週日都要奔走南北各地欣賞會場做審查的盛況。各地欣賞會場大概都得借用華南銀行分行的櫃台，地處交通便利的鬧區，美觀又免租金，真的嘉惠蘭友甚多。原因無他，就是董事長指令各地分行儘量給予蘭界協助的。

1962年（民國51年）台灣省蘭藝協會成立，劉啟光膺任理事長，並發行會誌《台灣蘭藝》，鼓勵養蘭風氣，提昇學術素養，的確居功厥偉，也因而讓台灣的第四屆世界蘭展暨會議，1963年（民國52年）在新加坡舉辦，他擔任團長組團前往參加，蘭藝文化步入世界行列。見識世界最具規模的蘭展，台灣的各金融機構之存摺，最先印有蘭花圖案就是華銀。

為了支持蘭藝的推廣，每年舉辦春、秋兩季的台灣蘭協大型展覽會，也都免費提供華銀總行的四樓大禮堂，從中南部送蘭花參展的各地蘭會代表或蘭友，全數由北投華銀招待所供應食宿，還派有專用交通車，劉黃崇德說：

> 想一想，台灣蘭界何其有幸，當時有這麼一位大家長，替我們打好這麼優良的基礎工程，甚至排難解紛，建立了神聖的愛蘭風氣，如沐春風的印象深刻，豈止讚頌為好人好事而已，簡直應該奉為天使形象；文中這些形容詞，其實是不足道出啟光仙遺留這世間的豐功偉蹟。[1]

劉黃崇德接受筆者訪問時說：

> 台灣蘭藝協會創會的主要目的，期待蘭花界朝產業化邁進，這也是華南銀行的董事長劉啟光先生之初衷，由於他的社會地位崇高，人緣好，甚至應用華南銀行的資源協助協會的會務之推動。（訪談稿，20150228b）

蘭協祕書長陳石舜

陳石舜於1962-1985年（民國51-74年）擔任台灣蘭藝協會和中華蘭藝協會祕書長長達24年之久，就蘭藝的推廣實務功不可沒。

1　劉黃崇德，〈濫觴物語：記述福報遺人間的啟光仙〉，《生活蘭藝》，20（臺南市，2007.10）：32-33。

2015 TIOS（台灣國際蘭展）現場播放有關陳石舜專訪的影片，片中稱呼他為台灣蘭花親善大使，他於1956年（民國45年）30歲時，[2]在台北中山北路第一次看到蘭花，深深地被吸引目光，但對任職公賣局科員的他來說，那是天價，根本買不起，當年發現陳姓友人家裡有一本夏威夷蘭園的目錄，就試著寫信給這家公司，試圖用台灣阿嬤與他們交換，結果居然成功了，自此就踏入蘭界之途，此乃與台灣阿嬤結緣之故。

陳石舜談及當年養蘭生活的樂趣，經常守夜待苞，期待開出美麗的花朵，希望能夠轟動全台灣，甚至全世界，愈想心情就愈是興奮。他也說了「豬肉花」的故事，當年在台的美軍很喜歡蘭花，結婚、生日、宴會的胸花都指定戴嘉德麗雅蘭，一朵要價50元，相當於現在5000元，因此，只要蘭園的花開了，就想到可以到市場買豬肉了，小孩子會說：爸爸，豬肉又開花了。陳石舜也說，有花的家庭是溫馨的，夫妻感情和睦，也結交志同道合的蘭友，是正當的休閒活動。

1962年（民國51年），獲劉啟光的力邀，轉任華南銀行董事長劉啟光的機要祕書，主要任務就是擔任台灣省蘭藝協會祕書長，指揮6位職員，當時陳石舜已在公賣局服務了16年，再過4年就可以退休，但基於興趣所致，乃接下此一重擔，隨即籌辦全省秋季蘭展，在總行4樓舉辦，並邀請第一屆中國小姐方瑀剪綵。

1963年（民國52年），蘭藝協會組團參加第4屆世界蘭展，陳石舜代表演講：「台灣優秀的育種技術」，以一張幻燈片介紹陳忠純培育的「插角的」嘉德麗雅蘭轟動全場，喻為一場成功的蘭花外交。[3]陳石舜不但曾經和美國蘭友交換蘭株，也結交了許多美國蘭友，並為台灣蘭友代理進口蘭株。[4]台灣蘭藝協會運作期間可謂是

---

2 推估陳石舜出生於1926年生，昭和元年，民國15年

3 以上4段為陳石舜專訪影片之觀賞筆記，2015年03月15日。

4 編輯部，〈亞太蘭展理事會理事主席陳石舜先生專訪〉，《蘭藝生活》，4（高雄市，

台灣蘭藝的代表，是全省蘭友相當重視的蘭藝團體，陳石舜可說是該協會實質的掌舵者。

專業編輯功臣周鎮

在《台灣蘭藝》經常看到周鎮的文章，就數量上看並不亞於劉黃崇德。在光復初期，台灣最先發刊的《蘭友月刊》，對蘭友的服務有目共睹，主編正是周鎮，《蘭友月刊》於1959-1961年（民國48-50年）先後刊行3年，直到《台灣蘭藝》發刊為止。編輯經驗豐富的周鎮繼續為《台灣蘭藝》效力。最特別的欄位就是〈蘭藝信箱〉，專門為蘭友解答各種疑問，例如蘭友的疑問：如何識別台灣野生蘭？樹蘭、玉蘭、螃蟹蘭、虎尾蘭是蘭科植物嗎？選購蘭花要注意些什麼？等等。[5]幾乎都是由周鎮擔任主答者，並持續了5年之久。

周鎮長期擔任《台灣蘭藝》的編輯或主編，也經常發表專業性的和經驗性的專文，甚至編輯出版蘭藝專業的書籍，是台灣蘭藝史上出版著作最豐富的蘭友。筆者搜索到的有以下7冊：

周鎮編撰，《洋蘭》，台中市：作者。1962。

周鎮編撰，《嘉德麗雅名花集》，台中市：作者。1964。

周鎮編撰，《台灣之嘉德麗雅》，台中市：作者。1965。

周鎮編撰，《嘉德麗雅名花集第二輯（1965-1974）》，台中市：作者。1975。

周鎮編撰，《台灣蘭圖鑑－地生蘭篇》，台中市：作者。1986。

周鎮編撰，《台灣蘭圖鑑－著生蘭篇》，台中市：作者。1989。

周鎮編撰，《台灣蘭圖鑑－養生蘭篇》，台中市：作者。1989。

徐通德為文評價周鎮的《洋蘭》一書時表示，此書善用統計資

2005.04）：22-23。

5　周鎮主答，〈蘭藝信箱〉，《臺灣蘭藝》，1.2（臺北市，1962.08）：11。

料，符合科學精神，內容注重養蘭專家實驗數據，部分彩色圖片相當傳神，為其優點。[6]蘭藝專業知識乃是蘭藝發展的核心命脈，能夠將自己擁有的專業知識，或他人的專業知識，運用現代的傳播方式，與蘭友們分享與運用，乃蘭藝進步的一大動力。

品種改良家陳忠純

在第二輯介紹光復初期的主力蘭友時，已經描述了陳忠純醫師。雖然他沒有直接獲得日本時代的庇蔭，起步比其他主力蘭友慢了6年；1952年（民國41年）才投入蘭花栽培，以張朱金璋為師，並寫信就教日本蘭協久崎會長，10年後已達2萬株之多，與高雄李金盛的蘭園號稱當時台灣二大蘭園，然他並不以此為滿足，努力收集國際優良品種交配新品種。[7]

他不但擁有諸多雜交品種經驗，而且願意將這些經驗公諸於世，與蘭友分享。〈關於嘉德麗雅系白色花之利用〉此文是陳忠純以日文撰寫，由郭宗熙翻譯成中文，文中是將自己從事蘭花交配的多年心得，提供給玩家參考，自謙並非遺傳學專家，他認為改良品種前先收集前人所做過的經驗，才能事半功倍，而且採用原種或接近原種當一方親本，效果會比較好。[8]另有〈漫談*C.* Sedlescombe〉一文，也是在分享他在交配育種上的經驗與心得，文中對*C.* Sedlescomb這一品花的親代調查得很清楚，他又與哪些花品交配過也查閱了登錄資料，甚至所產生的楔狀色斑也用數據分析得相當詳盡，這種研究的精神就是蘭藝的精神。此品花據他說是彭清良醫師的珍藏品。[9]

---

[6] 徐通德，〈評周著洋蘭〉，《臺灣蘭藝》，1.1（臺北市，1952.07）：7。

[7] 春夢，〈忠純蘭園〉，《臺灣蘭藝》，1.3（臺北市，1962.09）：13-14。

[8] 陳忠純，〈關於嘉德麗雅系白色花之利用〉，《臺灣蘭藝》，1.4（臺北市，1962.09）：14-16。

[9] 陳忠純，〈漫談*C.* Sedlescombe〉，《臺灣蘭藝》，3.1（臺北市，1964.01）：6-7。

攝於忠純蘭園。左起：劉黃碧華、劉黃振三、劉黃振育、劉黃碧圓、劉黃振坤。

劉黃崇德對李金盛和陳忠純都非常欽佩，但各有專長，他說：

> 光復後北、中、南各有一場大型蘭園，士林所算是公家的，重要人士離開後，人才斷層，發展停滯，雖每年辦春、秋二次蘭展，但自己花園的展出品則很有限。
>
> 陳忠純喜愛做交配，繁殖力強，以致蘭園不斷的擴增，成為台灣最大蘭園，但沒有認真行銷，李金盛不但努力交配，也努力行銷，李金盛的1株蘭花實生苗價值500元，可以在高雄後火車站買一坪的農地。陳忠純養蘭、交配新品種的目標在爭取世界水準的榮譽，所以才會從美國購買昂貴的母株，屬於理想化的，李金盛以他手上收集擁有的品種交配繁殖，有市場價值的才培養。（訪談稿，20150307b）

蘭協改革者張耀海

1974年（民國63年）台灣省蘭藝協會改組，由張耀海擔任理事長，1977年（民國66年）台灣省蘭藝協會改組更名中華民國蘭藝協會，由張耀海續任理事長。劉黃崇德說他也是一個蘭花迷，只玩蘭花，不做買賣，早在1964年（民國53年）張耀海調任嘉義地方法院檢察署擔任首席檢察官時，就與他結識，1970年（民國59年）張耀海調離嘉義地方法院，但喜愛蘭花的興趣並未改變，劉黃崇德說：

張會長原就職於台北，因嘉義發生劉堂坤醫師事件，被調到嘉義辦此案，而獲「張青天」之美譽，當時他舉家搬遷來嘉義，連同他心愛手植的蘭花也一起移過來，他也知道嘉義是種植蘭花的重鎮，他的宿舍位於法院旁邊，我的蘭園就在長榮街首，由於他看過我發表的文章，循著文章末的地址，經常於傍晚飯後散步到我的蘭園，並與我聊天，我們就是在這種場合結識的，這位長者之所以這麼對我器重與信任，也是基於與蘭花的結緣之故，他任職於嘉義蠻久的，之後又調到高雄，他種的蘭花我曾看過，規模不大，喜歡利用休閒時間親手照顧，是一位純粹的趣味者，不曾買賣，有多餘的則會送給別人，當然有些也是別人餽贈的，其實他是個美食家，不但親自下廚料理，對中國菜造詣頗深，嘉義地區的許多大師傅都被他考倒過。

劉黃崇德指著上面這張相片回憶著這一段往事，他說：

張耀海遷調至嘉義檢察署擔任首席檢察官，喜歡種蘭花的他，知道嘉義有許多蘭友，當天指定了一位餐廳主廚到他公家宿舍的家裡烹飪，順便指導這位主廚，並邀請我們這些蘭友品嘗，相片中這些蘭友是嘉義市非常有代表性的人物，是首席要我推荐名單的，只有張李德和因故未出席，當時他才來1、2週而已，主要是要辦劉堂坤的謝夏命案[10]。（以上2段訪談稿，20150226a）

張耀海於上任全省蘭協理事長時，隨即於《台灣蘭藝》發表〈蘭協今後之展望〉一文，他指出，協會的會員創會之初不及200人，迄今已達千餘人。提出展望10點：1.期待整合全省各地方蘭會，邀集各地方蘭會代表加入台灣蘭協理監事；2.改進《台灣蘭藝》雙月刊的編輯品質，增列會務資訊；3.創設會計制度，延聘專人辦理；4.消除會員小我觀念，務使會員融洽和諧相處；5.確立公平評審制度，杜絕人謀不臧；6.積極推展蘭藝，向國際友人學習改良品種；7.協助會員登錄新品種作業；8.爭取成立全國性的蘭藝協會；9.編印台灣蘭協歷年評審得獎作品；10.編印會員擁有的著名親本目錄，將其後裔列出雙親名與本名。[11]然而，讓張耀海憂心的是，少數會員為競選理監事而不擇手段，叫不種花的人入會。[12]政治場合的惡質選舉文化逐漸汙染了清純的蘭藝協會，身為首席檢察官的張耀海自然不允許這種事件發生在蘭藝協會。

1977年（民國66年），基於台灣在國際政治處境陷入低潮，張耀海基於政治考量，將協會由「台灣省蘭藝協會」更名「中華民國蘭藝協會」，由張耀海續任理事長，《台灣蘭藝》更名《中華蘭藝》。

---

10 劉堂坤的謝夏命案，參閱http://www.twtimes.com.tw/index.php?page=news&nid=46640。

11 張耀海，〈蘭協今後之展望〉，《臺灣蘭藝》，15.4（臺北市，1976.07）：196-197。

12 資料室，〈臺灣省蘭藝協會第8屆第1次會員大會會議記錄〉，《臺灣蘭藝》，15.4（臺北市，1976.07）：223-234。

蘭心紀事

在全省蘭協時代對蘭藝發展，有實質貢獻的蘭友當然不只這幾位，絕大多數參與協助會務推動的蘭友，都是秉持著期待蘭藝發展會更好的理想，盡一己之力投入，當然難免也有一些只求私利之徒，成了害群之馬，碰壞了蘭藝的倫理精神。

第三章　劉黃崇德的專業精神

劉黃崇德的父親劉黃朝金於1963年（民國52年）辭世，翌年他加入了台灣蘭藝協會，開啟了蘭藝事業的另一旅程，他認識的蘭友增加了，獲取專業知識的層面擴大了，並且已有能力將自己的蘭藝心得撰文與人分享，對於蘭藝文化有自己的一套見解，回饋給全省蘭藝協會，為協會服務與建言，盡了蘭藝協會會員的一份義務。

全家動員的愛蘭園

7個孩子相繼出世，讓劉黃崇德像一根蠟燭兩頭燒，從事園藝的工作既瑣碎又費工，收入微薄不敷孩子們的開銷，以致情緒暴躁，無暇對子女好言相勸，不聽話就拿起棍子打，管教非常嚴格，有暴力傾向，直到有一天，他改變了主意，在一頓打罵之後，當著7個小孩的面將棍子丟掉，並發誓說：

> 此後不再打你們了，凡事你們必須要自己思考，要不要上進都靠自己。（訪談稿，20150301b）

當時長子振峰已上初中了。

在農業社會，多子多孫多人手，7個孩子不嫌多，劉黃崇德依照年齡的大小指派工作，利用假日協助園裡的雜事，剛上小學低年級的拔雜草、灑水、洗刷使用過的素燒陶盆的青苔（當時沒有塑膠盆），中年級的女生整理內務，比較大的幾個男生要剪瓦片和折鐵絲；瓦片是從四處廢墟裡撿回來的紅瓦片，用老虎鉗子剪成圓形狀，用以卡在蘭花盆的半腰上的墊片，以節省種植時的材料；折鐵絲就是製作掛蘭花盆的鐵絲掛勾架，將整捆的鐵絲剪成固定長度，於長板凳上釘上幾根鐵釘，鐵釘之間的距離是事先設計好的，方便彎曲鐵絲成型。蘭花有時需要分株，弟弟妹妹將整盆蘭花拔出，挑除蛇木，再由哥哥姊姊切割種在空盆裡；上了中學，還協助磨牌子，就是買整塊的塑膠薄板，用磨砂機將表面磨粗糙，再切割成手指般大小長條狀，俗稱花牌子，掛在花盆上標記花的名稱和日期。（訪談稿，20150226b）

碩果僅存的「劉黃牌」手工花盆墊片和鐵絲掛勾（徐元民攝於鹿滿愛蘭園）

劉黃崇德的子女對這段往事也有一些回憶：

> 每個小孩分配責任區，大家都很無奈，不能出去玩。（訪談稿，20150310）

> 振峰最認真，我最偷懶，振三折的鐵絲最好，振育總做不好，碧華比較少參與，她比較會整理內務。（訪談稿，20150226b）

> 只要是放假就在家裡協助園子的工作，有時偷跑出去打球，回家就賞以竹筍炒肉絲。（訪談稿，20150323）

然而，劉黃碧圓談及一段令人懷念的回憶，她說：

> 印象深刻的是台中有人訂貨（陳忠純醫師），數量很多，大家合力趕工，還雇了一輛廂型車運送，最高興的是我們全家大小跟去，是第一次的郊遊經驗，回程時還到台中遠東百貨公司，買了一件洋裝。（訪談稿，20150310）

此外，劉黃崇德還有種一些觀葉植物出售，他讓幾個小孩利用周末假日用推車（liyacar，りやか）沿街販賣，以賺點學費，順便學著做生意，振峰、碧慧、振育念小學時都有經驗過，通常是店面商家會招手購買，對此劉黃振育印象特別深刻，他說：

> 小學四年級和大姊（劉黃碧慧）推車子去賣觀葉植物，當時只知道哪盆5元，哪盆10元，沒啥印象，客人多少會同情小孩來光顧，我和大姊很老實，路邊有賣冰的，我們不敢拿錢去買，販賣全數所得交給老爸。（訪談稿，20150323）

劉黃振峰也回憶說：

> 我們從長榮街出發，會繞嘉義市區大街小巷，最遠到民族路，同學的媽媽看到我們，還告訴他的小孩，說我們很勤勞；有一次賣得特別好，老爸帶著全家人去看《真善美》。（訪談稿，20150325）

其他的子女對這段往事的回憶有：

> 我不會賣花，只是跟著出去，人家問了就賣，沒叫賣，在市區四處走動。（訪談稿，20150226b）

> 哥哥姊姊們推著車子去賣花，我很想跟去，但不被大人允許。（訪談稿，20150310）

可見，劉黃崇德在退役之後，投入了園藝事業，除了延續父親的洋蘭之外，也利用嘉德麗雅蘭棚架之下種植觀葉植物，要求7位子女於假日協助出售，也利用7位子女擔任小童工，所需要的資材能夠自己動手做的，就不用向他人買，做多餘的還可賣錢；子女到了國中以上，除非到外地求學或工作，一定會配到工作，尤其是他在蘭藝協會擔任幹事部時，子女們會去協助一些周邊工作，例如舉辦蘭展時，整理廠商贊助的獎品，搬運、包裝、貼獎項名條等。他的7位子女就是這樣過童年、青少年和青年的時期，約從1961-1976年（民國50-65年）之間。在收入微薄的情況之下，無力支付孩子上大專的學費，尤其是前面3個小孩，振峰念私立五專，岳母（吳春）出力最大，因為他是長孫，他也曾憑半工半讀至逢甲大學進修，接著碧慧要上大學，他表明必須自食其力，還好考上公費的台灣師大，振育高中畢業後就未升學了。

劉黃崇德表示：

> 搬到長榮街之後，就以種蘭花為主，主要的銷售管道，有每年一次在華南銀行舉辦的全國蘭展，還有士林園藝試驗所每年春秋二季的花展，以及各縣市每個月的周日蘭會，蘭友之間會有交易行為，我就是做「蘭花販子」。（訪談稿，20150226b）

在台灣蘭協的時代，台灣整體經濟上處於第一級產業的農業時代，劉黃崇德雖說做的蘭藝事業是屬於上層社會的玩物，但是自己缺乏購買優秀品種的資金，所種的蘭花知名度不高，因此重點擺在「買與賣」的花販子角色，一方面要忙於栽培，另一方面須勤於參與活動，以致7位小孩均需協助蘭園的工作，形成家庭工廠，這種情形與在同一時期的家庭相當的普遍。劉黃崇德說：

> 那時連銀行戶頭都沒有，沒錢可存，前氣接不到後氣，手頭甚緊，也沒向銀行借過錢，直到賣了民雄那塊地，不得已才辦了銀行存摺，申請支票戶頭。（訪談稿，20150301b）

收集文獻、撰文投稿

劉黃崇德自從以蘭花為業之後，便不以當一個普通的花農為滿足，為了更上一層樓，唯有吸取新知方能突破現狀，原本，他的專業知識都是來自蘭友，然而，他發現，蘭友的知識大都是口耳相傳，甚至道聽塗說，莫衷一是，令他無法適從。因此，在進取心與求知慾的驅使下，為了追求蘭花知識的起源地點，乃託人購買日文雜誌來閱讀，雖然這不是英文原典，雖然這些書很貴，花許多心力研讀仍然值得，漸漸的更貼近了蘭花界這個世界。他說：

> 當時國內很少有關蘭花的書籍和雜誌，為了增加蘭花的專業知識，便託人購買日文的蘭花專業雜誌來閱讀，雖然我在小學時日文已經打好基礎，但在買賣蘭花的場合，經常遇到一些老一輩會說日語的白領階級人士，例如醫師、律師、會計師、銀行經理等，從他們夾雜著日語的對話裡，意識到自己的日語必須再提升程度，重新學習日語。因此，除了閱讀日文文章之外，還試著翻譯成中文。當年寫稿的初始動機，是希望賺一點外快，以補貼購買日文期刊的費用，滿足我對蘭花專業的求知慾，同時也彌補我對蘭花知識的不足，當時能寫文稿的和願意寫稿的人不多，我就嘗試著寫寫看，漸漸的有了心得，經常於半夜有了靈感，便起身撰稿，深怕遺忘，在此夜深人靜時，最是順暢上手，從善如流，若沒靈感則一個字也寫不出，當時我的收入有限，孩子又多，雖然稿費有限，卻不無小補，我只是做個小資本生意，大生意都是那些有大資本的進口商賺走了，雖然賺不了幾個稿費，但對我日後在蘭花專業的發展很有幫助，例如寫稿須要查字典，用字遣詞都要斟酌，對於只念過日本小學的我，為了適應政府推行的國語，寫稿有很大的幫助，而且為了寫稿，對事件必須

觀察入微，甚至查閱文獻，以至寫稿增加了我的能見度，更重要的，就是我的稿件可以透過雜誌的傳播，吸引了一些讀者對我的肯定，無形中增加了許多的蘭友，對於我日後跑國外線時尤為明顯，一舉數得。我會將自己的稿子與他人的比對，學習他人的寫作風格，受薇薇夫人影響很大，算是深入淺出的文章，有滿多人喜愛看我的文章，也因而提高了我的知名度，所以當時在蘭花協會選舉理監事時，我的得票率也比較高。（訪談稿，20150216）

劉黃崇德為了吸取新知，個人收藏了在台灣出版的四種主流蘭花專業期刊：《台灣蘭藝》（1962-1977）、《中華蘭藝》（1978-1992）、《蘭花世界》（1980-1993，部分從缺）、《洋蘭月刊》（1986-1989）、《蘭藝生活》（2004-2005）、《生活蘭藝》（2006-2011, 部分從缺）。他加入美國蘭花協會（American Orchid Society, AOS）期間有收集了其會刊 "Awards Quarterly：The Essential Pictorial Ency clopeia of Orchids" ；另分別加入新加坡的南洋胡姬（Orchid）協會，以及夏威夷蘭花協會（Hawaiian Orchid Society），都是其永久會員，定期收到他們的會刊；之後加入日本蘭花協會（Japan Orchid Society, JOS），收集了他們的會刊《日本蘭協會誌》（Japan Orchid Growers Association），也加入全日本蘭花協會（All Japan Orchid Society, AJOS），收集了他們的會刊 "Orchids" 。試問，當時或者現今的蘭友們，有幾位能夠如此完整的收集蘭藝專業期刊，詳加閱讀吸收新知，甚至將心得撰文投稿與人分享者，更何況劉黃崇德只有小學畢業而已。這種專業精神才是從事蘭藝事業的處世態度。劉黃崇德接受訪問時坦承說：

我對蘭花的心力投入，寧可省吃儉用，也要買書進修，吸取新知，買書的錢總是擺第一位，其次才是生活費。（訪談

稿，20150216）

發表文章、內容分析

劉黃崇德從1964年（民國53年）公開發表第一篇文章之後，截至2013年（民國102年）總共有106篇，依其發表的年份與文章的類型整理如下表：

表一：劉黃崇德歷年著作彙整表

類別	第1個10年（民國53-62年）	第2個10年（民國63-72年）	第3個10年（民國73-82年）	第4個10年（民國83-92年）	第5個10年（民國93-102年）	合計篇數
國內蘭會報導	7	0	1	0	0	8
蘭花插例	17	0	0	0	0	17
蘭界評論	4	1	0	0	7	12
蘭界佚事	0	0	1	0	0	1
蘭花知識	1	1	0	0	3	5
蘭花藝文	1	0	0	0	0	1
蘭界人物誌	2	0	0	1	9	12
國外蘭界報導	1	9	2	0	1	13
蘭花栽培譯文	17	0	6	0	0	23
蘭界知識譯文	1	0	0	0	4	5
蘭史譯文	2	0	0	0	4	6
即席譯文	0	0	0	0	3	3
合計篇數	53	11	10	1	31	106

從上表可以得知，第1個10年（民國53-62年）的文章以蘭花插例和蘭花栽培譯文最多，蘭花插例就是將蘭花應用在插花界上，有17篇之多，這可能是台灣首創的公開發表作品，此外，蘭花栽培日文譯文也達17篇，顯見劉黃崇德對了解蘭花栽培技術新知之殷切，並且不會私吞這些知識，反而公諸於世，與所有蘭友分享；第2個10年（民國63-72年）的文章，以國外蘭界報導最多，由於他懂日文，對台灣政治閉塞的環境，取得國外蘭界最新資訊，有助於了

解蘭藝事業的國際動態；第3個10年（民國73-82年）再度重視蘭花栽培譯文；第4個10年（民國83-92年）因為自己事業進入巔峰，無暇撰稿，僅發表了1篇蘭界人物誌之文章；第5個10年（民國93-102年）之重點有2類，一是持續發表以「濫觴物語」為題的蘭界人物誌，將歷史人物，經由田野調查和口述方法撰文發表，他是台灣蘭界最多者，所謂以歷史為鏡、以史鑑今，正是劉黃崇德撰文之目的，另一類為蘭界評論，由於劉黃崇德已經從事蘭藝事業超過50載，對於蘭界的現況有喜有憂，基於愛之深、責之切的立場，提出個人對台灣蘭藝事業的期待。

學習插花、插花指導

為了涉入蘭花這一行，劉黃崇德意識是到需要擁有一些花藝藝術的原則與技巧，方能提升蘭藝的品味，增加蘭花的附加價值，在偶然的機會裡，看到一則插花班招生的廣告，便毅然決然的前去報名，他說：

> 我插花的技巧是向一位簡外科的夫人學的，她是日本籍，是古流的松藤會高級教師，簡醫師在日本留學時與她結婚的，開始招生時我就去報名，每周上課1-2次，繳交材料費和學費，不是很貴，但對我而言也是一種負擔；因為我對花藝很有興趣，全班只有我一個男生，其餘都是婦女，由於醫師娘不太會說國語和台語，講解時由我擔任翻譯，教室就在中山路一家幼稚園旁的醫院樓上，目前嘉義的古流派就是她的弟子留傳下來的，我只參加一期就沒繼續學習，因為我已經領悟到一些原則，自認夠用就好，以此基礎自行再稍加進修即可，第一期學習結束之後，老師舉辦了一次插花展，展場位於華南銀行的樓上，我也將我的作品參展，我要求老師不必修改我的作品，因為我非常有自信，我的作品的內涵表現有

> 我自己的風格，如果被修改了會影響我要表現的意涵。（訪談稿，20150313a）

由此可見，劉黃崇德有他自己特立獨行的個性，他一向就是對自己很有自信，就一個接受過日本教育者而言，應該很尊師重道才是，何以他的作品不願意讓老師修改？是因為大男人觀念作祟嗎？或許他不想讓老師添加麻煩；筆者從他日後於民國53-56年間（1964-1967）在《台灣蘭藝》連載之17幅〈蘭花插例〉來看，的確有他的獨到之處，而且將蘭花當作插花材料，在台灣這可是他首創，也算是最昂貴奢侈的插花作品，儼然成為蘭花界的急先鋒。

蘭花插例之第一、二例，取名「嬌豔臨風、驚鴻舞蝶」，主題說明：「蘭花為萬花之王，具有天生麗質及高雅之品格，為使其融會於精神生活，今特將插花藝術，略提心得以〈蘭花插例〉為題，將蘭花的插花作品介紹於每期刊供為各位參考，本會名譽理事長張李德和女士，對此極力贊助，並揮筆簽題謹此致謝，深盼各位先進惠予指教」。以第二例「驚鴻舞蝶」來說，文中附加了材料、花器、插法與解說：*Syngodium*（合果芋屬）的葉三枚，由下而上，小大由之，三層為一體與*Oncidium*（文心蘭）相對之，左右的對照可構成美的原則。朵朵的*Oncydium*有如群蝶的飛舞，簡潔的配材，即為小品的要求，使人有清秀的感覺，白底藍花的古瓶，帶給作品型與色的效果。[1]

劉黃崇德他還當過插花老師，在地藏庵開班授課，參加的有幼稚園老師、師姑來學，全部都是女性；劉黃碧圓現在已經是日本華道池坊的教授了，她早期的插花技巧也是父親教的。劉黃崇德說：

---

[1] 崇德，〈蘭花插例——嬌豔臨風、驚鴻舞蝶〉，《臺灣蘭藝》，3.5（臺北，1964.09）：8。

> 在地藏庵開插花班，約民國50年代（1960年代），因為中山路靠噴水池有一所幼稚園的方老師喜歡插花，邀集了一些愛好者湊成一班，都是婦女，當時借地藏庵的戲台上課，由我授課指導，沒收學費，花材費自理，約持續1-2年；其中有一位學員將上課學習的作品置於自己的教會，被來教會裡作禮拜的教友所讚賞，她們是美國軍事顧問團的女眷屬，這些太太們邀請我到顧問團招待所指導她們，她們找來顧問團的華人來當翻譯，每周一次，也包紅包給我當鐘點費，上了2-3月之後，顧問團撤離就取消了。（訪談稿，20150313a）

雖說插花藝術很主觀，但是它的原理與技巧仍是有一定的原則的，劉黃崇德應該擁有美感的天賦，藝術的細胞，加上在蘭藝場合上的體悟與磨練，否則怎麼可能只學幾個月的插花班，之後就能夠開班授徒，而且獲得學員的肯定，豈是浪得虛名呢？1990年代（民國80年代）蘭花事業進入不景氣時代，他設法將不同的蘭屬，運用插花的美感與技巧，在台灣再創蘭花組合盆商機，也為擔任蘭花評審員奠下深厚的基礎。

實事求是、精益求精

1965年（民國54年）劉黃崇德首度採用筆名發表文章，也是唯一的一次，這一篇不僅欣賞周鎮敢說敢言的風格，自己不但呼應周鎮〈雜感一二〉一文，同時也抒發自己對蘭界的期許，文中期待以《台灣蘭藝》為平台，提出問題，自我檢討，力求改善，摒棄偏見，擴大胸懷，維持風度。他很讚許《台灣蘭藝》的優點：有參考價值的學術文獻著實不少；有許多培養蘭花的實務經驗分享文章；但他也不諱言地直接點出《台灣蘭藝》的缺點有：報導性文章呆版且篇幅過多；論著性的文章總是老面孔；錯別字太多，尤其是英

劉黃崇德1969年（民國58年）攝於長榮街愛蘭園。

文；用字遣詞太深，不利一般讀者閱讀。[2]

隔年（1966年，民國55年），周鎮發表〈必也正名乎〉一文，針對時下報刊雜誌或媒體文章撰述各種蘭花五花八門的譯名深感憂心，甚至張冠李戴，令人哭笑不得，例如權威畫家作品說明中，將嘉德麗雅蘭誤為蝴蝶蘭，某大公司刊登在報紙商業廣告商標，以嘉德麗雅蘭為圖案卻稱是蝴蝶蘭，此一錯誤還是劉黃崇德寫信向該公司提出的，他說：「什麼是蝴蝶蘭請瞧瞧一元的硬幣吧」。又如西洋蘭、東洋蘭、東亞蘭要如何歸類等拋出問題集思廣益。[3]劉黃崇德閱此文之後隨即呼應，提出廣徵各界譯名構想，經過公開評選再與公認，並提供獎品以資鼓勵。[4]

2　克銘，〈「雜感一二」的共鳴〉，《臺灣蘭藝》，4.2（臺北，1965.03）：15。

3　周鎮，〈必也正名乎〉，《臺灣蘭藝》，5.1（臺北市，1966.05）：24-29。

4　崇德，〈進言〉，《臺灣蘭藝》，5.2（臺北，1966.03）：67。

就在此年（1966年，民國55年），劉黃崇德玩起蘭花，別有用心，為了「蘭」字的寫法，字典裡蘭字門裡從「柬」，俗寫門裡從東，日本的漢字也是門裡從東，為此他查閱了專業字典，發現中文的「蘭」不一定是「蘭花（orchid）」，由於「蘭」的特殊性，也衍生出許多比喻性的成語，例如蘭石（高尚節操）、蘭交（氣味相投）、蘭芷（賢人或美女）、蘭夢（生子）、蘭藻（文詞優美）、蘭若（寺廟的別稱）等。[5]試問現代有幾人玩蘭花玩到涉入古文學的。

1969年（民國58年）劉黃崇德在養蘭的過程中，有問題必定會追根究底，包含查閱專業書籍、請益專家前輩、依自己經驗仔細探索，決不盲從道聽塗說，或不知道裝知道，從他發表〈蝴蝶蘭「壽山」的疑問〉的這一篇，[6]就可以發覺他對「為蘭藝而藝蘭」的執著，雖然只念過小學，這一篇論說雖然未能找出原因或答案，但他的求知精神，在蘭界恐屈指可數。此文之大意，乃在探究一株舉世聞名的台灣蝴蝶蘭*Phal.* Sou Shan，在珊德氏蘭錄（Sander's List）登錄的不完整的身分，也就是身分成謎。為此，劉黃崇德以自己培養此株蝴蝶蘭的經驗提出一個假說，其論點頗有邏輯性，但自己也提出諸多疑點待克服，這在尚無DNA比對的年代，自然困難重重，但是這種研究的精神確實難能可貴。

從以上4個例子，便可獲知劉黃崇德這位蘭友「實事求是、精益求精」，他耿直的個性，是什麼就說什麼，該說什麼就說什麼，有疑問就發揮求真的科學精神，查閱資料求證，像劉黃崇德這樣子玩蘭花的蘭友，恐不多見。

---

[5] 崇德，〈蘭與蘭（門裡從東）〉，《臺灣蘭藝》，5.1（臺北，1966.01）：34。

[6] 崇德，〈蝴蝶蘭「壽山」的疑問〉，《臺灣蘭藝》，8.2（臺北，1969.03）：59-60。

參與蘭會、服務蘭會

嘉義縣蘭藝協會是在1962（民國51年）台灣省蘭藝協會成立之後，成為其分會的蘭藝正式組織，劉黃崇德擔任過第二、三屆總幹事、常務理事，也擔任過會長；[7]自從1964年（民國53年）加入台灣省蘭藝協會會員之後，劉黃崇德的才華與幹勁備受肯定，被延攬參與擔任協會之各項職務，其歷年擔任的職務如下：

1964年（民國53年）擔任台灣省蘭藝協會推廣委員；

1965年（民國54年）擔任台灣省蘭藝協會編輯委員；

1966年（民國55年）擔任台灣省蘭藝協會編輯委員兼推廣委員；

1968年（民國57年）擔任台灣省蘭藝協會審查委員兼編輯委員；

1972年（民國61年）擔任台灣省蘭藝協會審查委員兼推廣委員；

1973-74年（民國62-63年）擔任台灣省蘭藝協會審查委員會主任委員；

1976年（民國65年）擔任台灣省蘭藝協會顧問。

劉黃崇德擔任嘉義縣蘭藝協會總幹事，美其名叫總幹事，其實就是啥事都得做，甚至需要私下徵求更多的展品，自己也需以身作則，提供展品。1972年（民國61年）親自撰寫舉辦蘭展的報導投稿至《台灣蘭藝》，這一篇是報導1971年度（民國60年）嘉義縣蘭藝協會3月份蘭花欣賞會、國慶蘭花擴大展覽會、恭祝總統華誕暨26屆省運會蘭展，以及1972年度（民國61年）嘉義縣蘭藝協會1,2,3,5月份蘭花欣賞會等之評選優秀得獎花與得主，其中，以愛蘭園為名之得獎作品有2件，*Blc.* Princess Hartland得優獎，國蘭九龍得佳作。[8]參加蘭展和欣賞會是劉黃崇德的重點工作，這種場合是結交蘭友和蘭花交易最佳的地點，起初，他的展品都以劉黃崇德個人名

7　1892年（民國71年）嘉義市升格為省轄市，嘉義縣市之蘭藝協會分別成立。

8　崇德，〈恭祝總統就職蘭展〉，《臺灣蘭藝》，11.4/5（臺北，1972.7/9）：188。

義參加，之後為了提高「愛蘭園」的知名度，才改以「愛蘭園」名義參展。在台灣蘭協時代劉黃崇德經常獲得大小獎項，其中以1966年（民國55年）度台灣蘭協春季蘭展金牌獎最是風光。[9]

劉黃崇德擔任嘉義縣蘭藝協會會長期間，力邀陳澄鐘擔任總幹事，二人志趣相投，合作無間，由於劉黃崇德入道蘭藝較為資深，陳澄鐘在擔任總幹事時習得諸多蘭藝專業知識，劉黃崇德說陳澄鐘目前在蘭界的地位已經在他之上，他說：

> 阿鐘仔是淡水商工專校畢業，他開始接觸蘭花時是向我學的，類似我的徒弟，目前在蘭界的地位比我高，我擔任蘭藝協會審查主任委員時，他是我的執行長，也因為有他願意擔任我的執行長，我才願意續任主任委員；以前我擔任嘉義縣蘭藝協會會長時，他是我的總幹事，他自己經營蘭園為業，英文基礎不錯，經常和振育他們一起打高爾夫，曾經到英國考高爾夫教練執照多次，始終不如意，但英文卻精進不少，同時也認識了一位德國蘭花商，都用英文交流，他的國際的接觸面比我還廣，他們夫妻英文都不錯，每年到美國參加展覽與賣花，目前擔任台灣蘭花產銷推廣協會的理事。

1977年（民國66年）台灣省蘭藝協會改更名中華民國蘭藝協會，由張耀海續任理事長，依據《人民團體法》之規定，人民團聘請陳承中體之理監事必須經過選舉產生，就蘭藝協會而言，這只是個社會團體，歷年均由一些對蘭花愛好者所組成，並無利益可圖，然而，為了讓會務順利推動，會員之間通常會私下推舉社會賢達人士擔任理事長，而被默許的理事長也會私下安排或佈署和自己有默

---

[9] 劉黃崇德，〈相片——55年度春季蘭展金牌獎得獎花〉，《臺灣蘭藝》，5.3（臺北，1966.05）：80。

契的會員擔任理監事或幹事部成員；這時候的劉黃崇德已經44歲，在嘉義地區的蘭會擔任重要職務多年，已經有一定的地位，在台灣省蘭藝協會也很受器重，協助推動一些會務，被默許續任理事長的張耀海，本與劉黃崇德私交甚篤，雖然他已調離嘉義地檢署，但仍對劉黃崇德這位後起之秀相當器重，奈何選舉結果劉黃崇德落選，令張耀海百思不解，他明明交代人將劉黃崇德納入理監事候選人規劃名單之內的，顏面盡失的首席檢察官便發揮他的專長展開調查，發現所有選票均被塗改過，相當震怒的張耀海揚言辦人，這可是偽造文書的刑事罪，而嫌疑犯正是協會的核心成員，在心虛之下見事態嚴重，乃唆使其老母去向張耀海求情，跪地痛哭求饒，張耀海心軟不再追究。這段往事是事後張耀海親口向劉黃崇德說明原委時透露的，這世上只有他們4個當事者知道而已。（訪談稿，20150226a）

何以有人會為這種社會公益團體做如此大的風險呢？劉黃崇德在事後也做了檢討，原來他自己的個性相當正直，經常在協會開會場合發出正義之聲，砲聲隆隆直搗不肖的內部同仁，加以經常撰寫評論性的文章投稿，傷及一些只顧自己利益、違反「蘭藝」精神的商販，導致受到排擠。當然，他也對張耀海的提拔感恩知至，卻無法襄助他主持的協會深感抱歉，對自己年輕氣盛、得理不饒人的個性有所調整，了解到沉默是金、得饒人處且饒人之理。自此，劉黃崇德便不再擔任改組後的中華民國蘭藝協會會務，專心發展他的國外蘭花事業。

蘭心紀事

在光復初期的劉黃崇德，在蘭友的眼中，還只是個沒沒無聞的蘭花販子，從種植各種草花到專門種植蘭花，從門外漢開始，勤奮的參與早覺式蘭會到嘉義愛蘭會，結交許多蘭友，認識許多貴人，加上自己虛心學習，對蘭藝事業已有諸多心得；進入全省蘭協時代之後，自己苦心經營的愛蘭園逐漸有了規模，7位小孩從旁協助園裡雜務，自己騰出空檔繼續參加嘉義地方性蘭會會務，也參與全省蘭協的會務，甚至利用夜間撰稿，自嘲是為了賺外快，內行人都知道「爬格子」是一件苦差事，為了撰稿需要閱讀更多的資料，投稿所賺到的應該是知識的成長，而且還提升了自己在蘭界的知名度，獲得蘭友的尊重與肯定。在蘭藝創意方面，首創蘭花插花之例，將蘭花應用於市場的開發與延伸。此外，他對蘭藝已有獨到的見解，個性耿直的劉黃崇德經常直言不諱，雖然對事不對人，卻惹惱了旁人，樹立了對立的蘭友。

第四章　蘭協時代的蘭友趣味

從《台灣蘭藝》的文章中，發現許多趣味者的蘭友所分享的作品和有趣的經驗，以下挑了幾種蘭友趣味的類型，包含努力鍾愛一生、拓展人際關係、追求肯定自我、維繫傳統雅興等。

愛蘭如妻、視蘭如命

嗜愛蘭花的趣味者，會設定個人的生涯目標，努力並持續參與一生，就如同一個男人娶來的老婆，照顧老婆至死不渝的天職；並且具有堅持不懈的精神，將蘭花當作自己的性命般，對自己的承諾與自我的挑戰而堅持下去。以下舉幾個實例，他們也許是名人，也許只是普通百姓，但愛蘭的趣味卻是一致的。

空軍出身的胡偉克將軍（1910-1973，宣統2年-民國62年）雅好藝事，尤擅文藝與繪畫，閒暇之餘也種蘭、荷、梅消遣，來台之後改種洋蘭，不惜重資購入新種，甚至從英美、日本、菲泰諸國引入培養，達五千多株，愛蘭成癖，並贈與會悉心照顧的友人分享。[1]

洪東發（1914-2014，民國3-103年）出生於中醫世家，早年曾習中醫祖業，後跟母舅習西醫，畢業於嘉義商工，任職於市公所，曾到海南島做生意，二戰結束後返台，任企業界職員，平日以種蘭花與收集化石奇石為樂，擔任嘉義愛蘭會核心幹部多年，他是嘉義市「國寶級」百歲人瑞。[2]

劉黃崇德結交的第一位外籍蘭友赫爾先生（Blly J. Hall），美國俄亥俄州人，奉派於嘉義為美軍顧問團子弟學校教書，由於熱愛園藝，向劉黃崇德購買第一盆嘉德麗雅蘭之後，便迷上蘭花，參加

1　蘭農，〈將軍藝蘭家——胡偉克先生〉，《臺灣蘭藝》，1.4（臺北市，1962.09）：22-23。

2　洪東發家屬，《洪東發先生生平事略》，嘉義市：未出版手冊。2014。

每月假日欣賞會，至其他縣市參加月例會，劉黃崇德說：他一開始收集品種，免不了患上「氾濫」（指沒計畫性的隨意收購）的毛病，經過我多次的提點，慢慢步入正軌，有計畫的收集國產名種，一一吸進蘭棚，薪水階級的他也擁有156種200多株，任期屆滿返國時，我協助他拔盆、洗滌、消毒、裝箱、運送至台北檢疫，悉數帶回美國，盡了蘭友之情誼。這是民國52年（1963年）的事。[3]

楊玉明將養蘭的趣味分為三個等級。初級樂者，只收集銘花栽培，待開出花朵，在家獨樂樂，若提往欣賞會與人眾樂樂，然而花朵固定不變，為求變化與進步，需與人交換或購入新品種，否則樂者會降低趣味；中級樂者，以初級樂者為基礎，進一步多加培養實生苗，以求變種的銘花，享受唯我獨尊、刺激多變之樂趣，但是欲將實生苗培養至開花並非易事，其中，母本選擇之因素非常重要，當然，也須加上幾分運氣；高級樂者，進一步進行品種交配，以求變種的銘花，但需要在交配技術、設備完善、學識修養與母本選擇上下功夫，方能大享標新立異、揚名中外、取名紀念、名利雙收，其樂無窮矣。[4]

嘉義蘭友林秉勳（原名林萬來）這一篇「瘋」蘭花的自我敘說，可謂是「愛蘭如妻、視蘭如命」最具代表性的一篇。二戰期間他住屏東，曾在屏東公園內欣賞過大片的蝴蝶蘭，卻無緣種植，光復後移居嘉義，台灣的蘭藝開始復興，他便興起養蘭的念頭，尤其是蝴蝶蘭是他的最愛，1955年（民國44年）專程至大武山下採購蝴蝶蘭原生種，期待購得稀世珍品；到大武鄉的遊客，蝴蝶蘭是必買的紀念品，林秉勳問了價錢方知山地比市價還高，甚至還有贗品，再問三探四之餘，終於有婦人向他兜售一件特有種，林秉勳內心雖狂喜，外表卻若無其事，因此才以可接受的價錢成交；返家後，為

---

3 崇德，〈難忘的蘭友〉，《臺灣蘭藝》，4.5（臺北，1965.09）：24-25。
4 楊玉明，〈養蘭三樂〉，《臺灣蘭藝》，7.2（臺北市，1968.03）：69-70。

此花悉心呵護之程度，被蘭友譏笑為：「事父如事此蘭，可列入二十四孝」。1957年（民國46年），嘉義愛蘭會蘭友為了慶祝會長張李德和的長公子軍醫期滿錦旋，於會長的「逸園」舉辦蘭展，特將此株蝴蝶蘭攜至會場獻寶，羨煞與會蘭友，博得讚聲，並獲會長賜名「天下一品」，當場揮毫紅綢懸掛上席，此乃養蘭者之所期待也。奈何被一次颱風吹倒蘭棚，不偏不倚擊中這株寶貝，僅有的3片葉子全被切斷；然而，他的生命力特強，之後於崁在蛇木板上的株頭處冒出新芽，而且與原先的外觀有明顯差異，可謂因禍得福；之後因遷園變更環境，或許是水土不服而壽終正寢，前後陪伴了林秉勳10年的美好光陰。[5]

以蘭會友、喜獲貴人

喜愛蘭花的趣味者聚會時，通常具有強烈的認同感，不僅喜歡和蘭友談論，樂於與人分享成果，也為期待下次的聚會而興奮不已。蘭友之間也會交換蘭花，將自己多餘的品種與蘭友交換，甚至有巴西蘭友寫信給蘭協理事長期待與台灣蘭友交換蘭花。[6]這就是以蘭會友的社交文化，這些蘭友也是自己生命中的貴人。劉黃崇德提到，他的經濟條件不如人，但是因為以蘭會友，遇上許多位生命中的貴人，他說：

> 對我有影響的例如台中陳忠純、高雄李金盛、鳳山也有幾位、例如彭明敏的叔叔彭清良，我寫過他的故事，屏東萬丹也有一位，還有第一銀行總行的協理莊朝基，我寫信請求他出面處理加買長榮街土地之事，他一口就答應，這也是我的貴人，他因為看過我的文章，肯定我的專業與為人，這些讀

[5] 秉勳，〈天下一品的故事〉，《臺灣蘭藝》，8.2（臺北市，1969.03）：47。
[6] 資料室，〈蘭音：蘭花交換〉，《臺灣蘭藝》，3.4（臺北市，1964.07）：3。

> 者可謂是以文會友，我在蘭界的地位也是因為發表過受人肯定的文章，在公開場合不會被藐視，例如我到新加坡，他們蘭界有些人也看過我在《台灣蘭藝》發表的文章，在初次見面時居然一見如故的說：「你怎麼這麼年輕？看你寫蘭花的故事，我還以為你是老人呢！」（訪談稿，20150226a）

1967年（民國56年）蘭協安排接待美國蘭花協會紐約分會會長艾普斯頓（H. Epstein）夫婦，透過旅居嘉義的美籍畢牧師翻譯，參觀了陳承訓、張秀桃、羅啟南、張耀海、劉黃崇德、陳代會長辰樞、林秉勳等7位蘭友的蘭園，晚上會餐繼續談「蘭花經」。[7]這對台灣的蘭友而言，不必出國就可以面對面接觸外國蘭友，獲取新知，不就是以蘭花為媒介嗎？1969年（民國58年），身為台灣蘭藝協會幹事部成員的劉黃崇德，被指派接待來自夏威夷的蘭友團，他們的成員有蘭藝家、學者、業者一行40多人，協會代表也有40餘人共進晚餐，發現他們幾乎都是日裔美國人，並且懂一些日文，因此在溝通與交流時較無障礙。[8]劉黃崇德進一步意識到，他的日語終於可以派上用場，也埋下爾後他與夏威夷蘭友交易的動機。

有些蘭花迷也會喜歡收集世界各地的蘭花郵票，《台灣蘭藝》曾連載渡邊諄一的〈環遊世界：蘭花郵票〉，[9]以前裝郵票的油紙袋或標準信封上都會看到這段話：「集郵三益：怡情、益智、儲

---

[7] 崇德，〈不速之客菈嘉的六分之五天〉，《臺灣蘭藝》，6.2（臺北，1967.03）：64-67。

[8] 崇德，〈迎客記〉，《臺灣蘭藝》，8.5（臺北，1969.09）：148-149。

[9] 渡邊諄一，〈環遊世界：蘭花郵票（一）〉，《臺灣蘭藝》，4.5（臺北市，1965.09）：30-32。
資料室，〈環遊世界：蘭花郵票（三）〉，《臺灣蘭藝》，5.1（臺北市，1966.01）：30-32。
渡邊諄一著、關凱圖譯，〈環遊世界蘭花郵票（五）〉，《臺灣蘭藝》，5.3（臺北市，1966.05）：101。

財」，現代版的集郵已經有了第四益「會友」，就是因為集郵而結交同好。

參展受評、肯定自我

在蘭協時代的蘭友將參加展覽會、欣賞會視為一種休閒活動，一種社交活動，一種競爭活動，將平日悉心照料的蘭花，從自家蘭園裡提到公開場合亮相，不論得獎與否，從整個參與的過程中獲得趣味，若能獲得評審的肯定，更能肯定自我，若未入選，難免落寞，仍可接受批評指教，激發參加下一次活動的動力，不失養蘭的樂趣。以下舉4筆當年蘭友參與展覽的歷史印象。

1962年（民國51年）洪東發的〈嘉義北嶽殿蘭展〉：特地選在夏末秋初，蘭花多是半抱琵琶不肯露面之季節舉辦蘭展，外縣市有8人參展，嘉義本地有44人共襄盛舉，除了洋蘭之外，還有國蘭和盆景，其中蘭花經過評選，冠軍由來自豐原的林連瑞獲得，前四名嘉義本地只有一人入選，顯見並無「愛國裁判」之嫌。[10]

《台灣蘭藝》的「各地蘭展報導」欄位，都會報導各縣市蘭展或欣賞會的訊息，尤其令人興奮的就是刊登得獎者的姓名，例如：林秉勳報導〈嘉義愛蘭會十二月份蘭花欣賞會〉。

日期與地點：民國51年（1962年）12月23日華南商業銀行嘉義分行。

得獎花：張火獅、黃仁德、黃清河。

展出者：洪東發（10盆）、陳宗謂（1盆）、黃元榮（1盆）、陳承訓（2盆）、林秉勳（6盆）等10人。[11]

1964年（民國53年）劉黃崇德的〈嘉義愛蘭會欣賞會〉散文式的報導，生動的描繪蘭友們參與欣賞會的心境，這哪像是一位只

---

[10] 洪東發，〈嘉義北嶽殿蘭展〉，《臺灣蘭藝》，1.3（臺北市，1962.09）：23-24。

[11] 林秉勳，〈嘉義愛蘭會十二月份蘭花欣賞會〉，《臺灣蘭藝》，2.1（臺北市，1963.01）：22。

嘉義華南銀行蘭展會場。前排：陳辰樞（左二）、羅啟南（左三）、張李德和（左四）、羅水（右四）、洪東發（右二）其餘的為與銀行有關的成員。後排：林萬來（左一）、劉黃崇德（左二）。

念過日本小學所寫的文章呢？摘其中一段：「雖是煞人的艷陽下，蘭農們每月一次的農家樂在充滿歡悅的笑聲中揭開，少花的季節倒也大家自動地到齊二十多盆，不算多但水準比以前提高了，多采多姿，有嬌豔的嘉德麗雅，可憐惜的石斛蘭，栩栩如飛的蝴蝶群，更有幾株瀟灑的曼大蘭（今稱萬代蘭），增加著壯麗的場面」。[12]

1965年（民國54年）鍾曉星的〈士林園藝試驗所春季蘭展〉：這項蘭展系配合蔣宋美齡誕辰（陰曆2月12，傳統的百花節）舉行，為期一週，週日上午休館，展區設有大型溫室，展品有蘭花255盆，尚有各式的盆景，另由動物園提供各種珍奇鳥類應景，週遭搭配觀葉植物，可謂鳥語花香，高雅幽靜，吸引上萬民眾前往觀

---

[12] 崇德，〈五月花-嘉義五月份蘭花欣賞會感想記〉，《臺灣蘭藝》，3.3（臺北，1964.05）：16。

賞，並經專家評定優良作品。[13]

1967年（民國56年）劉黃崇德的〈嘉義五月份欣賞會〉：春天一到，自有春的一股活潑氣。花多人多，花好人濟，真夠熱鬧。遠由豐原、北斗、新營送來銘花參加，真是眼福不淺，謝謝大家。豐原送來喜姆比蘭多盆，是會場的寵兒，觀眾垂涎萬丈，搶購一空，可見「好人不寂寞，良花有人憐。」兩點鐘審查會的開始，有如待產的翁婆，心情緊張一上一下，抑不住心臟跳動的加快，真是活受罪，你說該不該？[14]

是年，嘉義愛蘭會舉辦了4個蘭展，其中得獎者經劉黃崇德指認出25位的身分背景（另有4人未認出），有8人非嘉義人，顯見獲獎者並非全是嘉義自家人，依職業別來看，商人6人，公務員4人，醫生3人，銀行員2人，教師1人，自由業有9人，涵蓋玩家、蘭販、建築商、鐵工廠、米糕店、藥房等，可見這些獲獎者不但來自各行各業，不分貴賤，相同的就是喜愛蘭藝，並已經達到一定的水準。[15]

吟詩作樂、維繫傳統

在蘭藝界詠詩書畫最勤者莫過於張李德和（1892-1972年，光緒18年-民61國年），她被譽為「閨秀詩人」，對書畫尤稱絕，曾膺台展特選，被蔣宋美齡譽為「活現的國寶」。[16]張李德和多才多藝也獲得「詩、詞、書、畫、琴、棋、絲繡七絕」之美譽；其作品〈題蝴蝶蘭圖〉：栩栩迎風舞，蘧蘧映日妍；迷離莊子夢，蕙畹契清緣。以五言絕句題詠蝴蝶蘭畫作，蝴蝶蘭在風中輕舞姿態生動，

---

13 鍾曉星，〈士林園藝試驗所春季蘭展盛況〉，《臺灣蘭藝》，4.2（臺北市，1965.05）：23-25。

14 崇德，〈嘉義五月份欣賞會側記〉，《臺灣蘭藝》，6.3（臺北，1967.05）：109。

15 崇德，〈展覽報導〉，《臺灣蘭藝》，6.4（臺北，1967.07）：148。

16 資料室，〈國畫蘭蕙-張李德和畫〉，《臺灣蘭藝》，4.5（臺北市，1965.09）：1。

在陽光下顯得更加妍麗；寓人生變幻無常，能在園圃中相遇自是有緣。[17]

張李德和被推為台灣省蘭藝協會首任名譽會長，絕非形式酬庸，籬齋居士為文道出她實至名歸的理由。張李德和擁有琴、舞、棋、繡、栽、養、賞、詩、書、畫「十趣」，被詩友以「藝苑稱三絕，香閨壯一軍」讚之；她手著「琳瑯山閣藝苑」書中有一首詩「休誇整齊逐時新，素鍊荊釵亦可人，每向綉窗慵對鏡，愛他蘭味養吾真」。[18]嘉義愛蘭會蘭展獎品經常由張李德和會長提供墨寶，以資獎勵。[19]

其他文人雅士也不乏其人，例如楊仲佐的〈花中雜俎〉文中提出蒔蘭的十種風趣與功能：「花可延年、花可養生、花添雜趣、花以養廉、花以全孝、花中慈母、花之仁者、花之義者、花無是非、花無貽累」。[20]張志昌的書法對聯：「心無俗慮精神爽，室有芝蘭智慧開」。[21]王成源的題蝴蝶蘭：「漆園夢醒影離披，化羽空山孕毓宜，活色生香行栩栩，是花是蝶費猜疑」。[22]等等，均增添了蘭藝精神層面的風采。

---

[17] 陳愫汎，《張李德和集》，臺南市：臺灣文學館。2013。

[18] 籬齋居士，〈愛他蘭味養吾真：臺灣蘭藝界元老張李德和女士簡介〉，《臺灣蘭藝》，1.3（臺北市，1962.09）：15-17。

[19] 崇德，〈嘉義愛蘭會秋季蘭展報導〉，《臺灣蘭藝》，4.6（臺北，1965.11）：29。

[20] 楊仲佐，〈花中雜俎〉，《臺灣蘭藝》，4.3（臺北市，1965.05）：7。

[21] 張志昌，〈書法〉，《臺灣蘭藝》，4.4（臺北市，1965.07）：26。

[22] 王成源，〈蘭藝詩詠四首〉，《臺灣蘭藝》，4.4（臺北市，1965.07）：27。

蘭心紀事

全省蘭協時代的養蘭的趣味者，與光復初期的趣味者，在本質上並沒有不同。他們花錢買蘭、花心力種蘭、閒暇之餘賞蘭，甚至達到廢寢忘食之地步，他們視蘭如命，以蘭會友，吟詩作畫取樂，參展以獲得自我肯定，這些趣味型的蘭友，不太在乎花株的價格，也不在乎在蘭界的名利，他們期待的都只是精神層面的蘭藝功能而已。

第五章　蘭協時代的蘭藝文化

在台灣蘭藝協會領導的時代，台灣的蘭藝文化，部分沿襲了光復初期的基礎，部分則受惠於蘭協核心人物的用心，以及各縣市蘭友的團結精神，因而發揮了蘭藝知識的補強，也產生了蘭藝朝向蘭業的蛻變，在蘭藝市場發生了興衰的現象，同時，也受到他山之石的啟迪，讓蘭協時代的蘭藝文化向前跨了一大步。

蘭藝知識的補強

由於一般人對蘭花的基本常識過於薄弱，例如：名畫家畫嘉德麗雅蘭說成蝴蝶蘭，而蘭界對專業的用語也混沌不清，尤其是蘭花的取名不可不慎，因此周鎮藉《台灣蘭藝》為文呼籲社會與媒體必須做一點功課。[1]

攝於長榮街愛蘭園，左起：劉黃崇德、吳慶福、不詳、陳澄鐘。

什麼才叫蘭科植物？蘭科植物何以受到重視？蘭科植物生長於何地？為了向一般民眾做詳盡的解說，翁文謨（1965年，民國54年）從蘭花的培養歷史、在熱帶和亞熱帶分布的狀況，蘭科植物的分類，由於植物學家在辨識屬種時偶有更動，以致出現異名同物情事，而之後雜交產生的新品種也訂有一套命名的登錄方式，文中舉了約百種例子。此外也介紹了蘭科植物的特性與蘭花的利用，讓一般民眾得以了解蘭科植物基本的常識。[2]

---

[1] 周鎮，〈必也正名乎〉，《臺灣蘭藝》，5.1（臺北市，1966.05）：24-29。

[2] 翁文謨編，〈論蘭科植物（一）〉，《臺灣蘭藝》，4.1（臺北市，1965.01）：6-9。
翁文謨編，〈論蘭科植物（二）〉，《臺灣蘭藝》，4.2（臺北市，1965.03）：6-13。

不論是純趣味者或是副業栽培者，甚至以蘭花為業者，對蘭花的栽培技術尚處於摸索階段，憑藉蘭花主人的經驗嘗試錯誤，多數是經由閱讀文章報導以及與蘭友相互觀摩，獲取他人的知識與經驗。即使如此也不一定能成功，尤其是此時期的蘭花價錢並不便宜，沒種成功多少仍會心疼。〈一個初學種蘭者的煩惱〉一文中就說：花了350元買了2株實生苗，若是進口的要貴30%，由於受到高價位的影響，反而在照顧時不敢嘗試在園藝系所學的方法，其次是生長環境的營造與維持，再者是施藥的問題，最後提出國內專業圖書與資訊的匱乏，雖有譯著但不見得適用於台灣，國人雖有成功經驗，但甚少將自身經驗整理成文公開發表。[3]

為了補強蘭友栽培知識的匱乏，《台灣蘭藝》主編周鎮得知王博仁博士在日本名古屋大學園藝學研究室團隊研究蘭科植物，認為他是國人在蘭科植物研究的先驅地位，特邀請撰寫「蘭藝基礎講座」在本刊連載。[4]以國人的語言文化撰寫的文章，肯定要比透過翻譯的文章要來的易懂、易吸收。

接著，在1966-1968年（民國55-57年）間劉黃崇德翻譯土屋格的著作，分成16次刊登於《台灣蘭藝》，土屋格是個學者，也是蘭藝家，內容強調蘭花的培養要以科學做後盾，[5]其中一小部分為關凱圖所翻譯。[6]此外，土屋格曾在1960年（民國49年）來台考察蘭界，撰寫〈台灣蘭界觀感〉一文，被譯成中文刊載於《蘭友月刊》，《台灣蘭藝》將它轉載，土屋格認為台灣蘭界過於依賴天然氣候，不蓋溫室，且南北氣候迴異，若要提高蘭花品質，增加種植蘭花屬

翁文謨編，〈論蘭科植物（三）〉，《臺灣蘭藝》，4.3（臺北市，1965.05）：11-13。

3 陳聰敏，〈一個初學種蘭者的煩惱〉，《臺灣蘭藝》，3.4（臺北市，1964.07）：5。

4 周鎮，〈蘭園中〉，《臺灣蘭藝》，4.5（臺北市，1965.09）：1。

5 土屋格著、崇德譯，〈蘭栽培的基礎問題（一）〉，《臺灣蘭藝》，5.1（臺北，1966.01）：10-13。

6 土屋格著、關凱圖譯，〈蘭花的螢光燈栽培〉，《臺灣蘭藝》，5.5（臺北，1966.09）：167-168。

種，仍須設法避免過低或過高的溫度。除此之外，文中談及許多栽培的技巧，包含光線、水分、病蟲害防制、施肥、資材、改良品種、培養基、蘭花鑑賞角度、外銷的可能性等等，鉅細靡遺。[7]

此外，像《台灣蘭藝》裡的〈蘭花各符號之說明〉[8]、〈蘭藝辭彙〉[9]等譯文，都是初次踏入蘭藝界所需要的基本功課。不可否認的，台灣蘭藝之專業文獻非常貧乏；依據，《台灣蘭藝》資料室的統計，全台灣有關蘭藝文獻計有：日文文獻48筆（1909-1945年），士林園藝試驗所5筆（1949-1951年），《蘭友月刊》36筆（1959-1962年），米澤耕一2筆（1954-1960年），專書6筆（1954-1962年），台北文物1筆（1954年），總共98筆。[10]《台灣蘭藝》出刊之後，才逐漸的增加，但仍不敷蘭友的需求。

至於無菌播種技術也經由各種管道之報導，蘭友也逐漸熟諳此技術。例如盧振南將數年的經驗提供蘭花種子之無菌培養之心得，種子的成熟度、消毒的方法、培養基的選擇等3方面的心得提出數據，供蘭友參用；[11]黃敏展博士（中興大學教授）也分別以〈談蘭花的無菌播種〉、〈蘭花的無菌播種〉二文將心得公諸於世。在此時期，無菌播種技術乃是進行雜交育種者基本功了。

---

7 土屋格著、黃靈芝譯，〈臺灣蘭界觀感〉，《臺灣蘭藝》，7.3（臺北市，1968.05）：101-108。屋格著、黃靈芝譯，〈臺灣蘭界觀感（續）〉，《臺灣蘭藝》，7.4（臺北市，1968.07）：128-131。土屋格原著，本刊譯，〈臺灣蘭界觀感〉，《臺灣蘭藝》，13.4（臺北市，1974.07）：158。

8 莊楊傑，〈蘭花各符號之説明〉，《臺灣蘭藝》，2.1（臺北市，1963.01）：14-15。

9 美國蘭協會會刊著、周鎮譯，〈蘭藝辭彙〉，《臺灣蘭藝》，7.5（臺北市，1968.09）：145-174。本期只刊登一篇，類似蘭花字典，以英文字母排序，屬工具性文章。

10 資料室，〈臺灣蘭花文獻一覽〉，《臺灣蘭藝》，1.2（臺北市，1962.08）：13-15。

11 盧振南，〈關於蘭花種子之無菌培養〉，《臺灣蘭藝》，5.1（臺北市，1966.05）：5-6。

劉黃崇德的蘭藝創意作品。

從蘭藝向蘭業蛻變

蘭界人士用閩南語稱呼「趣味仔」，意指對蘭花還蠻投入的人，通常這種人懂不少專業知識，自己喜歡動手栽培，有了開花成果留供自己欣賞，有時會參加花展，在特殊情況之下才會割愛，但不做牟取利潤的買賣。有時稱之為「趣味者」。劉黃崇德對趣味者作如下的解釋：

> 一般而言，會玩蘭花者的經濟能力比較好，家裡要有場地或庭院、有能力蓋溫室和水電維持費，若想購買喜愛的品種都不便宜，因此經濟條件不佳者玩不起，精神層面方面，玩蘭花者在於展現社會地位，為了照顧蘭花會養成良好的生活步調，維持身體的健康和愉悅的心情，也會參與蘭會與人交換心得、交換品種，增進人際關係，若能被評選優勝，更能獲

得自我肯定與自我滿足，甚至產生優越感，豐實優質的生活品質，這些成就感便是他們全心投入的主要動力。

至於蘭花如何「玩」？劉黃崇德對趣味者的觀察如下：

趣味者如何玩？他們認為洋蘭很稀罕，風格高雅，是當時社會達官貴族之時尚休閒娛樂，身分地位的表徵，在栽培照顧上並非粗重農作，只要提供小小空間，適合的棚架，頂多澆水施肥、分株換盆，開花時就提去參加欣賞會、展覽會與人共享，若得名次，主辦人員會在他的花盆前掛牌，提高榮耀感、成就感，有時會有獎品或獎牌，出名了甚至名利雙收。趣味者脫售自己的一些作品，可以換得一些材料成本費用，尤其是購買蘭花新品種的資金，畢竟這些趣味者多數只是一些受薪階級的人員，並非有錢人的政商名流，而蘭花卻是高消費的嗜好，因此仍有一些買賣的行為。趣味者的投入動機，以可兼做副業者居多，經驗老到者照顧的花比別人的美，比別人繁殖的快，提高他人的購買率，若賣出就有了資金再購新品種，因而形成良性的循環，每次交配了新品種需要等待數年方能揭曉，是否長出更漂亮或奇特的花朵，這也是趣味者的趣味所在，所以當副業很適合，尤其是中小學老師。

以前這些有興趣的老師通常可以分配到日本宿舍，宿舍會有庭院，在庭院搭棚架種蘭花很是理想，當時的老師收入不高，做起副業來，只要投入一點心力，又可利用寒暑假整理他的花園，享受那份趣味兼副業，例如梅山的小學老師楊玉明就做得不錯，後來發展的規模還蠻大的，台灣的蘭花得以發展開來，這種semi-pro（半職業）的業者居功不小，他們投入蘭花的心力正是蘭花界發展的主要動力。除了老師之外，像讚生婦產科醫院的陳承訓（東京大學醫學系的醫學博士）也將蘭花做副業，林萬來、陳辰樞、鋁窗師傅黃元榮等，這些人都有穩定的工作與收入。

有一些趣味者之後轉型為半職業者，或稱為副業，甚至比自己的正業還要投入，劉黃崇德認為在組織分生尚未成熟的年代，這種將蘭花當作副業的趣味者，正是今日台灣蘭花產業成功發展的最大功臣，他說：

早期有些趣味者也會想賺取外快，當副業，尤其是一些受薪階級的公教人員，資本額低，就在他們家的陽台或屋頂，久而久之，積少成多，展出時也會割愛回收成本，有些人甚至有一夜致富的心態，期待交配育種產生突變品種，再大量繁殖生產，大撈一筆。台灣的趣味者很多，在小小溫室產出的各式品種相當可觀，有時會同一品花一次買一、二十株，2-3年後開花，若出現特殊品種就會欣喜若狂，拿去蘭展公開欣賞，若當場得獎，或被蘭友相中就賺到了。蝴蝶蘭在還沒組織分生之前，一小株就要5-6百元，台灣的蘭花之所以蓬勃發展，這些趣味者居功厥偉。（以上4段訪談稿，20150226a）

米澤耕一也指出，有些財力許可的醫生致力於引進優良品種，進行品種改良成為蘭界的領航者，這種現象在日本也不例外；他們也願意以育成的新品種，以合理的價格分讓蘭友推廣，起初只是消遣，繁殖多了就成為一種副業。[12]足見，蘭協時期的蘭藝，已經擺脫光復初期以趣味者主導的局面，許多趣味者逐漸增加了心得與經

---

[12] 米澤耕一撰、春夢譯，〈米澤耕一先生來函：原函由李金盛先生提供〉，《臺灣蘭藝》，2.5（臺北市，1963.09）：23。

驗，資本不斷的投入，蘭園隨之不斷的擴大，慢慢形成副業，甚至駕凌主業之上，蘭藝逐漸蛻變成為蘭業，甚至放棄主業而專心投入蘭業了。

蘭藝市場的興衰

莊朝基認為光復初期的10年，是台灣蘭界的黃金時期，1967年（民國56年）前後，進入了蘭花暴跌階段，莊朝基在因緣際會下重燃養蘭念頭，並向陳石舜購買從美國引進的新品種，明知蘭價暴跌，他仍執意將養蘭當作趣味；他指出，在黃金時期蘭價過於投機性，一支嘉德麗雅蘭喊價六千至萬元之譜，數月後卻跌到數百元，如此不正常發展的蘭市，是破壞趣味者興致的主因，因此，期待不論是業餘的趣味者，或是營利的業者，必須維持正常的蘭價，方能將蘭藝與民眾的生活結合，維繫文化人的正當娛樂。[13]莊朝基的這一段分析，雖屬個人意見，但絕非個案，任何一種商品若走入市場化，勢必會產生市場的興衰現象，但如果是涉入人為的炒作，將不利於蘭藝之發展。

林榮賢體悟到嘉義蘭友陳承訓（贊生醫院院長）所言之真意：「如不賣蘭是不能進步的」，意指趣味與實益仍需並進。[14]李金盛、陳忠純等幾位蘭界主力蘭友認為，台灣的蘭業商業化之推廣，就送禮來說，若以盛開的蘭盆和整束的玫瑰切花對抗為例，必須研究降低蘭花成本的材料，應當會有競爭力，使蘭花消費者平民化。[15]

由於台灣生產的蘭花尚未達到「外銷」的階段，蘭友們生產的蘭花絕大多數只有在蘭友之間流動，市場的大小依蘭友的多寡來決定。蘭協時期的蘭友數的確逐年成長，但仍然停留在中上階層人

---

[13] 莊朝基，〈蘭栽培：我的記憶〉，《臺灣蘭藝》，7.2（臺北市，1968.03）：67-68。

[14] 林榮賢，〈臺灣蘭藝的將來〉，《臺灣蘭藝》，1.3（臺北市，1962.09）：1-2。

[15] 春夢記，〈寶島蘭訊〉，《臺灣蘭藝》，3.4（臺北市，1964.07）：10。

士的階段，距離普及化、商業化尚有努力的空間。蘭價的高度起伏震盪現象，應當與炒作心態有關，這對蘭藝市場的正常化是一大打擊。甚至有些蘭友將染有病毒的蘭株混入健康的蘭株環境，是一件不道德的事。[16]讓蘭藝市場的正常化更是雪上加霜。

他山之石的啟迪

在蘭協時代能夠取得國外蘭界資訊的管道相當的有限，看得懂英文、日文的蘭友，可以訂購國外的專業雜誌或書籍，取得第一手資訊，這種蘭友畢竟只有少數，《台灣蘭藝》選譯的專文雖然是二手資訊，對一般蘭友仍然不無小補，聊勝於無，最為直接的方式就是出國實地觀摩考察，有能力者直接與業者或學者溝通，或透過翻譯也能吸收新知。所謂他山之石，可以攻錯，在蘭協時代已經能夠取得許多國外蘭界資訊，對蘭友當有正面的啟迪。以下選擇具有代表性的文獻摘要敘述之。

1963年（民國52年），台灣蘭協組7人代表團到新加坡參加第四屆蘭花會議，會議由劉會長報告，陳石舜翻譯，搭配幻燈片將台灣較新品種的嘉德麗雅蘭（*Cattleya*）公諸於世，引起各國與會者的重視，團員陳承訓的感想說：台灣的嘉德麗雅蘭之栽培水準已在東南亞諸國之上，各方的努力成果值得慶幸；台灣的蘭花有偏重於欣賞品種之栽培，缺乏大眾性生產，只有消費沒有收入的「育花賞蘭」階段，只停留在上層階級才能享受的錯誤觀念；為求養蘭平民化，可以選擇能廣泛栽種的品種，切花提供家庭「瓶插」所需；對評審的審美標準，台灣過於重視花大色濃的角度；在54個與會國家中，台灣的團員李金盛、陳石舜和陳承訓3人提供展品展出，其中「中國素心蘭」是台灣的特產，經大會評審來自台灣的蘭花獲得銀牌獎；此外也抽空參觀了新加坡3家蘭園，規模都很大，已進入企

16　周鎮，〈雜感一二〉，《臺灣蘭藝》，4.1（臺北市，1965.03）：10-12。

業式的農場經營，切花外銷達15萬美元；主要的屬種依序為萬代蘭（*Vanda*）、石斛蘭（*Dendrubinm*）和麗蘭西亞蘭（*Remanthera*，今稱腎藥蘭），他們露天栽種，無須棚架或溫室，可謂得天獨厚。[17]

1964年（民國53年），全日本蘭花協會（AJOS）會長石田孝四郎等人來台參觀之際，提出他們近日走訪歐美蘭界的觀感，認為嘉德麗雅蘭已經臨界飽和點，雖然西德使用鮮花量排名世界第一，但美國的蘭花產量優於西德，因為他們採用農場經營模式降低成本。[18]同年美國蘭友訪張朱金璋、和士林園藝所之蘭園，這幾個據點算是台灣的蘭園精華，他的感想認為台灣過於偏重嘉德麗雅蘭，蝴蝶蘭和石斛蘭也不少，他們認為其他蘭屬例如東亞蘭、拖鞋蘭以及萬代蘭都很有發展的潛力。[19]台灣蘭界在光復初期以嘉德麗雅蘭最多，全省蘭協時代仍舊如此，蘭友偏愛幾個蘭屬，「嘉德麗雅蘭已經飽和」真的一語道破。

日本蘭藝家土屋格於1968年（民國57年）參訪夏威夷，發表〈夏威夷蘭界近況〉一文，經由劉黃崇德翻成中文，此文在介紹夏威夷何以居民興盛養蘭？蘭業何以發達？流行的品種有哪些？其中凸顯幾個重點：蘭業相當用心，引進許多品種，善用科學方法，就地取材節省成本；在行銷方面，雖然戰後的夏威夷觀光發展成功，但仍需破除有人潮就會人手帶走一盆的觀念，若愛蘭不養蘭，仍徒勞無功。[20]透過此文可以了解到夏威夷的蘭花事業，是如何興盛起來的。

---

[17] 陳承訓，〈參加第四屆蘭花會議記（上）〉，《臺灣蘭藝》，2.6（臺北市，1963.11）：1-3。
陳承訓，〈參加第四屆蘭花會議記（下）〉，《臺灣蘭藝》，3.1（臺北市，1964.01）：1-5。

[18] 春夢記，〈寶島蘭訊〉，《臺灣蘭藝》，3.4（臺北市，1964.07）：10。

[19] 鍾曉星，〈美國蘭友訪華簡記〉，《臺灣蘭藝》，3.4（臺北市，1964.07）：7-9。

[20] 土屋格著，崇德譯，〈夏威夷蘭界近況〉，《臺灣蘭藝》，8.3（臺北，1969.05）：77-79。

在組織分生之觀念與技術方面，蘭友透過國外文獻之譯介獲此科學新知。1965年（民國54年）「組織分生」首次刊載於《台灣蘭藝》土屋格的〈分裂組織繁殖蘭株〉，[21]Mary Noble在〈蘭株之新繁殖法〉文中指出：養蘭專家對組織分生繁殖法未來的發展有不同的意見，例如低價生產與低售價問題，組織分生技術尚未成熟的問題等，[22]之後有Robert M. Hamilton的〈分生組織栽培震盪器簡介〉，[23]王博仁博士也在1970年（民國59年）發表〈蘭的組織培養法〉。[24]國內蘭友雖已知悉，但尚不瞭解其商業價值以及對蘭業的衝擊。

在品種登錄制度方面，透過國外的資訊獲知，喜愛雜交育種之蘭友，必須遵守蘭界的遊戲規則，登錄至珊達氏蘭花雜交種名錄（Sander's List of Orchid Hybirds）。唐譯耕司、伊藤五彥合著、劉黃崇德翻譯的〈嘉德麗雅的近代名花二種〉一文，轉譯了白拉索蕾麗亞嘉德麗雅蘭*Blc.* Norman's Bay和蕾麗亞嘉德麗雅蘭*Lueliocattleya* Amber Glow二種的近代名花之系譜與特性，供蘭友參考，此文強調了解蘭花的種名與系譜，就如同了解一個人的家世背景一樣的重要；[25]AOS Bull原載，《台灣蘭藝》翻譯的〈對業餘蘭花育種者的忠告〉一文，也提供業餘蘭友育種的基本知識，認為育種是最具挑戰性，也是最有報償的業餘工作，但也提醒蘭友一定要做好品種登錄的作業。[26]

---

21 土屋格原著、編輯室譯，〈分裂組織繁殖蘭株〉，《臺灣蘭藝》，4.5（臺北市，1965.09）：10-11。

22 Mary Noble著、龔憲曉譯，〈蘭株之新繁殖法〉，《臺灣蘭藝》，5.1（臺北市，1966.05）：8-9。

23 Robert M. Hamilton著、龔憲曉譯，〈分生組織栽培震盪器簡介〉，《臺灣蘭藝》，5.3（臺北市，1966.05）：100。

24 王博仁，〈蘭的組織培養法〉，《臺灣蘭藝》，9.2-6（臺北市，1970.10）：21-31。

25 唐譯耕司、伊藤五彥合著、崇德譯，〈嘉德麗雅的近代名花二種〉，《臺灣蘭藝》，8.1（臺北，1969.01）：12-15。

26 AOS Bull原載，本刊譯，〈對業餘蘭花育種者的忠告〉，《臺灣蘭藝》，16.3（臺北

台灣蘭協時代的歸結

第三輯敘述台灣蘭藝協會時代的這一段蘭藝發展史，所呈現的蘭藝精神的特色與盲點整理如下。

（一）台灣蘭協的主導

蘭協時代的蘭藝發展，在台灣蘭藝協會統合全省各縣市蘭友之後，果然凝聚了人氣，提升了買氣，會員從一百多增加到千餘人，這股力量對於蘭藝的發展產生正向的效益，這種自發性的蘭藝團體，雖沒有政府資金的資助，但因為都是志同道合者的聚合，加以蘭協建構蘭友之間交流的平台，提供了蘭友諸多的專業資訊，讓蘭友知道如何養蘭、何時參展等等。此外，在劉啟光、陳石舜、周鎮、張耀海幾位核心人物，以及光復初期的幾位主力蘭友的領導之下，的確發揮了蘭協這一人民團體組織的功能。但是卻有少數將蘭協當做權力的平台，使出違反倫理道德的手段，埋下民間團體不正常發展的伏筆。

（二）專業知識的傳播

台灣蘭藝協會以《蘭友月刊》為基礎創刊的《台灣蘭藝》，由於會員的增加、編輯內容充實，不論是栽培技術、國外新知、會務報導以及各種蘭訊，均符合蘭友的需求，因此提高了蘭友的信心，尤其是無菌播種技術、新品種登錄制度。然而，在此時期的蘭藝專業知識，幾乎都是來自二手資訊，國外的知識與經驗不一定適合台灣的環境，台灣的學術機構對蘭藝的研究興趣缺缺，長期以來都以仰賴蘭友自己的嘗試錯誤所換得的一些經驗，實不符經濟效益；至於政府機關採取的態度是不阻止也不輔導的政策，因為蘭花既

市，1977.05）：200-202。

非基本生活物資，也尚無能力賺取外匯，有人稱之為「自生自滅」的態度。

（三）副業蘭友的茁壯

蘭協時代的蘭友比光復前期出現更多的副業蘭友，這些蘭友雖非富商巨賈或高官權貴，但已居社會中堅階層，收入穩定、教育程度中上、抱有賺取外快心態、認真栽培並願意吸取新知的中上社會階層人士，許多在蘭界有點成就的大多是中小學老師。這些半職業的蘭友勤於栽培、雜交、參展，期待有朝一日奇蹟出現，開出與眾不同的花卉，發個小財者時有所聞，若運氣欠佳，也不致傾家蕩產、血本無歸，畢竟投入蘭業資本門檻不高，頂多白做工而已。這些半職業的蘭友乃本時期的主力，雖然種植面積多數只有百來坪，卻是台灣蘭業發展史上重要的尖兵。當然，也有些投機分子想走捷徑，任意炒作哄抬蘭價，導致蘭業市場的衰落。

（四）產銷失衡的跡象

在此時期，蘭藝的買賣行為，仍然停留在市集式的交易，也就是說，玩蘭花的這些蘭友，若想要買或賣，並不是去店面或到私人蘭園，而是像臨時市集一般的聚會場合。自從蘭藝協會成立之後，加上《台灣蘭藝》的宣導，全台灣各地大大小小的展覽會和欣賞會資訊頻繁，通常選在假日舉行，各方有志一同的蘭友聚集一堂，有的純欣賞，有的話家常，當然有的交換心得或談買賣。此時期的蘭株價位雖然沒有光復初期為高，平均起來算是中高價位，一般基層百姓很少會買一盆回家放在客廳欣賞的。此時期的後期蘭價稍遜，乃因種植的蘭友不斷的增加，產量供過於求，尚無外銷管道之下，部分蘭友賤價求售並不意外。

（五）蘭藝精神的變異

蘭花是一種高雅又昂貴的植物，劉黃崇德發現有些人只喜歡欣賞它、擁有它，卻不懂得呵護它、品味它，因此為文呼籲蘭友應該「為蘭藝而藝蘭」，他說：從前，自發現蘭花而經人開始栽培，因其素質高尚，雅緻又兼華麗，並且瀟灑、清高，可謂極致藝術之美，甚至有人形容為「造物主的傑作」，所以能夠受人喜愛、玩賞、栽培，此之謂「藝蘭」。當蘭花從自然環境被人採回之後，經過愛蘭家的培養，塑造原生地的環境，澆水與施肥，病蟲害的防治，乃至人工配種、無菌培養、種名登錄、生長點繁殖等等科學方法的注入，讓一般人也有能力玩蘭花，此之謂「蘭藝」。然而，劉黃崇德查覺到時下許多蘭花的消費者一窩蜂地跟著流行購買蘭花、擁有蘭花，卻不懂得「為蘭藝而藝蘭」；諸如：「有利才藝蘭，不利不藝蘭」，這都是欲求暴利的投機行為，有些趣味者花大錢買銘花，卻不要花名（學名），當然無法了解花的身世，有些人捨不得搭個花棚，給自己的花有更好的生長環境，也不多看點書或請教有經驗者，以為澆水施肥自己就會長大開花，開了花提去參加評選，又嫌評審員沒眼光等等；因此呼籲愛蘭就要用心呵護它，否則它只能淪為一般消費品，看完了、花謝了，丟垃圾桶。[27]

---

[27] 崇德，〈為蘭藝而藝蘭〉，《臺灣蘭藝》，7.6（臺北，1968.11）：183-185。

第四輯

蘭花產業興起的時代

1978-1997

第一章　蘭業興起時代的瓶頸

1960年代（民國50年代）台灣是農業轉工業，以出口導向的經濟發展型態。1970年代（民國60年代）雖然歷經外交上的節節挫敗，國際活動的空間遭到壓縮；但在自立自強的口號之下，台灣投入十大建設，奠定了經濟發展的基礎，在十大建設中，有六項是交通運輸建設，三項是重工業建設，一項為能源項目建設。這些建設於1977年（民國66年）陸續完工，也是台灣經濟開始驗收成果之始。1978年（民國67年）新台幣兌換美元升值至36元，1992年（民國81年）新台幣兌換美元升至歷史最高24.5元，1997年（民國86年）發生亞洲金融風暴，新台幣兌換美元跌至28元。1991年（民國80年）時的外匯存底躍昇世界第一，1996年（民國85年）仍居第三，僅次於日本與中國大陸；從1953年（民國42年）到1988年（民國77年）間，雖然歷經數度的石油能源危機，仍能處變不驚，台灣每人年平均國民所得從100美元躍升至6,000美元，成為「亞洲四小龍」之稱，也是舉世聞名的「台灣經濟奇蹟」。

從1978年（民國67年）至1997年（民國86年）發生亞洲金融風暴止，正是台灣蘭花產業興起的時代。1977年（民國66年），台灣省蘭藝協會改組更名中華民國蘭藝協會，1978年（民國67年），《台灣蘭藝》更名為《中華蘭藝》，《蘭花界》改版為《蘭花世界》，同年，美國宣布自1979年（民國68年）1月1日起與中華民國斷交，對劉黃崇德的蘭花事業而言，這一年是他開啟泰國採買蘭花事業之始。筆者稱此時期為台灣蘭業興起的時代。

然而，經濟繁榮並不代表各行各業都發展順遂，在自由經濟環境發展的現實環境裡，優勝劣敗乃是不變之理。就蘭業而言，在全省蘭協時代的末期，蘭業已經產生衰退現象，進入蘭業興起的時代仍未起色，碰上諸多瓶頸要去面對；1986年（民國75年）起，企業化大型蘭園紛紛問世，使得台灣蘭花產業發生重大的結構性變化，業者各憑本事在此時期中掙扎求生。

組織分生的革命

蘭科植物是高等植物中最大的族群之一，但自然交配不易且種子發芽率低，因此其數量與演進史中受到限制。第一個重大突破：1899年柏納德（Noel Bernand）證實了蘭花種子的萌芽必須有蘭菌共生，並於1903年成功地以蘭菌處理蘭花種子而發芽成功。第二個重大突破：1921年納德遜（Lewis Knudson）發表了非共生性無菌播種法，使得蘭花得經有性交配、無菌播種大量繁殖，並加速了KC和V&W培養基配方的開發。[1]第三個重大突破：1960年法國的莫瑞爾（G. M. Morel）首度由蕙蘭的莖頂組織培養出無菌病毒個體，證實了蘭科植物組織培養的可能性。[2]

台灣的蘭界於1965年（民國54年）在《台灣蘭藝》就曾刊載過組織分生的報導，[3]隔年又刊登了〈分生組織栽培震盪器簡介〉一文，1970年（民國59年）王博仁博士也在《台灣蘭藝》發表〈蘭的組織培養法〉，[4]《蘭花世界》也有阮育雄（1987年，民國76年）的〈蘭花組織培養實務〉，[5]蔡大川（1988年，民國77年）的〈蝴蝶蘭分生的世界〉二篇文章；[6]顯見國人蘭界對蘭花的組織分生並不陌生，但對此技術的引進以及對蘭業市場的衝擊，初期有點冷淡與漠視。

在台灣蘭界來說，劉黃崇德是少數對組織分生的知識最早接觸的人之一，他在接受訪問時，道出一段鮮為人知的故事，他說：

---

1 KC培養基（knudson C, 1964）、VW培養基（Vacin&Went,1949）。

2 黃冠良，〈蘭花組織培養發展史〉，《蘭花世界》，150（臺北市，1990.10）：31。

3 土屋格原著、編輯室譯，〈分裂組織繁殖蘭株〉，《臺灣蘭藝》，4.5（臺北市，1965.09）：10-11。

4 王博仁，〈蘭的組織培養法〉，《臺灣蘭藝》，9.2-6（臺北市，1970.10）：21-31。

5 阮育雄，〈蘭花組織培養實務〉，《蘭花世界》，115（臺北市，1987.11）：32-34。

6 蔡大川，〈蝴蝶蘭分生的世界〉，《蘭花世界》，119（臺北市，1988.03）：46-50。

組織分生的技術從一家法國蘭園開始，由於虎頭蘭很容易得毒素病（virus），為了追查病毒，發現這種病毒不會入侵生長點，因為生長點有層層保護，因此將生長點取出置入無菌室培養，此時才發現生長點會分裂繁殖，一分二，二分四，四分八成長，這就是組織分生（mericlone）的由來，利用震盪的原理促進生長點大量的分生繁殖，這種技術在期刊發表之後，日本的土屋格博士就依此原理學習技術，也發表在日本的期刊，此文我將它翻成了中文。

土屋格博士與陳忠純醫師結識，經常通信，他跟陳忠純醫師說，如果有人願意幫他出旅費的話，願意無償將此技術教給他人，陳忠純醫師無意學習，就寫信詢問我的意願，教到會約需1-2周的時間，當時我雖然很想學習，但個人尚無此經濟能力，否則我會是台灣習得組織分生技術的第一人，土屋格博士任教於京都大學，該校有一位台灣留學生王博仁便跟他習得技術，再返台傳授此技術，現在只要有無菌培養設備的蘭園都已經會此技術，很普遍了。

組織分生技術普及化之後，大量生產的結果，造成蘭花市場結構性的改變，使傳統栽培蘭花的意願大量萎縮，降低蘭友的購買意願，因為傳統分苗方式不敵組織分生大量生產的產品，蘭花價格步入平民化時代，趣味者失去栽培的動力，而紛紛退場，被採大量生產的企業化經營農場所替代，整個蘭花界的生態因組織分生技術的問世，而產生革命性的改變，我的蘭花事業也受到波及，生意低迷之際，受到極大的挫折，收入大受影響，乃轉戰香港做起舶來品的跑單幫生意。

原先蘭花是以分株的方式生產，每一株蘭花最快是1年，通常是需要2-3年的栽培時間才會發新芽，再分株出售，嘉德麗雅蘭每年春、秋二季各發一芽，一年僅發二芽，

> 所以顯得珍貴，另有一種實生苗方式繁殖，就是配種，期待產出特別的花型，人工配種授粉之後，約需10個月至1年多，果實才會成熟；摘下果實後用無菌播種，待其發芽、換小盆、中盆、大盆以至成熟開花，最快也需要3-4年，慢則需要6-7年，依品種而定，因此投入這種事業者或玩家，必須長期投資，幾乎永久不離手，當然投資的金額不多，只有一些材料和水電等管理費而已，但投入的時間和心力卻很長久，就經濟效益而言算是很高，報酬率滿高的，只是需要耐得住等候的時間。
>
> 依陳忠純醫師的觀點，認為組織分生對他而言無多大意義，必須實生才會進步，所以他才對組織分生不感興趣，他也知道這會影響整個市場的結構，否則以他的條件要經營蘭花農場並非難事。阿利仔（進利蘭園主人）之所以賺大錢就是因為他敢走在前端。以嘉德麗雅蘭為例，若採組織分生大量生產，必須外銷才有利潤，因為台灣市場已經飽和。（以上5段訪談稿，20150216）

組織分生技術的發現，原意是在解決毒素病的問題，並無意掀起蘭界生產事業的革命。台灣的學者在習得該項技術之後，一個傳一個，它在業者之間已經不是遙不可攀的技術，這是造成蘭業發展的重大轉捩點，也是讓蘭界陷入發展的瓶頸因素之一。

華盛頓公約的限制

《華盛頓公約》（以下簡稱華約），全名是《瀕臨絕種野生動植物國際貿易公約（Convention on International Trade in Endangered Species of Wild Fauna and Flora）》，俗稱「華約」，是因為該公約於1973年（民國62年）在美國首府華盛頓所簽署，1975年（民國64年）正式生效。至1995年（民國84年）共有128個締約國。華約的精神在於管制，而非完全禁止野生物植物的國際貿易，採用物種分級與許可證的方式，以達成野生動植物市場的永續利用性。

山家弘士發表〈滿沾汙恥：蘭花世界的「聖杯」〉一文，描述一朵超大型的紅色系列拖鞋蘭（今稱仙履蘭）的被發現後，發生學者之間的彼此崢嶸、鉤心鬥角之實例，以及貪婪的業者如何蹂躪原產地之情景，令華盛頓公約組織甚為無奈。[7]其實這種例子屢見不鮮，若無政府出面強加管制，僅憑蘭業自律，甚難奏效。

日本於1980年（民國69年）始加入華盛頓公約，當時蘭科植物有7屬9種受到管制，不得採集、買賣，因此台灣蘭花業者擁有的這些管制屬種將無法輸入日本，即使是從東南亞進口的也在禁制之列，因此，合法輸入日本的蘭花就必須向主管機關申請核發輸出許可證（CITES）。[8]台灣雖非華盛頓公約會員國，惟為維護我廠商貿易權益，仍配合遵循執行公約規範，1987年（民國76年）蘭花出口受CITES管制，尤其是當時台灣正在流行的拖鞋蘭滯銷嚴重。

蘭業的畸形發展

在蘭業興起的時代，巧遇台灣金錢遊戲的障礙。由於經濟蓬勃發展，民間游資泛濫，一般民眾為求一夜致富，便風行起「大家樂」各種地下經濟活動；1980年代（民國70年代）中期，當時無論士農工商、販夫走卒，甚至企業家、政治人物、公務人員皆投入簽賭。1987年（民國76年），台灣省政府停辦愛國獎券，使大家樂漸漸演變為六合彩。

1987年（民國76年）徐相明為文〈我們都是大家樂的受害者〉

---

7 山家弘士原著、劉黃崇德譯，〈滿沾汙恥：蘭花世界的「聖杯」〉，《蘭藝生活》，11（高雄市，2005.11）：38-43。

8 Brian S. Rittersausen原著，顧敏勝譯，〈如何適應華盛頓條約，保護自然運動，日本限制蘭花輸入的背景〉（譯自New Orhids No.12），《中華蘭藝》，9.1（臺北，1986.01）：51-66。

說：或許是台灣人游資過剩、投資無門，或許是一夜致富故事頻傳，民眾一一仿效，興起「大家樂」的金錢遊戲，竟連家庭主婦也涉足期間，影響所及，蘭花市場更顯蕭條，不論是趣味者、一般消費者以及玩賞蘭花者均轉投資「大家樂」去也。[9]

受到金錢遊戲風氣的影響，也波及到蘭藝事業，張馨（1987年，民國76年）指出：傳統的文人雅士為了賞蘭而養蘭，蘭花業者則是為了獲獎而參展，獎牌的背後象徵著行銷的順遂，財源滾滾的前提，因此為了獲獎而育種養蘭，疏通人脈，甚至威嚇利誘以達獲獎目的，然而，給獎有錯嗎？還是給獎的方式錯了？恐是參展者心態的問題。[10]王清烈（1987年，民國76年）也指出，1977-1979年（民國66-68年）期間，台灣的國蘭在有心人士的操縱與哄抬之下，竟然喊價100萬元，等同一棟中壢二樓透天厝。[11]周武吉（1992年，民國81年）認為有些現象破壞了蘭藝的高尚形象：例如培養蘭花的技巧為了得獎，蘭展的獎品都是一些日用品器具，談起蘭花以價錢多寡衡量其價值，蘭展的成敗以提供的獎金、獎品、參展花的盆數衡量。[12]在蘭業興起的時代，高尚的蘭藝事業淪為喜歡金錢遊戲人士的操弄工具，是為蘭業畸形發展的典型範例。

此外，在蘭藝轉型為蘭業的過渡時期，缺乏正確的發展模式，也是造成蘭業畸形發展的重要因素。誠如朱欽昌（1987年，民國76年）所言：台灣的蝴蝶蘭事業多屬趣味栽培者，缺乏企業經營理念，一味追求新奇品種，缺乏市場潛力品系，投資龐大必須拓展外銷，外銷需有整體策略，單打獨鬥成效有限。[13]陳耀基（1987年，

[9] 徐相明，〈我們都是大家樂的受害者〉，《洋蘭月刊》，15（嘉義市，1987.09）：24-25。

[10] 張馨，〈蘭花生長氮磷鉀、蘭展成功金銀銅：別讓獎牌的銅臭味銹蝕了蘭藝的芬芳〉，《洋蘭月刊》，9（嘉義市，1987.03）：20-21。

[11] 王清烈，〈蘭海十年浮沉錄〉，《洋蘭月刊》，7（嘉義市，1987.01）：2 6-28。

[12] 周武吉，〈不要讓蘭花笑我們俗〉，《蘭花世界》，172（臺北市，1992.10）：10。

[13] 朱欽昌，〈重振臺灣的蝴蝶蘭事業〉，《洋蘭月刊》，7（嘉義市，1987.01）：21。

民國76年）認為蘭業要轉型，須從屋頂式蘭園走向農場式蘭園，從游擊隊走向正規軍；欲走入國際化，產品必須標準化、規格化；蘭業必須建立分工制度，播種育苗、小苗中苗、大苗催花、行銷推廣各發揮所長；組織蘭農協會，與趣味栽培者分野，中華蘭協必須蛻變，經歷蛻變的痛苦，方有成長的喜悅。[14]徐相明（1988年，民國77年）也點出蘭業的諸多缺失，包含：沒有打好國內基礎，沒有聯合經營，太偏重蝴蝶蘭與嘉德麗雅蘭，不肯接受新觀念。[15]過去蘭友過於追求品種花，喜歡好花交配好花，沒有積極尋找廉價植材。[16]羅宗仁（1990年，民國79年）也指出：台灣蘭業已從副業式的小規模經營模式，走入專業化、企業化的大規模農場經營模式，卻因為缺乏長期性的規劃、組織性的推廣與行銷，導致台灣蘭農雖然擁有優勢的品種，卻因為外銷無門、內銷市窄，業者殺價求售。[17]不可否認的事實，蘭藝轉型為蘭業的過渡時期，確實許多配套措施並沒有到位，但是這些配套措施全然推給蘭業，似乎有欠公允。

蘭花既然要走入產業化、企業化、國際化，就不能再停留在家庭副業的層面思考，甚至必須大投資、大生產、找通路、善管理，而且有許多配套措施需要跟進，尤其需要產官學界的協助，這些期待自然不可能一蹴可幾，然而關心蘭業者頻頻釋出善言。陳耀基（1986年，民國75年）就指出：台灣蘭界缺乏有系統、有組織的產銷與輔導機構，業者未做市場調查，盲目雜交與生產，造成供需失衡。[18]又說：台灣蘭花栽培面積不斷地擴增，但國際市場尚未暢通

---

[14] 陳耀基，〈蛻變的痛苦與成長的喜悅：論蛻變中的臺灣蘭界及未來應發展的方針〉，《洋蘭月刊》，9（嘉義市，1987.03）：42-45。

[15] 徐相明，〈該是坐下來檢討的時候了〉，《洋蘭月刊》，22（嘉義市，1988.04）：84-86。

[16] 徐相明，〈如何從失敗中站起來〉，《洋蘭月刊》，24（嘉義市，1988.06）：72-74。

[17] 羅宗仁，〈臺灣的蘭業發展與蘭農經濟（一）〉，《中華蘭藝》，13.4（臺北，1990.07）：117-122。

[18] 陳耀基，〈序〉，《洋蘭月刊》，創刊版（嘉義市，1986.06）：4。

之際，自稱蘭花王國恐受之有愧，尤其是部分出口商賤價收購、魚目混珠，破壞了MIT的形象，此外，業界一窩蜂現象瞎炒商品，忽漲忽跌，導致市場混亂，嚇走了一般消費者。[19]羅宗仁（1990年，民國79年）也認為：台灣一般蘭花業者種植的蘭屬，以蝴蝶蘭、嘉德麗雅蘭、石斛蘭、文心蘭、蕙蘭為大宗，就其栽培史的歷程來看，都有其興與衰的一面，若要步入產業化、國際化，都應個別考量各蘭屬之特性，從市場調查與評估、選種、育種、栽培、品管、企管、行銷、危機管理、商業倫理等方面，做全面性的考量。[20]Albert CHU（1992年，民國81年）則認為蘭友太偏重或太不重視固定品種，太偏重比賽花，不重視品種，沒有突破創新的理念，很不重視學術研究地位。[21]

不論是專家學者或是業者，都相當的有心建議，因為要進入蘭業時代是必須高額的投資，錯一步路有可能血本無歸，在缺乏經驗的情況之下，人人自危，為求自保，導致各憑本事、各行其是，因此專家學者或是業者求好心切，紛紛下重話，期待蘭業扭轉畸形的發展局面。

對蘭展的過度期待

打籃球不一定要參加比賽，若要參加比賽，是想要進入另一個打球的層次；種植蘭花也是如此，參加蘭展者猶如參加籃球比賽一般，有人志在參加，有人全力以赴，還有人志在必得。傅振東（1982年，民國71年）認為：我們的蘭展的模式過於狹隘，大家僅重視蘭花的本身，忽略了欣賞花的情境與意境，也忽略了蘭花在生

---

[19] 陳耀基，〈臺灣目前蘭花事業：紙老虎（一）〉，《洋蘭月刊》，3（嘉義市，1986.09）：32-34。

[20] 羅宗仁，〈臺灣的蘭業發展與蘭農經濟（一）〉，《中華蘭藝》，13.4（臺北，1990.07）：117-122。

[21] Albert CHU，〈談提振蘭藝之淺見〉，《蘭花世界》，172（臺北市，1992.10）：28。

活上的創意與應用，例如展覽會配合以蘭花為主的插花演示，以蘭花為主的造園造景之設計藝術，搭配蘭花主題的藝文活動，在展場空間方面，可以在燈光調控上、音樂搭配上、草花盆景的陪襯上，做一些提升藝術氣息的設計，此外，參展對象除了個人名義之外，是否也增加以各地方蘭會組織團體參與，或以蘭園、花店名義參與，增加可看性。[22]

由於蘭展沒有一定的模式，評審也沒有像國際籃球規則一樣，有一套全世界認同的標準，以致蘭花評審各行其是，經常檢討翻修。劉黃崇德（1982年，民國71年）曾仿效泰國的制度，在中華蘭協嘉義市支會嘗試性的舉辦一次別開生面的蘭展，便是實施分類分組的評選方式。[23]徐相明（1988年，民國77年）則發現，有蘭友一株花四處得獎、年年得獎，謂之老花，一位蘭友辛苦栽培出一株新花，往往無法與老花比擬，得不到鼓勵，所以建議老花與新花可以分開評審。[24]更有甚者，在1992年（民國81年）第六屆國際蝴蝶蘭特展發生參展作品被偷事件。[25]台大蘭園（1992年，民國81年）也曾為年輕學子舉辦青年杯春季蘭花競賽，希望鼓勵年輕人從事蘭業，以免斷層。[26]

依據周武吉1993年（民國82年）的統計，全台灣每年大大小小蘭展不下百場，4、5年前的興盛期更達200場次，有些蘭友專養「比賽花」，南北作秀，到處打游擊，抱著獎品就走，甚至以參展為業，卻置身於蘭界組織之外，不願服務，也不加入會員和繳費，以至於有參展需加入會員的聲浪。[27]如此的蘭界風氣，讓蘭業陷入

---

22 傅振東，〈對蘭展的我見〉，《中華蘭藝》，5.2（臺北，1982.03）：136-137。

23 崇德，〈分類分組評審的檢討〉，《中華蘭藝》，5.6（臺北，1982.11）：478-482。

24 徐相明，〈蘭展：蘭界發展的雙行道〉，《洋蘭月刊》，20（嘉義市，1988.02）：91-92。

25 編輯部，〈第六屆國際蝴蝶蘭特展〉，《蘭花世界》，166（臺北，1992.04）：10-11。

26 本社，〈青年杯春季蘭花競賽〉，《蘭花世界》，163（臺北市，1992.01）：24-25。

27 周武吉，〈您有資格參加蘭展嗎？〉，《蘭花世界》，180（臺北市，1993.06）：10-

瓶頸，無法突破，劉黃崇德於2007年（民國96年）為這段歷史作了深刻的檢討，他指出：近代的台灣蘭藝蘭展文化，確實曾經有過步入歧途，迷失了方向，愈陷愈深的日子，白白浪費了好多青春歲月。記得昔日舉辦蘭展，授獎是象徵性的獎牌與獎品，榮譽感重於物質品，大不了貼上薄金片叫金牌，後來愈演愈烈，競相鼓吹，什麼金牌幾兩為號召，給獎內容改變成相當有吸引力的電視、冰箱或機車等不一而足，因為那時代背景不同，真的很有誘惑力；花費金錢，鼓動參展，並不是什麼壞事，但是人們的私慾作祟，產生的副作用，就是開始有了整容、摘芽、摘花蕾等手段，想盡辦法得大獎，營商獲利而沾沾自喜，更甚者，結夥包庇，控制審評結果，這才是致命的演化，這種現象可以說，就是「蘭藝文化的墮落」。[28]

此時此刻，辦蘭展被許多蘭友視為行銷的手段，這也是傳統業者獲半職業蘭友的重要的行銷場合，說穿了，過多的蘭展就如同製造臨時的花市，若一般民眾的市場無法打開，再多的蘭展恐也枉然。不擇手段參展獲獎，就如同將蘭花視為金錢遊戲的工具，那麼蘭花的欣賞價值必然蕩然無存。

忽視登錄與專利權

在全省蘭協時代大多數的蘭友，對品種登錄的作業既不熟悉，也趨冷淡，《台灣蘭藝》多次翻譯外文宣導，尤其是〈對業餘蘭花育種者的忠告〉一文的提醒。[29]1982年（民國71年）吳昭回為文呼籲，在〈交配家，請幫忙登錄一下〉文中指出：近5、6年來台灣的蝴蝶蘭雜交育種有萬種之譜，但登錄在Sander's List者甚少，起因

13。

28 劉黃崇德，〈濫觴物語：蘭藝文化墮落的檢討〉，《生活蘭藝》，21（臺南市，2007.11）：31。

29 AOS Bull原載，本刊譯，〈對業餘蘭花育種者的忠告〉，《臺灣蘭藝》，16.3（臺北市，1977.05）：200-202。

於許多玩家或初學者，基於好玩或好奇的心態，投入育種的行列，期待奇蹟出現，然而絕大多數是令人失望的結果，於是流入市面，不但沒有做登錄程序，任意取名，甚至再次做多層次的雜交，如此惡性循環，不但亂了蘭花育種的倫理，也混淆了對蘭花基因的了解，這對台灣蘭花的國際信譽打擊甚大，因此呼籲蘭友務必依照蘭藝的遊戲規則走，切勿以自我為中心，只顧玩自己喜歡的，不顧整體的利害關係。[30]可見在蘭業興起時期，許多蘭友依然忽視登錄制度的作業。

有關蘭花專利權的知識，擁有法律背景的陳信平於1980年（民國69年）曾在《中華蘭藝》舉美國的例子，呼籲國人應有專利權的觀念，他說：在美國植物（包含蘭花）可以申請專利，以保障其專利權：任何人發明或發現，並且以無性繁殖法繁殖出任何特殊而嶄新的植物品系，包括可培養的變異種、雜交種或新發現之株苗。台灣蘭業的發展已有一定的程度，為了防範可能發生的品系混淆，業者間惡性競爭的困擾，應當未雨綢繆、防患未然。尤其是蘭花產業化、企業化時，若要行銷到某國家，最好能申請該國的專利權，「合法壟斷」市場，獲得智慧財產的利益，並避免他人仿冒。[31]

果然，在台灣發生了一個轟動蘭界的專利權例子——「黃帝事件」。此事件首先於1987年（民國76年）在《洋蘭月刊》曝光，文中略以：1978年（民國67年）台灣蝴蝶蘭跌到谷底之際，台南長川蘭園張玉本的一株純黃色蝴蝶蘭以300萬元賣給斗六樹義蘭園主人郭樹立，這可能創下世界蘭花史單品最高紀錄，取名「黃帝」的蘭株頓時轟動全台，經由新主人的悉心照料，於1983年（民國72年）

---

[30] 吳昭回，〈交配家，請幫忙登錄一下〉，《中華蘭藝》，5.5（臺北，1982.09）：415-416。

[31] 陳信平，〈由專利蘭花—*Blc.* Men. Helen Brown 'Sweet Afton'談蘭花專利〉，《中華蘭藝》，3.2（臺北市，1980.03）：139-140。陳信平，〈再談蘭花專利及*Blc.* Ports of Paradise 'Gleneyries Green Giant'/AOS之專利資料〉，《中華蘭藝》，3.5（臺北市，1980.09）：413-415。

獲AOS之FCC獎，並在美國獲專利，也向經濟部中央標準局申請商標註冊，共生產分生苗3500株，每株以1萬元出售，卻被人仿冒在市面上以300元就可購得。[32]

之後，劉黃崇德（1987年，民國76年）以〈鮮為人知的小故事：記「黃帝」的另一段情〉一文，刊登於《洋蘭月刊》，[33]其詳情如下一段的訪談稿：

> 有一次我為嘉義桌球球友主辦了搭遊覽車出外旅行，途經斗六一位經營同興食品工廠的蘭友，我臨時起意，要求司機停車，全體球友到他樓上的蘭園參觀，團員中也有幾位是蘭友，好巧不巧他正好有一株蝴蝶蘭開出黃色花，相當的美，我隨即取出蘭會提供給我的相機拍了一張幻燈片，我問此花的來源，他說是美國進口的，實生苗有二株，他買其中一株，另一株也是台灣蘭友買走，我曾想向他買，但他惜售，因為查遍所有資料，世上從來沒見過這種顏色的蝴蝶蘭，它是個突變品種，之後這株花在蘭友間傳了開來，引發爭相購買之風潮，然而他的經濟狀況甚佳，並無轉賣的打算，過沒多久，在夏天發現有爛心敗根軟腐病現象，引發他的恐慌，自己又無法控制病情，遂放風聲欲脫手賣出，有一位住在麻豆的成功大學退休的教授有意要買，但未曾親眼看到花的顏色，所以只問價錢，卻不敢下手而作罷，一次在斗六華南銀行的月例欣賞會的場合，我將這一張黃花的幻燈片順道拿去送給花主，很巧的，這位教授也在場，擔任斗六蘭會的會長也在場見證，遂現場成交，好像是3-5萬元之間，買主開了支票後，隨即提回家，因為已知得病，乃將大成粉大把

32　採訪組，〈黃帝賣身契大公開〉，《洋蘭月刊》，12（嘉義市，1987.06）：19-24。

33　劉黃崇德，〈鮮為人知的小故事：記「黃帝」的另一段情〉，《洋蘭月刊》，13（嘉義市，1987.07）：37。

> 的灑入根部殺菌，結果被他救活了，並每年發新芽繁殖了十幾株，斗六有一位泰國籍的郭樹立，他是中學老師，在台灣娶妻，其妻的兄弟都是在美國的企業家，有意全數收購這株黃色蝴蝶蘭，當時尚無組織分生的時代，但有一種技術，在花梗上的生長點點藥刺激發芽，郭樹立與教授接洽，成交價300萬元，開數張支票一年內付清，經過培養後送到美國參加評審獲得FCC最高榮譽獎，蝴蝶蘭在美國要獲得FCC是非常罕見的，90分以上最高等級的獎項，80-89為AM級，75-79分為HCC，此花取名黃帝（Goden Emperor），當時郭樹立已退休，在斗六很勤奮的點藥繁殖，他和小舅子們合股買的，雖花300萬元資本，自此已經翻本並回收利潤了，我也曾到斗六向他買苗轉售日本指定訂貨者，而且他每次售出的花都有他親筆簽署的泰文證明才是真貨，300萬元的支票我親眼見過，此花有申請專利權，之後專利權轉售給台大蘭園。（訪談稿，20150301b）

緊接著，徐相明（1987年，民國78年）為文〈「黃帝」給我們的省思〉，呼籲我國應該重視植物專利法的時候了，人們的心態還是以購得仿冒的廉價品為樂，商業道德與企業良知蕩然無存。[34] 台灣曾在1989年（民國78年）被列入特別301優先觀察國家名單，「盜版王國」的汙名，使台灣的國際形象遭受重創。[35]這種歪風也吹入了蘭業。由於蘭友忽視登錄制度與專利權制度，導致蘭業產生諸多亂象，也是蘭業發展的瓶頸。

---

[34] 徐相明，〈「黃帝」給我們的省思〉，《洋蘭月刊》，14（嘉義市，1987.08）：22-23。

[35] 美國對不遵守雙邊智慧財產保護協定，盜版情形嚴重的國家，分優先指定觀察、優先觀察、一般觀察和特別陳述四種等級，並採取報復措施。

蘭心紀事

台灣經濟起飛，步入亞洲四小龍之列，也被譽為經濟奇蹟，這是蘭業發展的契機，卻因為卡上諸多個瓶頸，導致蘭業之發展並不順遂。這些瓶頸有組織分生的革命、華盛頓公約的限制、蘭業的畸形發展、蘭友對蘭展的過度期待、以及蘭友忽視登錄與專利權的問題；當然，瓶頸不是無法改善或無法突破的，不論是蘭藝或蘭業者，只要有心學習新觀念、新方法，遵循倫理道德規範，玩蘭花也好，從事蘭業也行，都必須按照遊戲規則來走，相信仍可突破難關。

第二章　蘭業時代的自立自強

在蘭業興起的年代，雖然遇上諸多的瓶頸，趣味者仍然玩他們想玩的，不致受到太大的影響，對蘭花業者而言，仍然需要面對這些瓶頸，不會因為橫在眼前的瓶頸而視若無睹。其中，中華蘭藝協會的作為、蘭業時代的主要期刊、企業化蘭園嶄露頭角、產官學界關心蘭業這四者的表現，對蘭業興起的年代，多少起了一些積極的作用。

中華蘭藝協會的作為

在全省蘭協時期，台灣的國際局勢陷入低潮，為了提高台灣在國際上的能見度，採取實質外交政策，鼓勵不具官方色彩的民間團體組織，以「中華民國」的名義參與國民外交，1979年（民國68年）政府開放民眾出國觀光，是落實這項政策的措施之一。

1977年（民國66年），時任台灣省蘭藝協會理事長的張耀海，配合政府的政策，將協會由「台灣省蘭藝協會」改選更名「中華民國蘭藝協會」（簡稱中華蘭協），由張耀海續任理事長。張耀海於〈創刊獻言〉明確指出：期待將中華民國蘭藝界走向國際。[1]整體的會務運作仍依循台灣省蘭藝協會的模式，包含定期發行的期刊《台灣蘭藝》更名為《中華蘭藝》，春、秋二季的全國蘭花展，評審制度，全省各地分會每月有固定日期地點辦蘭花欣賞會，會員約有一千多名。

1988年（民國77年），中華蘭協全面改選，張建邦榮膺第四屆理事長，張耀海被聘為永久榮譽理事長。[2]當年，蘭花世界雜誌

---

[1] 張耀海，〈創刊獻言〉，《中華蘭藝》，1.1（臺北市，1978.01）：2。

[2] 編輯室，〈中華蘭協順利完成全面改選：張建邦榮膺第四屆理事長〉，《洋蘭月刊》，26（嘉義市，1988.08）：68-80。

社為文〈籲請中華蘭協領導全國蘭界開辦國際性蘭展〉，帶動蘭業欣榮，打開銷路；[3]1990年（民國79年）中華蘭協於台北士林園藝所舉辦中華國際蘭展，[4]雖然僅有零星國際蘭友參與，卻已經踏出了國際化步伐。不容諱言的，蘭業國際化、舉辦國際蘭展這些蘭友的期待，僅憑中華蘭協之力恐力有未逮。張馨指出：需要發揮組織功能，團結才是力量，[5]這「組織」指的除了民間蘭藝團體之外，政府機構、駐外單位、企業組織皆須團結合作方是。

中華蘭協於1992年（民國81年）解散，完成歷史性的階段性任務，其成敗自有蘭友論斷。持平而論，斯時的政經時局與蘭業瓶頸，的確非中華蘭協所能駕馭，他雖然能夠延續全台蘭協的格局與業績，然而終究無法突破時局的變化而走入歷史。

蘭業興起時代的期刊

從國家圖書館期刊文獻資訊網檢索到的蘭花專業期刊，剔除2種未標示年代者，依首刊出版年代順序整理有下列15種，[6]在蘭業興起的時代（1978-1997年）首刊的就有8種之多，足見蘭業時代許多有心人力圖發展，但是，各方蘭友與讀者對刊物內容的期待不一，訂閱者不穩定的情況下，欲維持一種期刊的正常發行仍有一定的難度的。

《台灣蘭藝》（台北市：台灣省蘭藝協會，1962-1977）。

《蘭友月刊雜誌》（台北市：蘭友雜誌社，1972-）。

《中華民國國蘭協會會刊雜誌》（台北市：中華民國國蘭協會，1976-）。

---

[3] 本社，〈籲請中華蘭協領導全國蘭界開辦國際性蘭展〉，《蘭花世界》，128（臺北市，1988.12）：12-15。

[4] 張建邦，〈感謝與期許〉，《中華蘭藝》，13.3（臺北，1990.05）：1-2。

[5] 張馨，〈徘徊於十字路口的蝴蝶蘭〉，《洋蘭月刊》，18（嘉義市，1987.12）：57-59。

[6] 國家圖書館期刊文獻資訊網。http://readopac3.ncl.edu.tw/nclJournal/search。

《中華蘭藝》（台北市：中華民國蘭藝協會，1978-1991）。

《蘭花世界》（台北縣：蘭花世界雜誌社，1978-）。

《中國蘭雜誌》（台北市：中國蘭雜誌社，1981-2000）。

《國蘭天地》（台北市：國蘭天地雜誌社，1984-2012）。

《台北蘭藝》（台北市：中華民國蘭藝協會台北市分會，1985-）。

《洋蘭月刊》（嘉義市：洋蘭月刊雜誌社，1986-1989）。

《新蘭藝》（台北市：新蘭藝雜誌社，1987-1989）。

《中華蘭學》（台北市：中華蘭學出版社，1987-）。

《蘭藝生活》（台南縣學甲鎮：蘭藝生活出版社股份有限公司，2004-）。

《生活蘭藝》（台南縣學甲鎮：遠博文化事業股份有限公司，2006-2011）。

《台灣蘭花》（彰化縣大村鄉：台灣蘭花育種者協會，2011-）。

《台灣蘭訊》（台南市：台灣蘭花產銷發展協會，2012-）。

依據陳耀基（1987年，民國76年）指出，現階段的蘭花專業期刊已有5種之多，分別是《中華蘭藝》（雙月刊）、《蘭花世界》（月刊）、《洋蘭月刊》、《台北蘭藝》（季刊）、日本中文版《New Orchids》（雙月刊）。[7]茲以劉黃崇德在蘭業時代收藏的《中華蘭藝》、《蘭花世界》、《洋蘭月刊》3種蘭花專業期刊作介紹，其中《中華蘭藝》和《洋蘭月刊》2種期刊劉黃崇德收藏完整，他也經常在此2種期刊發表文章：

---

[7] 陳耀基，〈蛻變的痛苦與成長的喜悅：論蛻變中的臺灣蘭界及未來應發展的方針〉，《洋蘭月刊》，9（嘉義市，1987.03）：42-45。

表二：《中華蘭藝》、《蘭花世界》、《洋蘭月刊》3種蘭花專業期刊性質比較表

蘭花專業期刊	《中華蘭藝》	《蘭花世界》	《洋蘭月刊》
創刊年月	1978年（民國67年）1月	1975年（民國64年）4月。原刊名為《蘭花界》，於1978年（民67年）4月改刊名。	1986年（民國75年）6月
停刊年月	1992年（民國81年）12月	2011年（民國100年）國家圖書館收藏至361期	1989年（民國78年）9月
創刊者	中華民國蘭藝協會，台北市	社長：周武吉（蘭花世界雜誌社），台北市	發行人：陳耀基（洋蘭月刊雜誌社），嘉義市
每年期數	雙月刊	月刊	月刊
卷期（冊數，頁數）	1.1-15.5（89冊），每冊平均81.4頁。	以107-189期（1987年1月-1993年11月）計算，共83冊。107-149期每冊93.8頁；150-189期每冊平均48.2頁。	創刊號，1-38（共39冊，每冊平均87.2頁）。
外觀	部分彩色印刷，長25公分，1986年（民國75年）開始全彩印刷	全彩印刷，長28公分	全彩印刷，長26公分
報導蘭花類型	洋蘭為主	國蘭、洋蘭綜合性刊物	洋蘭

就刊物的欄目來看，《中華蘭藝》延續《台灣蘭藝》的風格，主要的有：銘花彩色照片、協會授獎花、蘭花栽培心得或譯文、蘭界知識心得或譯文、各地蘭訊（蘭展、欣賞會預告、報導）、協會會訊、業者廣告等。

《蘭花世界》以107-189期（1987年1月-1993年11月）觀之，相對於《中華蘭藝》來說，比較偏屬適合大眾化閱讀，由於它沒有固定會員之服務，沒有會費的挹注，因此廣告頁較為活潑豐富，但它擁有蘭友三千多名，均列為蘭友俱樂部成員；就內容來看，除了一般都會有的蘭藝新知、銘花介紹、重要活動資訊的報導之外，還頗重視趣味者期待的蘭藝生活經驗、蘭藝心得分享之類的作品，同時也重視蘭花的生活應用與創意，例如禮品蘭花、景觀布置、花藝設計等。

《洋蘭月刊》方面雖然只有出刊短短3年，卻也不容忽視它在蘭界的影響力，屬性是學術性、技術性、趣味性和新聞性的蘭花專業雜誌；[8]該期刊的行銷主軸針對蘭花業者而來，重心鎖定當時台灣蘭業以洋蘭為主的情境，提供蘭業需求的知性內容，包含市場展望、專題研究報告、論著、學者建言、尖端科技、海外資訊、蘭藝新知、蘭展報導、育種探討、蘭界動向、栽培心得分享、品種介紹與評論、業者專訪等，當然也少不了多元豐富的廣告內容。

可見，蘭業時代的專業期刊走向多元發展的局面，有傾向趣味者的，也有傾向業者的，其編輯的內容會投蘭友讀者群之所好，但值得注意的是，專業期刊的維持出刊不易，偶爾出現延遲出刊、頁數銳減、品質不符期待之情事。整體而言，在專業知識與蘭界資訊方面，對不同性質的蘭友讀者仍有一定的貢獻。

企業化蘭園嶄露頭角

1980年代（民國70年代）台灣的企業化蘭園開始嶄露頭角，以下介紹進利蘭園、台大蘭園和台糖蘭園，以了解其初期發展的梗概。

1965年（民國54年）進利蘭園主人李進利還是個蘭花趣味者，他有計畫地收集銘花及優秀親本，1976年（民國65年）之後才將全部精力投入發展蘭花事業，經過十年光景，造就了亞洲第二大的進利蘭園，總面積達3.2公頃，僅次於日本堂ケ島洋蘭中心，李進利還規畫於1989年（民國78年）達10公頃，躍居亞洲第一。目前（1986年，民國75年）以嘉德麗雅蘭、萬代蘭、喜姆比亞蘭和蝴蝶蘭為主力，利用高冷地栽培調節花期，紓解市場的淡旺季並將盆花型態轉型為切花型態，80%外銷，20%內銷，因此需要在育種與選

8　陳耀基，〈序〉，《洋蘭月刊》，創刊版（嘉義市，1986.06）：4。

種上、切花與盆花的栽培管理上下功夫。[9]

劉黃崇德和李進利是多年的好友，二人之間有著非比尋常的關係，劉黃崇德說：

> 當年他為了走入蘭花產業，賣掉自己市區的房子，在我家後方買新房，以便就近到我的蘭園學習，可以說是我的徒弟。以進利蘭園和我做比較，走的路線不同，二者之間沒有好壞或對錯，只要根據自己的理想努力突破困境，都有出頭天的機會，阿利仔因為不擅長蘭花品種專業和蘭藝產業，但對於投資與生產他很有一套，而且衝力十足，專朝大場面走，賭注相對也高，我則比較保守，採穩紮穩打的守勢，他曾賺過大錢，也虧過大筆投資，而我沒有大額資本，也不敢借貸。（訪談稿，20150228b）

台大蘭園由擁有中興大學植物研究所碩士的賴本智開啟，創立於1981年（民國70年），最初由3名員工栽培面積50坪開始，6年後擴增到3萬平方公尺（約3公頃），年產瓶苗2萬5千瓶，組織培養苗100萬苗，蝴蝶蘭切花20萬支。[10]

賴本智是賴玉婉的四叔，她談及自己所了解的台大蘭園，她說：

> 我念國中時家裡開始種花，從四叔開始，他畢業後就投入，祖父和父親也跟著轉型投入，三叔返國也加入，利用原有的養鵝場、葡萄園大片的土地轉型，我大學聯考之後就到台中太原花市幫忙賣花，以嘉德麗雅交配品種為主，之後到台中

[9] 編輯室，〈亞洲三大蘭園之一：進利蘭園〉，《洋蘭月刊》，2（嘉義市，1986.08）：10-12。

[10] 台大蘭園，〈臺灣蘭業的展望及目標〉，《蘭花世界》，117（臺北市，1988.01）：47-48。

> 文化中心開始賣組織分生的蝴蝶蘭；之後叔叔買了「黃帝」的專利權；在文化中心設攤之後期才有Happy Valentine（快樂情人禮物）的紅色大朵蝴蝶蘭，當時我約26-27歲，蝴蝶蘭種在溫室，開花的每株可賣600-800元，因為這時還是以播種為主，量少價錢好；叔叔以播種開始，此時已有組織分生技術引進，但台灣技術未成熟，尚未普及，有人從日本引進的組織分生苗，品種和品質穩定，較本土的播種品質穩定，消費者較喜歡。（訪談稿，20150302）

1987年（民國76年），賴本智榮獲第十屆創業青年楷模；[11]1989年（民國78年），台大蘭園走向複合式經營模式，創立台大觀光蘭園，包含展示溫室、會議室、中式速食、庭園咖啡，入園門票抵消費的經營模式。[12]

台糖公司創立於1946年（民國35年），是一個具有60年歷史的國營企業。Taisuco蝴蝶蘭是台糖公司精緻農業事業部的主要產品之一。台糖公司擁有自己的研究所、育種和繁殖中心。從1987年（民國76年）台糖公司開始發展蝴蝶蘭事業以來，已經推出許多在名字中帶著Taisuco的蝴蝶蘭品種，現在這些品種在全世界普遍被用作育種材料。台糖公司擁有110,000平方公尺（約11公頃）由電腦控制環境的現代化溫室，每年生產數百萬健康成熟的高品質蝴蝶蘭苗，其中90%外銷到日本、加拿大、美國和歐洲各國做為盆花催花之用。台糖公司已在加拿大和美國各投資一蝴蝶蘭盆花生產基地。[13]1987年（民國76年）第12屆東京世界蘭展之後，引發日本企

---

[11] 採訪組，〈台大蘭園的碩士園丁：賴本智先生榮獲第十屆創業青年楷模〉，《洋蘭月刊》，19（嘉義市，1988.01）：10-13。

[12] 本社，〈台大觀光蘭園盛大開幕報導〉，《蘭花世界》，134（臺北市，1989.06）：59。

[13] Taisuco 蝴蝶蘭網頁。http://www.taisuco.com/orchids。

業界對蘭花產業的重視，加以台糖蝴蝶蘭超級計畫曝光後，日本企業朝向台糖看齊。[14]

當然，在台灣蘭業興起的年代，走向企業化蘭園這並不是只有這三家，擁有超過3000坪（約1公頃）以上溫室的蘭園當有十幾家之多，但這其中有些起起浮浮，不甚穩定，顯示以台灣的蘭業條件來看，欲走向企業化蘭園，並非資本充足就會成功，其間尚需其他的條件搭配，方能奏效。

產官學界關心蘭業

台灣蘭業的興起導因於蘭友的興趣與努力，從蘭藝走向蘭業，幾乎都是蘭友孤軍奮戰的局面，如果譏笑蘭友喜愛單打獨鬥或是不團結，那是非常不公道的汙衊。試看人家泰國的蘭花事業是如何崛起的，我們的產官學界使了多少的力量在蘭界呢？能夠找到的產官學界投入蘭業的史料或文獻，實在屈指可數。

1969年（民國58年）台灣省農林廳邀請學者專家，舉辦商討如何輔導本省花卉事業座談會，與會學者代表台灣大學的杜賡甡教授指出，國際洋蘭市場低迷，加上栽培蘭花需要較多設備，只適合做副業；會議結論仍將蘭花列入有希望外銷的花種之一，但建議須從育種改良開始。[15]也就是說，從學者的角度，不看好蘭花有外銷的機會，只適合做副業，不適合拿來當正職。這是全台蘭協時代的觀點，也是官方將蘭業列入評估是否輔導的選項。

1988年（民國77年），由行政院農委會輔導，台灣省農林廳和台東區農業改良場共同主辦「蘭花生產改進研討會」，發表了育

[14] 編輯室，〈臺灣應如何因應日本洋蘭界的大變局〉，《洋蘭月刊》，28（嘉義市，1988.10）：76-79。

[15] 資料室，〈臺灣省農林廳為商討如何輔導本省花卉事業座談會紀錄〉，《臺灣蘭藝》，8.1（臺北市，1969.01）：32-36。

種和栽培相關研究成果。[16]可見，學者專家比較擅長的研究工作偏重在育種和栽培的技術層次。《洋蘭月刊》的創刊人陳耀基就比較重視行銷的通路，他認為投入蘭業者已經大幅增加，卻苦無行銷管道，大家期待外銷，卻缺乏配套措施。[17]

由台灣省台南區農業改良場執行調查，列入外貿協會市場調查報告的資料指出，1989年（民國78年）台灣蘭花業者家數及栽種面積統計彙整如下：

表三：1989年（民國78年）台灣蘭花業者家數及栽種面積簡表

栽種地區	栽種家數	栽種面積（坪）
新竹以北	42（14.7%）	13008（13.2%）
台中以南	213（74.5%）	81565（82.9%）
東部地區	31（10.8%）	3820（3.9%）
合計	286（100%）	98393（100%）

這286家包含業餘與職業戶，雖非精確調查數據，卻也獲知大致分布，受到地理環境影響，偏重在中南部一帶，其中，栽種面積在100坪以下者高達84.1%，達1000-2000坪者9.4%（27家），3000坪以上者只占4.2%（12家）；就蘭花的屬類方面，能提供蝴蝶蘭者有75%，能提供嘉德麗雅蘭者有57%，能提供秋石斛蘭者有50%，能提供喜姆比蘭者有1.3%，能提供萬代蘭者有8.7%，能提供文心蘭者有6.6%，能提供其他蘭屬者有38%，但這些屬類，只有超過千坪以上的業者生產大眾消費的蘭花，其餘都屬於觀賞性的蘭藝品種。至於蘭花切花出口金額方面，1982-1986年（民國71-75年）分別為：6.6萬、6.49萬、0.9萬、1.32萬、3.38萬美元，佔全台灣總

[16] 採訪組，〈蘭花生產改進研討會〉，《洋蘭月刊》，22（嘉義市，1988.04）：88-89。

[17] 陳耀基，〈巨變、懼變、拒變：走不出的蘭業困局〉，《洋蘭月刊》，15（嘉義市，1987.09）：44-49。

體花種切花出口金額0.3-3.5%不等，以重量計則均不及1%。[18]

1989年（民國78年），台灣省台南區農業改良場也調查日本蘭花市場，報告中詳細列出包含近年消費數量與消長比較、日本國內生長量成長分析、批發市場對蘭花切花消費之看法與展望、各類蘭花市場預測等。[19]此外，台灣省台南區農業改良場也收集了日本蘭花進口檢疫規定與章程，包含日本蘭花進口制度之規定，檢疫項目與流程、禁止項目、切花檢疫、進口關稅等。[20]這些基礎資料正是蘭業所需要的數據，作為投資與行銷重要的參考資料，不論是台灣省台南區農業改良場，或是外貿協會都已經在關心蘭業的這一領域。

1992年（民國81年），台灣省農林廳調查，全台蘭花栽培場已有480餘處，總面積達20萬坪之譜，為服務蘭友，於北中南東各成立一所「蘭花病毒檢測中心」，北部設在桃園改良場，中部在台大蘭園，南部在台南改良場，東部在台東改良場。[21]

在產業界也有關心蘭業的例子，1987年（民國76年）舉辦的第一屆國際蝴蝶蘭特展，在國產汽車藝展中心舉行，這項特展是由國產汽車、東方美蘭園、台北市蘭藝協會和諸多蘭友共同支持與合作，延聘40多個國家的蘭藝專業人士組成評審團，並設置「業者展區」，提供業者行銷產品。[22]1988年（民國77年）台灣第2屆國際蝴蝶蘭特展仍假台北國產藝展中心舉行，李定雄特別強調該特展訂有嚴謹的評審制度，並將該制度詳細公布刊載於《蘭花世

---

[18] 編輯室，〈日本進口蘭花分類及現況分析〉，《洋蘭月刊》，37（嘉義市，1989.07）：51-73。

[19] 編輯室，〈日本蘭花市場之展望〉，《洋蘭月刊》，38（嘉義市，1989.08）：65-71。

[20] 編輯室，〈日本蘭花進口檢疫規定與章程〉，《洋蘭月刊》，38（嘉義市，1989.08）：56-64。

[21] 編輯部，〈省農林廳成立蘭花檢定中心〉，《中華蘭藝》，15.2（臺北，1992.03）：57。

[22] 採訪組，〈第一屆國際蝴蝶蘭特展〉，《洋蘭月刊》，11（嘉義市，1987.05）：44-45。

界》。[23]1989年（民國78年）第三屆國際蝴蝶蘭特展移至台北華城鄉村俱樂部舉行，特邀二位日本專家參與評審，也邀請香港蘭有麥奮做專題演講。[24]1992年（民國81年）第六屆國際蝴蝶蘭特展在國產汽車北投陽明展示中心舉行，再度聘請美國夏威夷評審團參與。[25]1993年（民國82年）台灣第七屆國際蘭展是第六屆國際蝴蝶蘭特展的延伸，在士林園藝所舉行，再度聘請美國夏威夷評審團參與。[26]像國產汽車如此支持蘭業的大企業雖尚不多見，但卻可以引發其他企業支持的動機。

整體而言，在蘭業興起的時代，的確需要產官學界共同的支持，此時雖然乏善可陳，但已露出曙光，值得欣慰。

[23] 李定雄，〈1988年臺灣第2屆國際蝴蝶蘭特展〉，《蘭花世界》，122（臺北市，1988.06）：92-94。

[24] 本社，〈第三屆國際蝴蝶蘭特展〉，《蘭花世界》，132（臺北市，1989.04）：10-17。

[25] 編輯部，〈第六屆國際蝴蝶蘭特展〉，《蘭花世界》，166（臺北，1992.04）：10-11。

[26] 周武吉，〈臺灣第七屆國際蘭展報導〉，《蘭花世界》，178（臺北，1993.04）：14-15。

蘭心紀事

在蘭業興起的年代，雖然遇上諸多的瓶頸，趣味者仍然玩他們想玩的，不致受太大的影響，對蘭花業者而言，仍然需要面對這些瓶頸，不會因為擺在眼前的瓶頸而視若無睹。其中，中華蘭藝協會的作為、蘭業時代的主要期刊、企業化蘭園嶄露頭角、產官學界關心蘭業四者的表現，對蘭業興起的年代，多少起了一些積極的作用。例如中華蘭藝協會開辦國際蘭展，建立起舉辦國際蘭展之雛型；在專業期刊方面走向多元化的蘭藝文化，凸顯蘭藝與蘭業各自的特色，以及讀者有不同的期待與需求；至於大型蘭園在此時期紛紛崛起，確實造成台灣蘭界甚大的震撼，引發中小型蘭業的恐慌，然而欲走國際化路線，傳統經營模式的副業型態業者勢必需要轉型；值得欣慰的是，部分的產官學界已經開始關心蘭業的發展，逐步投入蘭業的調查、研究、贊助等，為下一階段的蘭業發展奠定了基礎。

第三章　劉黃崇德出國奮鬥

1960年代（民國50年代）後半段開始，台灣蘭業步入低潮，自然也波及到劉黃崇德的蘭藝事業，為了養家活口，所謂窮則變、變則通，他隨時在找機會突破難關。1970年代（民國60年）代初期起，不論是時勢造英雄，抑或是英雄造時勢，劉黃崇德走出國門奮鬥了二、三十年，從泰國開始，遍及東南亞蘭業先進國家，進而闖入日本、美國等蘭花高消費國家，改變了劉黃崇德蘭花事業侷限本島的劣勢。

踏出國門跑單幫

劉黃崇德第一次出國是在40歲（1973年，民國62年）的時候，台灣蘭藝協會組織一個東南亞考察團，他回憶當時還向別人借了錢湊足旅費的往事，他說：

> 我鼓起勇氣就報名參加，見識到國外的蘭花市場，也習得出國的程序與要領，刺激了我向國外發展的動力，也增加了自己的信心。我們東南亞走了一圈，藉此經驗我了解了出國手續、出

愛蘭園與香港大觀園蘭園合辦蘭展。

入關、搭機要領，之後我就有信心單槍匹馬至泰國。這旅行團是台灣蘭協組團的，成員都是蘭友，主要是參觀蘭園和考察蘭花市場，當然也順道觀光，當時台灣尚未開放觀光，有香港、泰國、新加坡、馬來西亞、印尼，約一周的時間，由當地的蘭友接待，雖然是走馬看花，卻體悟到出國的重要性。（訪談稿，20150228a）

緊接著，就單槍匹馬的到香港，做起跑單幫的生意。其實，到東南亞考察時曾經過香港，跟著團員購物回台轉售，還可以賺些許機票錢，有了此次經驗，發現有利可圖，於是試著跑跑看，劉黃崇德說：

跑香港那一陣子，是因為台灣的蘭花業不景氣，組織分生已推出，台灣的銷路停滯，從國外帶回的品種乏人問津，從台灣外銷國外之時機尚未成熟，所以我就改跑香港，擔任美思蘭園的顧問，因他需要建設新的蘭園，雖沒薪水，兼跑單幫的生意，當時淑景（劉黃崇德的外甥女）住香港，我可住她家，我有朋友幫她做保證人，她後來移居新加坡也是我找新加坡友人幫她做保的，這都是我的蘭友們的功勞，尤其是香港的吳志達對我照顧得無微不至，我住他家時，他的床讓我睡，自己去睡地板，他是我在香港辦花展認識的，跑單幫主要是拿大陸貨，帶回台灣很好賣，那可是用搶的，吳志達很識貨，帶我去玉市選購，丹丸類的中藥銷路也很好，很多港貨都算舶來品，我也到二手店買皮衣，跑了好幾年，當然經常需要和海關「魯」打稅事宜，但我不太喜歡過這種生活。（訪談稿，20150228a）

這對劉黃崇德的蘭藝事業並沒有直接的幫助，為了過生活也出於無奈，想做蘭藝事業又苦無資金，但這幾年出國的經驗，卻也增加了出國與人交易的經驗，奠定了遠赴泰國買賣的根基。

初生之犢、獨闖泰國

劉黃崇德從1954年（民國43年）正式步入蘭界，直到1977年（民國66年）長達24年的奮鬥，仍然住在違章建築的長榮街愛蘭園房舍，初期蘭價尚高，頗有利潤，但購買品種也需付出高額代價，四處奔波參與蘭會和蘭展，差旅費用也是一筆不小的開銷，加上7個孩子漸漸長大，教育經費更是捉襟見肘；然，後期蘭價已大不如前，試著轉換跑道到香港跑單幫，看似有點利潤，但須走海關免稅的漏洞，劉黃崇德總覺得並非長久之計；由於有了出國的經驗，遂想到將觸角延伸到國外，劉黃崇德回憶說：

> 入道3、4年之後，開始向人家購買泰國、夏威夷、美國引進的品種，因為他們有進口的門路和方法，利潤已被這些進口商賺走，因此我就思考是否可以自己進口，但又缺乏資本，也沒有國外的旅行經驗，無法直接到國外採購，後來有個機緣，就是我民雄那塊地有人要求賣給他，那塊地已買了近10年之久，因苦無資金尚未建設，對方出了價我就賣了，當時有一風聲說嘉義縣政府要遷至民雄，我鄰地的主人邱科長就有意買我的地，成交價240萬元，我用180萬元買嘉義師專旁的三樓透天房，另60萬元當資金跑國外線，初期做泰國的生意，由於我以忠厚老實的態度面對交易，頗獲好評與信任，因此交易相當順利。
>
> 初次出國到泰國曼谷，住不起高檔飯店，就找一部計程車，問他是否會英語，包它一整天，先載到商務旅館，之後再載到蘭園，與業主碰面之後交換名片，幾次的交易加上相互的介紹之後，就認識了許多的蘭友，每一趟要去之前，就

可先行聯絡，不假他人。

購買的品項由我做決定，我以我的眼光與判斷力選擇台灣蘭友喜愛的，就直接用現金交易，但無法接受台灣蘭友指定的品項採購，那會耗時又不易尋覓的到，此時正是台灣蘭界產業化的起步時期，尤其是那些半職業性的蘭友對新品種的需求大增，而泰國本身特有的品種頗受蘭友青睞，這些熱帶的品種可以適應台灣南部的生長環境，而日本卻必須要種在高成本的溫室方能培養，以致台灣的蘭友期待引進泰國品種培養繁殖，再轉售到日本賺取利潤。

走泰國線時，由於泰方對我的風評不錯，購買回來的各品種蘭花很快就銷售一空，這些貨對台灣蘭界而言頗為稀罕，貨還沒到家，客人已經在家裡等候了，貨一到家，幾乎在24小時內就賣完了。

泰國這條線約維持有7、8年，我都單槍匹馬行動，一方面行動自如，說走就走，要到哪不必遷就別人，另一方面我做生意的竅門也必須有所保留，當然，單槍匹馬行動也須防範危險，例如泰國業者有招待客戶的風氣，尤其是泰國的色情風氣很盛，但我一向謝絕一切的應酬，曾經有日本朋友告訴我說，他們在應酬場合質問主人為何沒有邀請劉先生參加，泰國的業者都知道我不會出席，所以會回答說：這時他已經在睡覺了。所以我秉持著潔身自愛的個性，跑泰國期間連觀光的時間都沒有，只顧做生意，我心想：我是客人，我是拿錢來買貨的，為何要應酬？我是以一位顧客的立場做買賣，我點選的品項要求業者列出清單與價目表，現場付現成交，這種顧客到哪裡都受歡迎，也是我成功的要素之一，我只要求對方如期寄達。

泰國的kasem和我很要好，我在泰國買的蘭花60-70%都是向他買的，他有自己的蘭園，生意做得挺大的，許多日本

> 花農也是他的常客，他非常熟悉他的蘭園四周的蘭花農民，建立完善的蘭花情報網，客戶需要的品種會透過他去尋找，但是他很好色，認識了一位有夫之婦的舞女，他們經常交往被其夫知情，準備了槍枝要置他於死地，於一次約會行程在車上被打了一槍，結果打中其妻身亡，kasem雖逃過一劫，卻引出許多黑道向他勒索，他也不干示弱，找朋友出面講和解決這一事件，我就勸他不要如此花心，要收斂一點，何必賭自己的生命呢，之後他也蠻聽我的話的。（以上6段訪談稿，20150228a）

跑泰國線有一事值得一提，就是引進泰國芭樂。劉黃崇德津津樂道的說起這一段小插曲：

> 台灣的泰國芭樂就是我帶回苗種的，我曾在市場買過這種清甜、脆口的大芭樂回台請朋友品嘗，由於風評不錯，就起了引進的念頭，遂到苗木市場買了小苗回來，種在門口的花盆裡，原本期待嘉義農民推廣之，然他們興趣缺缺，我自己也曾有念頭租地種植，惟跑國外業務繁忙自顧不暇而作罷；田尾有一位賣苗木農民也聽到風聲有泰國芭樂，去打聽到我有此苗木，遂全賣給了他，這也是台灣泰國芭樂的源頭，這些苗木在泰國很難買，都接過枝的，每次只買1-2株，其中有一株是珍珠芭，那是一位很要好的泰國朋友送的，也是我對台灣農業的一個貢獻。（訪談稿，20150228a）

劉黃崇德憑藉著一股初生之犢的膽量，加上一筆天上掉下來的資金，以及婚前在補習班學習一年的英語，就這樣獨闖泰國，做起夢寐以求的國外蘭花的生意，這比一般貿易商僅憑商業目錄購買蘭花還要精準確實，加以他本身已經擁有二十幾年的蘭花專業經驗，以獨到的眼光採買，也難怪乎殘貨不多，便有利潤可賺，這可是台灣第一把手的蘭花貿易商。

獨立販子、空中飛人

在跑泰國線有點業績之後，不但改善了經濟，也遇上許多貴人，認識各國蘭友，於是乘勝追擊，夏威夷、美國本土加州、日本、大陸以及新加坡、馬來西亞、印尼、越南等東南亞諸國，有花買的地方都有劉黃崇德的足跡，每個月出國3-4趟，人在國外的時間比家裡多，坐車（飛機）的時間比躺在床上久，一個獨立的蘭花販子就像空中飛人一樣，這樣子的生活方式持續了十幾年之久。劉黃崇德說：

> 由於國內蘭友需求量大增，除了跑泰國之外，也跑夏威夷和美國本土加州之洛杉磯與舊金山，斯時我在蘭界已經小有名氣，也擁有國外蘭友的資訊，直接到其蘭園依其品項目錄看貨、訂貨、付現，除了有必要隨手提上飛機者之外，其餘的多數直接空運回台，俟報關行通知再去取貨，約3-4天可到，通常識途老馬的蘭友事先獲知貨品的品項時，經常在貨到當天直接在我家等候，惟恐被他人買走者大有人在，通常幾天內就可賣完，現場收到貨款大約10天後我又出門了，每月大約跑國外3-4趟，我這種以現金現場先行付款的交易方式，深受各蘭友的肯定與讚許，幾乎從未受騙，因為這些蘭友我事前做過信用調查，當然也被一位德國的花販子騙過一次，那次是我和他在夏威夷偶遇，臨時決定向他採購幾株品種，也依慣例用現金現場先行付款，卻沒有寄給我，還好只有數百美元，損失不大，基本上，有規模的蘭園會很有信用的寄貨，不會收了錢不出貨的。
>
> 夏威夷線是因為認識了一位日裔業者Kodama（兒

玉），他們夏威夷經營蘭園的也以日裔為多，所以我在夏威夷做生意很方便，有一位長者，是馬來西亞檳城一位朋友介紹的，他說要到夏威夷就要找他，我依照名片上的姓名地址與他聯繫，他親自到機場來接我，我也帶了伴手禮回禮。這是我第一次到夏威夷，是他幫我帶路的，他也是一位花販子，靠買賣蘭花吃飯的，他自己也有蘭園，但規模不大，帶我去其它蘭園購買，抽取一些報酬，他開著一部福斯廂型車，說已經開了40年了，我家裡後來也買了一部福斯廂型車，就是受到他的影響，他說雖是老爺車，還挺會跑的，有他帶路順便當翻譯，二人也談得來，所以採購工作頗為順暢，我也是依慣例，馬上選貨、馬上下訂、馬上付現，並要求盡速將貨品寄回台灣，就這樣每年跑10幾趟，大約跑了4、5年，利潤的話和泰國線差不多，因為利潤是根據成本自己加的，只要有好貨的話，台灣蘭友都很喜歡，由於泰國的品種有限，所以才會增加夏威夷線。

當時有一種機票，是新加坡航空的一年期票，在曼谷購買起程，飛新加坡、台北、東京、檀香山、洛杉磯或舊金山，返回時亦然，再返回曼谷，每一個點都可以停留做生意，每一個城市通常過1、2夜就走人，所以我身上擁有好幾組機票，以便彈性調整行程，當然，我必須先買台北到曼谷的來回機票，以便使用新加坡航空的這種機票，有一次機票即將到期，我就到曼谷的新加坡航空服務中心要求延期，果真獲准延後3個月；會選擇新加坡航空還有其它因素，例如它的規模是世界五大之一、失誤率低、航線普及，但航程就是一定要經過新加坡，好在新加坡有姪女淑景在那兒，可稍作休息，每一個點都是直接到蘭園，點選貨品付帳就隨即往下一站出發，甚至有時候到曼谷買貨，事先和業者約在飯店見面，現場口頭訂貨付款，連貨都沒看，就搭隔天一早的班機回台灣了，忙碌之狀可見一斑。

至於加州線是在夏威夷認識的，有些則是夏威夷業者介紹的，也有在美國的美國蘭花協會（AOS）雜誌上看到的，當時我已加入美國蘭花協會會員，雜誌上有蘭園的廣告訊息，依此訊息用書信取得連繫，英文書信是請一位鄰居幫忙的，那是一位外省太太，他英文很好，將我的中文草稿很快就翻成英文，用書信和對方約好見面時間與購貨需求，再直接到他們的蘭園看貨購買，加州的蘭園業主也是日裔居多，多少會一些日語，所以加州也是搭配泰國、夏威夷一起跑的，至於新加坡的蘭園很少，印尼雅加達也跑過，但它們的蘭花水準不高，雖然原生種很多，但銷路不好，所以我很少跑，泰國的蘭花產業化比台灣早，所以才有比較多的交配種可找。

我是在泰國認識了日本花販子，因此開啟了日本線。生意做很大的泰國kasem，被日商賒帳，為了追回這些款項，他要求我陪他去日本，也是我初次到日本，一路陪他去拜訪他的日本客戶，順便收帳，我則一路擔任他的翻譯，但旅費我自己出的，此時台灣尚未開放觀光，我是「靠」別人的公司以業務名義出國的，這次的經驗讓我了解到日本蘭界的市場概況，自此我就決定要跑日本線，而逐漸放棄了泰國線。

跑大陸線起因於我事先得知東京巨蛋要舉辦國際蘭展（1989年，民國78年），而且規模會很盛大，所以我思考有何商機，租個攤位，但我當時只作買賣，自己沒有生產線，要賣啥是好？在六四天安門事件那年的暑假，有一機會跟旅行團到大陸旅遊，知道大陸當時改革開放不久，工資和物價還很低，畫家的畫很便宜，所以就決定委請他們專門畫蘭花的畫家作畫，再拿到巨蛋賣，在了解赴大陸的出國手續之後，我就單槍匹馬到北京各地尋找畫家作畫，總共跑了8趟。

> 歐洲線也有意要開發，但評估過後，覺得自己語言能力有限，同時也不想將業務擴展得太大，過於辛苦，而且跑日本已經非常順利，有賺就好，夠吃即可。（以上7段訪談稿，20150228a）

一個獨立的蘭花販子，擁有專業的眼光、信用的商譽和流利的日語、簡易的英語，就這樣當起了「空中飛人」，遊走在蘭業先進國家，不但在國內闖出名號，也是國外許多蘭園的常客，交到許多蘭友，並且成為摯友或貴人，這在當時的台灣蘭界恐怕是第一大忙人，似乎尚無人能出其右。

孤軍奮戰日本蘭市

劉黃崇德一個人在亞洲、美洲國家像空中飛人趴趴走的日子裡，都是買家的身分，台灣的蘭花尚未打開國際市場。1989年（民國78年）東京巨蛋舉辦首屆國際蘭展之後，日本國內蘭市頓時興起，需求量大增，然而台灣蘭業尚無門路開發日本這一大戶的市場。劉黃崇德卻能單槍匹馬，孤軍奮鬥，將「愛蘭園」聲名遠播全日本，絕非僥倖。他說：

> 開始跑日本線時，我都是去買回來賣給台灣的蘭友，跑久了就認識了許多日本蘭友，也熟悉了日本的蘭花市場，他們有一個蘭會組織，每1-2月會舉辦一次例行會兼拍賣會，每次約有50-60個蘭園的代表與會，而且都是較具規模的蘭園會參與此活動，他們絕大多數與我交流過，在會場我算是熟客，舉辦的地點輪流在各地舉辦，以均衡各地會員的交通差旅開支，一開始我都向他們採購，由於我一本固有作風，用現金交易，所以他們經常帶許多貨色讓我出價，別人出價10圓，我就出價12圓，我也是他們的大客戶，成為模範

顧客，所以他們破例為我這位外國顧客設了一個拍賣號碼，他們本國人最多不到300號，為我編600號，只要我一舉手，他們就知道600號又出手了，漸漸的我也拿台灣的貨到場拍賣，由於我的貨色較他人豐富有料，例如別人1盆已分株剩1-2苗，我的卻有5-6苗，以致我的貨品比較搶手，價錢也比較低廉，他人的貨品滯銷，導致有幾家規模大的蘭園之覬覦，開始有排外的念頭，由恐慌到排斥，從戰友變商敵，他們依日本人民團體法之規定，於理事會提案禁止外國人參與活動，將我的資格除名。然而，山不轉路轉，我轉向游擊戰狀態，直接與他們的會員交易，各個突破。

之後我就常跑日本線，其他路線逐漸萎縮，因為日本貨的品管佳，品質穩定，也深受台灣蘭友的肯定，基於我通日語，又獲得日本蘭界的信任，因此台灣蘭友需要的貨色我幾乎都可以幫他們採購得到，之後由於日幣一直攀升，導致日貨漲價，相對的台幣貶值，我的利潤漸薄，此時我就做個反向思考，決定將台灣的蘭花回銷日本，畢竟台灣的氣候和生產條件，其競爭力絕對可以勝過日本的本土業者，然而，如何將日本進口的品種，經過交配繁殖才能獲得日本市場的需求才是關鍵，由於這時台灣蘭界有些不肖業者會以欺騙品種的手段做生意，此外還有一些台灣蘭農專業知識不足，將有毒素病的成株賣到日本，除非是剛交配的新種，三角瓶罐的小苗才沒有毒素病；這時蝴蝶蘭在日本正在流行，市場需求大增，適逢泡沫經濟的年代，國民經濟狀況甚佳，景氣佳，購買力強，送禮的3株組合盆的蝴蝶蘭可以賣到1萬多日圓，而同樣品質的蝴蝶蘭在台灣的市場旁3株只要100元台幣，生產過剩卻苦無銷路，這時會組織分生者尚不多，大量繁殖的時代未至，仍以實生苗居多，蝴蝶蘭種子繁殖數量很驚人，一次可以產出幾百瓶小苗，許多花農被一家貿易公司所發表的文章所影響，他鼓勵花農大量繁殖蝴蝶蘭有高利潤可獲，該公司藉此大量收購出口，花農紛紛投資興建溫室，向該公司購買瓶裝小苗栽培，然而培養出來的成株品管不佳，品種不正確，加以毒素病嚴重，導致日方拒買，破壞了台灣蘭界的形象，我當時也設法直接與日本業者溝通，卻沒人願意理會，我只好另覓他途。

我發現日本的三角瓶都是手工製品，每一空瓶需台幣100多元，台灣的機器瓶只需10幾元，我向一心蘭園購買瓶罐小苗不用100元台幣，在日本則需要折合1000元台幣，我心想：價差如此之大，我要突破萬難打入這一市場，我找到一家叫Morita（森田）的公司商量，我就提出條件說：如果你擔心品種不對或有毒素病的話，你可以將自己交配的種子交給我，我拿回台灣幫你播種，價錢絕對比你在日本還要便宜許多，等於是做代工工作，對方在高利潤的誘惑之下，便決定姑且一試之心態，剪了幾顆種子，編上號碼交給我，我就委託一心蘭園代工播種，再將瓶裝小苗交回主人，開花之後主人發現果然是他原先的品種，如此誠實且品質又好的交易，自此獲得信任，並將其他需要我服務的工作均委託給我，此一風聲傳到日本蘭界，發現這一品質有保障、無毒素病又便宜的代工工作，紛紛委託我來代理，也改變了日本蘭農對台灣蘭農的信任，願意買台灣貨，有了信賴度之後，接下來就很好辦事，也因此事件，我對台灣蘭花反銷日本的轉念因而成功，我承接下來的日本貿易業務不可思議的大，尤其是四國有一農會的例子。

四國的農會輔導果農將橘子園砍掉，改蓋溫室種蘭花，農會提供貸款，外加協助興建溫室的專業工作，甚至為農民採購蝴蝶蘭花苗，開花後輔導農民上市場銷售，如此服務周到的農會頗受農民歡迎，之所以會有這一政策，背後有一故事，就是農會有一理事，積欠一位材料商款項無力償還，便提案理事會出此對策，然而溫室蓋了之後，卻缺乏花苗，因為這時日本的蝴蝶蘭市場炙熱，蘭農的花苗供應不暇且惜售，泰國、美國的花苗早被日商搶售一空，導致農會苦無花苗供應，只得求助於台灣，當時日本人對台灣人的信賴度，可說是非我莫屬。這時台灣有和日本生意往來的蘭友只有二人，一個是台北人，但他的信用度差，又經常欠錢，所以只有我才能幫他們解套，他們真的央求我，希望我協助他們，因為他們的需求量很大，我自己也不想做沒把握的生意，而信口開河的接下這項任務，我隨即返台調查所有蘭園的庫存品，結果這一筆生意我足足拚了3個月才完成，這時全家總動員，每天出口31箱中、大株蝴蝶蘭，每周跑桃園機場6趟，只有周日因動植物檢疫單位沒上班而停工，由振三（劉黃崇德的三子）開那部裕隆小旅行車負責載貨，早上出發，下午返回；當然，當時我也開出一些條件，在全台收購的蝴蝶蘭在品質上無法一致，即使有毒素病也接受，原本他們要求的全是白花，但我只答應60%，其餘的搭配白花紅心或其他色種，因為我有市場調查過，對方也能諒解，對方不得已也接受了，而且，我也不是什麼大企業家，資金有限，向台灣蘭友收購的蘭花我都是付現，因此我將每周的出貨清單先讓對方知道，並要求對方必須每週入帳一次，也就是需先有預付款，否則將停止出貨，不可否認的，當時我的壓力甚大，一方面想要賺錢，二方面深怕我的聲譽受到破壞，所以，當時台灣有許多因滯銷而陷入困境的花農，一時之間而得救，例如在台東有一家農園，因貸款無法清償，夫妻已經瀕臨離婚，幸好我向他收購滯銷的蘭株，他每周用3.5噸的貨車運送到我家一趟，連續約有10週，每週回收現金60-70萬元，真可說是我救了他們，另外南投也有一家連襟蘭園，是連襟合夥投資的，也是買小苗大量種植，成株之後滯銷，也是我救起來的，我付了約有3-4百萬元，南部也有一家叫洪醫師的接骨師，也付了好幾百萬，那年我的業績相當的可觀，營業額最大。

從我父親栽種蘭花開始，就自行命名為「愛蘭園」，我接手後就沿用此名，但並未公司登記，只在蘭園自家門口製作一面招牌，以方便訪客辨識，參加各大小花展也署名「愛蘭園」，全台蘭友都知道「愛蘭園」的主人就是我本人，直到我跑日本線數年後，「愛蘭園」在日本聲名大噪，這同時台灣也有一位跑日本的貿易商，用「愛蘭園藝」公司登記，讓日本蘭友誤以為就是我，我們雙方難免有生意上的競爭，但日本幅員甚廣，我聲譽再好也無法將日本生意全包，此時我的出口量較多，國貿局還是海關稅捐機構要求我要以公司名義登記，我才去申辦公司登記，卻遭到駁回，理由是「愛蘭園」和「愛蘭園藝」過於相近，此時方知商場上人心險惡，手段惡劣；不得已才更名「愛蘭島企業公司」（英文為Island Orchids），「愛蘭」乃Island的音譯。

我打開日本市場之後，台灣的大型企業化蘭園清波和台糖為了外銷日本，不知透過何種管道，直接找到我的日本客戶，欲推銷自己的貨品，其實那是我的代理人，是他告訴我的，我合理的懷疑他們查閱到我的出貨申報紀錄。（以上6段訪談稿，20150313a）

在1980年代（民國70年代），若說台灣蘭業得以順利進入日本蘭花市場是劉黃崇德一個人打下來的，說起來不太有人會相信，也不太有人在意這一段歷史。俗語說：凡走過必留痕跡，在那個年代，台灣的蘭業陷入低迷狀態，國內滯銷，外銷無門，台灣的蘭業信譽在日本幾乎破產，幸好有一個蘭界小兵劉黃崇德獨闖日本蘭界，以專業、誠實、信用的態度做生意，居了首功，這些走過的痕跡歷歷在目，有跡可循。再說，劉黃崇德是當時「台灣蝴蝶蘭業的救世主」，恐怕也只有身受其惠者方能體會。其實，對劉黃崇德而言，他並沒有那麼偉大的志向，要為台灣蘭業起死回生，要做「打天下的救世主」，他只是在為養家活口而打拼，為維持自己的良心行事而已；也或許是老天爺藉由劉黃崇德這位蘭花販子忠厚老實的本質，為台灣蘭業寫下這一段歷史。

蘭心紀事

在台灣蘭業興起的年代，也是台灣被譽為經濟奇蹟的年代，劉黃崇德獨闖國際蘭界，尤其是在日本蘭界聲名遠播，可謂是台灣蘭業興起的奇蹟。在當時，台灣諸多的副業型蘭友或專業型蘭友，蘭園規模比劉黃崇德大的比比皆是，種植蘭花的經驗與技術也都不亞於劉黃崇德，而這些蘭友當中，論學歷、身份地位、外語能力等條件，不乏優於劉黃崇德者，然而，何以惟獨劉黃崇德可以做得到，讀者可以從本書所敘述故事的字裡行間裡，細細品味，當可窺知一二。

第四章　蘭業興起時代的愛蘭園

劉黃崇德在歷經光復初期和全省蘭協時期二個蘭藝時代，不但隨時收集並閱讀專業文獻、充實蘭藝專業知識、撰文投稿與人分享，而且積極參與蘭藝團體業務、結交各界蘭友廣結善緣，在台灣的蘭界可說已經小有名氣。奈何仍然不敵社會的現實面，在全省蘭協時期的後期，蘭價直落，導致愛蘭園生意清淡，逼得劉黃崇德轉行做起跑單幫的生意，維持幾年後，正值台灣經濟起飛，房地產飆漲，讓劉黃崇德的人生出現一個大轉機，賣了一塊閒置的土地，買了一幢真正有產權的屋舍，而且還有餘款作為國際蘭花販子的資金。此時除了當個「空中飛人」跑國外做生意之外，也不忘顧及自己的愛蘭園，並培養子女當幫手，這一時期劉黃振育、劉黃振坤投入最多。

劉黃振育加入蘭業

劉黃崇德的次子劉黃振育於1978年（民國67年）退伍，在台北工作，同年，劉黃崇德賣掉民雄那塊地，買了師專旁那房子，並開啟泰國採買蘭花的事業，劉黃振育說：

> 老爸跑泰國時，阿嬤和老媽一直要我回來協助蘭園工作，順便當老爸的司機。1980年（民國69年）回到嘉義，買了一部旅行車，之後為了經營資材（水草、蛇木），又買了速利1.2廂型車，都是我在開，曾經跑到花蓮；28歲結婚，在家協助蘭園工作都沒薪水，所以除了經營資材外，有時作花販子，去台中買花苗載到南部賣，賺取外快，速利車第1年就跑了10萬公里，幾乎每天出門，老爸的貨從國外回來，花販子馬上來家裡買走，剩下的馬上載出去兜售行銷，再有剩下就種在家裡，結婚前後都如此。

> 1987年（民國76年）時，經由老爸的介紹去日本蘭園學習組織培養和種植技術，比較有心得的是虎頭蘭的播種與栽培，待過3個蘭園，前後約1年。當年長女頌淳剛出生，老爸他有意向在日本設據點，但我覺得並不適合，因為我已結婚，育有二個稚子。劉黃振坤退伍後，我的工作逐漸由他接手。2002年（民國91年）我又回鍋種蘭花，先在嘉義文化中心花市擺攤，第2年後才在台北花木市場有據點，陳盈達和爸各有一格攤位，至目前已有11年，擁有固定的客源，但花木市場至今尚未蓬勃發展，剛開始都向別人買花，之後才和阿福一起合夥種花，自產自銷。（以上2段訪談稿，20150323）

劉黃振育是劉黃崇德的第一位幫手，劉黃崇德也透過自己在日本的人脈，將劉黃振育送出國學習，那是無薪的學習工作，雖然習得一些技術，但受家庭因素影響，也因資金不足，無法舉家搬遷至日本設置據點，此一計畫遂告一段落。

劉黃振坤跟進蘭業

劉黃振坤是劉黃崇德的么子，服常備兵役時原計畫簽約再當4年的志願役，起因於家裡經濟狀況欠佳，服志願役有許多優惠，尤其可以減免家裡的水電費，減少父母的負擔，但遭到父親堅決的反對，退役後直接擔任父親的助手，當時23歲，劉黃振坤說：

> 退伍後，磨花牌、折鐵絲、種花，所有瑣碎的事就落在我頭上，二哥振育在賣資材，有一部旅行車，另有一部廂型車，載資材用，他比我早擔任老爸的助手，經常載老爸到處跑，有時也由我載，這時已經在跑泰國，我高中到二專之間老爸常跑香港，退伍後住師專旁的新屋，我沒薪水，只有零用

錢，從泰國或日本買回來的花，多的話會載去各蘭園出售，剩餘的才自己種，我婚前家裡只剩我做，二哥的工作收了，這時台灣生產的花很多，老爸開始到各蘭園收購轉銷日本，有些蘭友想買一些特別的品種，會到我們的蘭園找，我通常在家「鎮園」，這時的蘭園都是小型的，蘭友以買賣為主，規模頂多20-30坪，以至百來坪。（訪談稿，20150302）

劉黃崇德談到劉黃振坤和劉黃振育，道出一些往事，劉黃崇德說：

振坤今天在蘭花產業界也闖出自己的一片天，算是小有名氣，其成功的要素就是勤和儉，他在服兵役時原先想要延簽留營，當職業軍人，是我將他拉回的，一開始就像跟班的，跟著我四處跑，當我的司機，也整理花園工作，之後也送他到日本蘭園實習，學習日語和蘭園技術，尤其是拖鞋蘭的播種，半年之後才返回嘉義。在日本期間非常認真，很受主人的厚愛，他返台臨行前，女主人不捨而大哭一場，他們有一位女員工還要將其女兒嫁給他，振育也曾去過日本學習，當時已經結婚生子，去過三個蘭園，由於受到妻子和孩子的牽絆，比較無法專心。（訪談稿，20150228b）

劉黃振坤說到去日本學習的這一段：

25-26歲時，老爸曾有大量蝴蝶蘭賣到日本的經驗，我會協助跑日本收款；26-27歲時去日本望月蘭園學習了半年，這時已經有從泰國進拖鞋蘭再轉售日本，因此到日本學習拖鞋蘭的播種技術，學成後就自己交配播種，我是台灣第一人，在鹿滿家旁的倉庫無菌真空環境作業，因播種工作量大，又

請二哥二嫂帶到師專旁屋舍裡手工作業，賣瓶苗多少還有銷路。（訪談稿，20150302）

劉黃振坤的夫人賴玉婉，她的娘家正是台大蘭園，對蘭業也很在行，她也回憶婚後在愛蘭園的這一段往事，她說：

結婚時住在鹿滿的蘭園，台灣當時蝴蝶蘭已有一些產量，公公（劉黃崇德）就收購出口日本，在此之前，風行一陣子拖鞋蘭，從東南亞和大陸引進許多原生種進來，當時日本的拖鞋蘭貨品的進口握在少數人手中，遂轉向台灣購買，公公此時也以賣拖鞋蘭為主，以彌補嘉德麗雅衰敗的生意。組織分生後，嘉德麗雅蘭大落價，不像之前從日本進口一株就要二千元，但蝴蝶蘭的組織分生還不成熟，大家不玩嘉德麗雅蘭，改玩拖鞋蘭，因為無法組織分生，只能播種，育成率偏低，而日本也開始流行蝴蝶蘭，所以二者並行發展，由於拖鞋蘭破壞原生地嚴重，被華盛頓公約限制，才走下坡。（訪談稿，20150302）

在此有一小插曲，劉黃崇德和日本的望月蘭園主人望月明，因買賣蘭花認識，私交甚篤，望月明為了培養其子望月信和接班，乃於其子大學畢業之後，讓他到各國參訪，第一站來到台灣劉黃崇德的愛蘭園，四處參觀蘭園和蘭展，一個月後寫下心得，由劉黃崇德譯成中文發表，望月信和稱台灣為「麗之島」，見台灣四處都有蘭園感到驚訝，而且幾乎不用溫室，尤其是蝴蝶蘭品種冠世界，此外，他也發現台灣的蘭園所栽培的品種，各個都很類似，缺乏自己的特色，容易發生惡性競爭。[1]2015年（民國104年）望月信和來台

1 望月信和著、劉黃崇德譯，〈「麗之島」的蘭栽培〉，《洋蘭月刊》，24（嘉義市，

參加台灣國際蘭展之際，相隔17年重返劉黃崇德的愛蘭園，他頗有感觸的說：

> 17年前有機會到台灣劉前輩家蘭園學習，很麻煩他們，這段long stay的經驗，是上帝賜給我的禮物，是我人生中最寶貴的體驗，我會鼓勵日本的年輕人也能有機會和我一樣，來台灣體驗蘭園的學習生活，祝福劉前輩長命百歲，讓我的子孫有機會來台灣學習體驗。（訪談稿，20150306b）

劉黃振坤跟進蘭業之時，正值劉黃崇德出國蘭花到日本最旺的時期，多了一個助手，使愛蘭園的出口業務得以更加順暢，而劉黃振坤和望月信和在同一年出國學習，就如同今日的國際交換學生一般，其目的都是在培養自己的子弟兵，期待接班人能夠具有國際視野。由於劉黃振坤與台大蘭園的賴玉婉結為連理，夫妻攜手共同創業，奠定了爾後獨立經營下坑蘭園的基礎。

轉戰國內消費市場

劉黃崇德自從跑國外線之後，逐漸改善了經濟條件，由於幾位孩子相繼投入了蘭業，因此有了更長遠的打算，擴充原有的蘭園規模，他說：

> 長榮街蘭園發展到一個程度之後，逐漸的不夠使用，再者，這塊地已被劃為公園預定地，早晚會被徵收，為了未雨綢繆，早有到郊外尋覓土地、建設新園的構想，因此1983年（民國72年）在經濟條件許可時，便購買了位於竹崎鄉鹿麻產這塊土地，因為它包含有不少的河川地可以使用，但交

1988.06）：84-87。

> 通有些不便，須設法克服先天的缺點，我的想法是要將住宿與農場合一，方便生活與管理，所以先蓋農舍再建蘭園（簡稱鹿滿蘭園，實際地址位於竹崎鄉紫雲村）。（訪談稿，20150228b）

自此，劉黃崇德便搬到鹿滿蘭園就近照顧園子，劉黃振坤結婚時（1993年，民國82年）也住在此。劉黃振坤和賴玉婉夫妻接受訪問時說：

> 婚後嘉德麗雅和拖鞋蘭都在走下坡，建議父親轉型，他堅決反對，當時種蝴蝶蘭還不是那麼普遍，父親認為嘉德麗雅還有起死回生、東山再起的機會，但那時身邊已經都沒錢了，玉婉的嫁妝私房錢拿出付薪水，眼看娘家（台大蘭園）種的蝴蝶蘭很好賣；因此，先在鹿滿蘭園將舊棚架改簡易的溫室（1995年，民國84年），去買蝴蝶蘭回來溫室裡組合盆花送台北賣，父親協助組盆，在台北各花店一一兜售，自行開拓市場，組花籃搭配各種屬類的蘭花相當華麗，初期接受度很高，但是嘉德麗雅花期只能維持7-10天，拖鞋蘭這些比較便宜，但蝴蝶蘭還不很便宜，由於花期不一，造成組合盆有些花屬先凋謝，影響造型的美感，之後慢慢修正加入一些花期略長一點的文心、石斛等蘭屬，慢慢修正方向。自從跑台北線幾年之後，便貸款蓋溫室正式獨立種植經營，專攻蝴蝶蘭，父親仍跑日本生意，日本人需要的品種或原生種，他向販子收購，有些是東南亞取回的原生種轉種植成功者，他們也喜歡，父親也到日本拍賣場，將台灣的蘭花賣給日本人。（訪談稿，20150302）

為了順應台灣的蘭業市場，為了扶持兒子站穩蘭界，轉戰國內消費市場是一個識時務的決定。劉黃振坤和賴玉婉夫妻二人打著愛蘭園的名號，開始與台灣小型蘭花業者一樣，走的是自產自銷的路線，將組合盆的「蘭花禮蘭」載運到各大都市之花市銷售，他們一個顧內、一個跑外，雖然備極辛勞，卻也在此過程了解到蘭花的專業知識、蘭業市場的特性與取向，所謂的一分耕耘、一分收穫，映射在他們夫妻二人身上相當的恰當。

劉黃崇德保守作風

從1986年（民國75年）起，台灣企業化大型蘭園紛紛成立，採組織分生技術大量生產蘭花外銷，看在劉黃崇德眼裡並非沒有心動，但是他的觀念仍然趨於保守，他對蘭花自然界有強烈的觀念，蘭花應該在自然環境下用人工栽培，而非在溫室大量繁殖，不想將蘭花企業農場化；而且這時他幫台灣蘭園銷往日本的生意正旺，他不願將蘭業做大，因為自己有許多條件受限，因為他經常在前線作戰，缺乏後勤固守大本營；而且他體認到，做日本的代工接單才是適合自己的方向，所以他從日本帶回種子回台代工，或接到訂單才做瓶苗，他要劉黃振育做瓶苗的路線是他的一個遠見。劉黃振坤回憶這段往事：

> 老爸當時若大量栽培蝴蝶蘭，以他的經驗和人脈應該有很好的機會，但他很保守，不做沒把握的事，在國外的時候卻衝勁很足，然不與銀行打交道，這與小時家境清貧有關，穩紮穩打、夠吃就好，不會借力使力，他的個性耿直正派，若遇到一些投機的蘭友，他就列為拒絕往來戶，所以他都與誠實者交易，並且深交成摯友，比較不會發生被騙或糾紛問題。（訪談稿，20150302）

1994年（民國83年）愛蘭園在國內市場的經營陷入低潮之際，

才由劉黃振坤和賴玉婉夫婦二人開始種植蝴蝶蘭，賴玉婉說：

> 種蘭花是一種勞力工作，只要肯做就有收入，以前我爺爺（台大蘭園）老人家睡眠少，就經常半夜起來分株繁殖，多一株就有一分收獲；台大蘭園走組織分生路線之後，就大量栽培，一次就幾萬株，然後幾位叔叔、嬸嬸四處推銷，觸角延伸到日本和歐美，有舉辦蘭展之處必定報到，主動出擊推廣行銷，開發通路。當時的愛蘭園的弱勢，就是缺乏都會市區售花的據點，也就是尚沒有自產自銷的通路，如果有像建國花市這樣的據點，情勢或許會改觀。（訪談稿，20150302）

依據劉黃崇德身邊親友的觀察，劉黃崇德此時保守的作風，與他在國外衝鋒陷陣的拼命三郎作風判若二人。析其原因，固然與他不願向銀行舉債借貸有關，再往前推，與初婚時期作花生的批發生意，跌了人生事業第一跤有所關連，時時警惕自己，堅守「有多少錢、做多少事」的態度。

蘭心紀事

在蘭業興起的時代，劉黃崇德在各種的因緣際會之下，成功的開發了國外的蘭花事業，但這並非長久之計，因為這只能算是國際的蘭花販子，自己缺乏生產線，很容易受到國際經濟因素的影響而大起大落，因此為了顧及本業，紮根台灣，因此支持兒子們走代工的方向，或朝自產自銷的路線走，但仍無法接受走大型企業化的農場經營路線。

第五章　蘭業興起時代的蘭業文化

台灣蘭業興起時代所產生的蘭業文化，一方面，與前一時期一樣，蘭友們繼續吸取先進國家經驗，畢竟台灣的經濟是個以出口為導向的國家，另一方面，就是蘭藝與蘭業的分途，此乃本時期最明顯的蘭業文化，並就此開啟了蘭花的大眾消費市場，至於蘭業興起時代的趣味蘭友，仍然走他的趣味路線，樂此不疲。

吸取先進國家經驗

所謂的先進國家，指的是蘭業發展居於世界領先地位或優於我國者而言，以下舉蘭業興起時期的主要期刊，所報導泰國、日本和紐西蘭的經驗為例。

劉黃崇德獨闖泰國十餘年，所獲得的資訊與經驗，當時台灣無人能出其右；泰國的土地面積、人口均多於台灣，經濟水準雖不及台灣，然而以蘭花事業而言，卻先於台灣、優於台灣，相信無人予以否認。劉黃崇德經常將他跑泰國的經驗為文與人分享。

1980年（民國69年），首先發表〈泰國的蘭花事業〉一文，這是劉黃崇德從1972年（民國61年）底停筆之後，再度提筆撰稿，間隔了7年多，在此期間離開了蘭藝協會的工作，起初做起香港跑單幫生意，有了資金之後專心到國外買賣蘭花品種，滿足了台灣蘭友的需求，其中以泰國這一條線跑得最勤，也最有心得，難得的是他願意將他的這份「商業機密」與人共享。劉黃崇德撰寫此文之目的，在於了解何以泰國會成為世界蘭花最大生產國，乃將近2-3年的親身觀察與體驗歸納如下：農業大學校長Sagarik幕後領銜研究與推廣，居功厥偉，政府相關單位通力配合，尤其是簡化檢驗與通關程序，甚至在去年（1979年，民國68年）成功舉辦第9屆世界蘭展，至於在基層作戰的花農，從貴族化養蘭走上企業化農場經營，以蘭花業者而言分成三個領域，著重交配品種與繁殖花苗者、專門生產切花外銷者以及仲介商。不可否認的，泰國的天候適合蘭花生長，投資成本低，同時擁有諸多原生種，資源豐富，然而台灣的條件並不亞於泰國，當可急起直追；他說：

> 如果蘭友們始終在追求評審會授與高分的AM和FCC獎，或者在展覽會中爭個特優獎、金牌獎，究竟這是有錢人的玩意兒，絕非正常發展事業的途徑。[1]

他為了開拓視野，勤跑東南亞諸國，尤其是泰國、新加坡和馬來西亞的蘭花事業先進的程度都在台灣之上。次年（1981年，民國70年），劉黃崇德單槍匹馬參加東南亞蘭協蘭展，返國後撰述〈東南亞蘭協蘭展紀盛〉一文，此文詳細介紹了東南亞蘭協在新加坡舉行的「園藝暨觀賞魚展」，分別有庭園設計區、蘭株比賽區、插花作品區、無土農作栽培區以及觀賞魚區等，令劉黃崇德羨慕的是展場的規模與先進的設施，興奮的是獲知東南亞各大蘭園的資訊與實力，忌妒的是台灣還沒跟上水準，當然發表此文就是為了讓國人知己知彼，迎頭趕上。[2]

緊接著，他於1982-1983年（民國71-72年）在《中華蘭藝》連續發表〈泰國見聞隨筆〉7篇，將在泰國的總總心得與感觸抒發於文中。劉黃崇德曾經自我解嘲的自我評論：

> 說實在的，我這個人生來急性子、牛脾氣，平時不太愛說話，也不懂得什麼交際手腕，缺失在一開話門就起勁，甚至不得要領容易得罪人。

---

1 崇德，〈泰國的蘭花事業〉，《中華蘭藝》，3.3（臺北，1980.05）：228-230。

2 崇德，〈東南亞蘭協蘭展紀盛〉，《中華蘭藝》，4.1（臺北，1981.01）：25-27。

他指出：正式到國外做蘭花的買賣始於1978年（民國67年），以泰國的次數最多，也最有心得，在泰國跑了2、3年之後，將自己的見聞與心得做完整的紀錄公開於世，他不但不認為這是商業機密，此舉反倒是增加了蘭友對他信任。內容包含他所認識的蘭園、業者和趣味者（第一篇）；泰國蘭園的規模、生產品種、栽培方法、行銷管道（第二篇）；劉黃崇德舉出親眼所見諸多案例，引證泰國蘭業可說世界最盛，分析其因，天時地利是其一，工資低廉是其二，政府和學界支持也不可或缺（第三篇）；引介曼谷的「假日花市」，期待我國政府能夠仿效（第四篇）；泰國全國性的蘭會組織有3個，經常舉辦全國性蘭展，其中有2個劉黃崇德經常參觀，最令他感興趣的是蘭展的評審制度，認為他們的評審比較超然、公正和權威性，分類分組比賽的制度也有獨到之處（第五篇）；為此，劉黃崇德詳細介紹了泰國OST（Orchid Society of Thailand，泰國蘭花協會）的分類分組比賽的制度，因為他認為分類分組各國均有其特色，因為適當的分類分組對各該類的業者有極大的鼓舞作用（第六篇）；也介紹了RHT（The Royal Horticultural Society of Tailand）的年度展覽與分類分組的制度（第七篇）。[3]

劉黃崇德在跑日本線時，於1986年（民國75年）介紹親身參與的日本JOGA（Japan Orchid Growers Association，日本蘭花生產者協會）蘭展，這是純粹蘭花業者的蘭會組織，必須是蘭農或蘭商方可加入會員，舉辦地點在東京的三越百貨公司，展品雖然只有300餘盆，卻都是精品，附設的賣場銷售員解說親切，人潮雖洶湧但井然有序，買氣旺盛，劉黃崇德期待台灣蘭園的主人也到場觀摩，吸取他人經驗。[4]

至於1987年（民國76年）在東京舉行的第12屆世界蘭展，讓

---

[3] 崇德，〈泰國見聞隨筆（一）〉，《中華蘭藝》，5.1（臺北，1982.01）：47-49。餘6篇略。

[4] 劉黃崇德，〈蘭展參觀記〉，《中華蘭藝》，9.2（臺北，1986.03）：168-172。

國人趨之若鶩，前往「朝聖」的蘭友甚多，對台灣蘭友的震撼也最大，返國發表的心得甚多，茲舉二例說明之。何資璋指出，基於地緣關係，許多蘭友前往觀摩，敞開眼界，對日本的蘭業有更深一層的認識，他發現，台灣的蘭友過於重視銘花育種、參展獲獎，而日本的蘭花業者著重在市場的供需。[5]李鵬郎也發現，蘭展仰賴成功的廣告宣傳，蘭展比蘭株也比景觀佈置，蘭藝需要透過商業行為推廣，透過蘭花教育帶動市場消費，大型蘭展需要大企業體的支持。[6]

台大蘭園也參與了1990年（民國79年）紐西蘭的第十三屆世界蘭展，感慨紐西蘭的人口才台灣的七分之一，雖然台灣擁有眾多的蘭花業者，卻是無緣舉辦世界性的蘭展，他明知遠道參與蘭展不符合經濟效益，但就長遠來看，卻值得投資，尤其是在蘭展裡可以獲得第一手資訊、最新國際蘭壇動態、育種趨勢、科技與研究成果、最新栽培技術、蘭花市場分析等。[7]

以往蘭友在吸取先進國家經驗，幾乎都著重在栽培與播種的技術，這些技術層的知識很快就可以學會，但是對於制度層的管理技術，甚至思想層的審美觀念，就不太去注意，換言之，蘭友們專注於蘭園裡的栽培與育種工作，整天埋頭苦幹、努力增產，卻無法將產品順利行銷出去，所獲利潤等同於廉價勞工，若是趣味者或副業者也就罷了，若投資額不小又是主業，那就虧大了。斯時台灣整個蘭業市場相當的不成熟，與蘭業制度層不夠完善有關，上述的先進國家經驗，也正是此時期台灣蘭業的缺失，值得引以為鑑。

5　何資璋，〈看日本，談我國〉，《蘭花世界》，109（臺北市，1987.05）：29-31。

6　李鵬郎，〈東京12屆世界蘭展的觀見、觀念、觀感〉，《蘭花世界》，110（臺北市，1987.06）：30-35。

7　台大蘭園，〈第十三屆蘭花會議的感言〉，《中華蘭藝》，13.5（臺北，1990.09）：151-153。

蘭藝與蘭業的分途

在許多參考文獻或訪談的過程，經常看到或聽到「蘭友」一語，似乎不同的人對「蘭友」有不同的概念。仔細了解後，大體有以下幾種層次：

喜愛買蘭花者：買來自己養、自己買來擺飾、買花送禮等。

喜歡賞蘭花者：喜歡欣賞但不一定自己會去買或動手去養。

喜歡採蘭花者：自己到山裡採來賣、自己養、自己欣賞或送人。

喜歡集蘭花者：像收集骨董或郵票一樣，有用錢買的，也有與蘭友交換的。

喜愛養蘭花者：自己欣賞、與人交換、參加展覽、偶會出售。

喜愛種蘭花者：自產自銷、企業化農場經營。

喜愛售蘭花者：花販子、進出口商等。

喜愛品蘭花者：吟詩、書畫、文學、攝影、插花等。

喜愛從事蘭花之學術研究、評論、推廣者。

喜愛從事蘭花文化創意產業業者：裝飾品、家具、保養品等。

喜愛從事蘭花週邊產業業者：肥料、農藥、資材、溫室設施等。

若從職業的類型來分，有純趣味者（業餘）、半職業者（semi-pro副業）和專職者（全職）；當然也有些先是一個純趣味者，之後當作副業，基礎穩定之後再轉入全職，也有原先就是一位全職者，退休後轉成純趣味者；換言之，角色的轉換在蘭界屢見不鮮，不足為奇。可見誰稱呼誰是「蘭友」，不同的人在不同的場合，會有不同的指涉對象。

在全省蘭協時期，已經有從蘭藝朝向蘭業蛻變的跡象，到了蘭業興起時代，受到台灣經濟起飛的驅動，蘭業已經具備相當程度的科學化、專業化的能力，一般的趣味者或副業者，在產銷的能力上，自然無法與專業者抗衡，而且三者之間投資額不同、目標不同、管理模式不同、選擇的品種不同、對蘭展的期待不同，導致蘭藝與蘭業的分途，也是必經之路。陳耀基（1986年，民國75年）指出：蘭藝與蘭業雖是一家人，但就產業的角度來看，仍有本質上之分野，要玩就盡興的玩，要做事業可要考慮成本效益，因此台灣的蘭業必須擺脫以往半職業的副業經營型態，運氣好的話可以中獎，運氣背時賠錢了事，反正只是副業。[8]

當然，蘭藝與蘭業的分途，不代表二者就此分道揚鑣，二者之間仍可相輔相成，例如日本的日本蘭協（JOS）和全日本蘭協（AJOS），分別在1955年（民國44年）和1958年（民國47年）成立，相隔僅有3年，二者發展各有一片天，但尚不至於不相往來，許多評審家、學者都來自全日本蘭協。蘭業興起時代的中華民國蘭藝協會，角色尚停留在蘭藝與蘭業的尷尬期，導致趣味者和業者皆對其有不滿的聲浪，它於1992年（民國81年）解散，當與此因素不無關聯。

蘭業興起時代的趣味蘭友

周武吉（1980年，民國69年）指出，《蘭花世界》的蘭友約有3500人，強調以蘭會友之功能。[9]這些蘭友被列為非正式組織的「蘭友俱樂部」；依此可以推測得到，這些蘭友絕大多數是自發性的興趣組合，所著重的是蘭藝，以休閒、娛樂、生活陶冶為主要的目的。例如林進賢（1980年，民國69年）就說：養蘭最大的樂趣，就是自己從小把它培養長大，直到開花，會使人產生一陣狂歡。[10]趙宗訓（1980年，民國69年）形容說：小子（指自己種的蘭花）一蘭夢，那半株蝴蝶蘭，現已生氣活現，每日向小子媚笑，在心情快

---

[8] 陳耀基，〈臺灣目前蘭花事業：紙老虎（二）〉，《洋蘭月刊》，4（嘉義市，1986.10）：28-30。

[9] 周武吉，〈蘭樂之所在〉，《蘭花世界》，26（臺北市，1980.05）：10-11。

[10] 林進賢，〈蘭花與我：蘭蘭蘭〉，《蘭花世界》，29（臺北市，1980.08）：35。

活的不得了。[11]林章信（1980年，民國69年）對蘭花簡潔的評價：如果有人問我，為什麼愛蘭花，那我將毫不考慮的說，因為蘭花美麗大方，高雅脫俗。[12]劉木勝（1980年，民國69年）在家裡植蘭的心得是：父親從台東旅遊歸來，帶回一盆蘭花，歷經數年後終於第一次開花，綠葉襯出紫紅花瓣，不艷不妖，幽幽清香洩的滿室芬芳，「她」已是我精神生活上不可或缺的食糧。[13]筆名為心（1991年，民國80年）則提醒蘭友，蘭花是最懂得禪定的植物，養蘭需要耐性。[14]

以上這些蘭友可說都是趣味型的蘭友，他們雖然沒有使用古人的詩詞書畫表現對蘭花的熱愛，但對蘭花喜愛之心是等同的程度。趣味蘭友對蘭業的興起頗為興奮，最重要的原因就是蘭價已經平民化了，有些蘭友便鼓勵民眾養蘭；藝術家林金其（1984年，民國73年）就呼籲：台灣的蘭業開始蓬勃發展，許多育種家和培養家栽培出許多質量並重的蘭花，接下來就需要培養國人如何欣賞這些蘭花，他期待喚起民眾內心感性來欣賞蘭花，以提升生活的品質，這才是蘭藝的終極目標。[15]周武吉（1984年，民國73年）也提出分享的概念：不但要為自己蒔蘭，也要為他人蒔蘭。[16]

趣味型蘭友養蘭的樂趣，不但著重在開花與賞花的喜悅，也陶醉在養蘭過程的心境，在處於蘭藝與蘭業分途之際，趣味型蘭友不但不會受到障礙，反而因為蘭價的平民化，而嘉惠了一般的民眾，原先買不起蘭花者，如今趣味型蘭友增加了，人們因為喜愛蘭花而提升了生活品質，藉此消弭金錢遊戲的不良風氣。

---

[11] 趙宗訓，〈蘭花與我：園主！野人獻曝〉，《蘭花世界》，29（臺北市，1980.08）：36。

[12] 林章信，〈蘭友俱樂部：愛蘭源〉，《蘭花世界》，32（臺北市，1980.11）：41。

[13] 劉木勝，〈蘭友俱樂部：蘭顛〉，《蘭花世界》，32（臺北市，1980.11）：42。

[14] 為心，〈蘭花的啟示〉，《中華蘭藝》，14.5（臺北，1991.09）：64。

[15] 林金其，〈喚起內心感性來欣賞蘭花〉，《中華蘭藝》，7.2（臺北，1984.03）：131-134。

[16] 周武吉，〈做個受敬重的養蘭人〉，《蘭花世界》，79（臺北市，1984.11）：10。

開啟大眾消費市場

1976年（民國65年）謝東閔在省主席任內，於台北市重慶南路民眾團體活動中心，設立假日花市，是為蘭花大眾化的開端。1982年（民國71年）台北市建國高架道路橋下設假日花市，目前已經成了市民的觀光景點。[17]談到建國花市，劉黃崇德談到一段歷史，他說：

> 我在跑泰國線時，發現泰國有假日花市的制度，以泰國的經驗，返國後我向我們的外貿協會建議，也向台北市花卉協會建議成立假日花市，市政府乃同意在建國高架橋下規畫設置，但當時願意設攤者很少，協會央求我設二個，而且登記攤位免費，但我經常跑國外，無法分身，之後花市熱絡了，攤位的權利金水漲船高，四、五百萬一位難求。（訪談稿，20150313a）

建國花市並不是只有賣蘭花，但台灣的蘭花零售市場在建國花市，具有指標性的地位，台灣其他都會先後也跟進設立，民眾可以在花市購買到平價的蘭花，是開啟蘭花大眾消費市場重要的措施之一。陳盈達以及劉黃振育和劉黃振坤他們三人，先後都曾利用假日在此設攤販售蘭花。中華蘭藝協會理事長張建邦（1992年，民國81年）為了推廣蘭藝，也呼籲民眾購買蘭花，他說：每年的5月為母親獻上一朵康乃馨，8月為父親獻上一朵石斛花。[18]

有大眾消費的市場，當然也要有大眾消費的蘭花，其中，順應台灣送禮的民情，開發禮品蘭花也是開拓大眾消費的市場重要的環節。《蘭花世界》社論認為禮品蘭花的始祖為台北永和的賴震

---

[17] 2015臺灣國際蘭展現場，陳石舜專訪影片之觀賞筆記，2015年03月15日。

[18] 張建邦，〈石斛蘭、父親花〉，《中華蘭藝》，15.4（臺北，1992.07）：3。

郎，他在十多年前就專營供應高官、富商送禮的蘭花，經由「巧思包裝」，看來「貴氣艷麗」的自然盆花，但目前（1993年，民國82年）已有十幾家在做這樣的生意，禮品蘭花是用血、用淚、用汗創造出來的，清華蘭園曾把禮品蘭花送到台北花店寄賣的行為，被南部業者指責為破壞傳統經營方式，接著，有些「中盤商」開著卡車直接到蘭園收購蘭花，再轉售給市區的花販和花店，打破以往店家親自到蘭園選購的習慣。[19]1995年（民國84年）劉黃崇德的愛蘭園也開發組合盆花取名「愛蘭禮籃」，係將數株蘭花從盆中取出，搭配水草等介質，運用他曾學過插花的美感原理，加以組合在同一陶盆或竹籃裡，他表示，蘭花有高矮大小之分，矮小的缺乏市場價值，搭配置入組合禮籃，可以發揮出小兵立大功之效。（訪談稿，20150313a）

台灣光復初期的蘭業，幾乎都是業者或趣味者之間的買賣，趣味者乃上層社會的人士才買得起，全台蘭協時期蘭價稍有下降，趣味者有增多之勢，但仍未普及化；進入蘭業興起時代，蘭花已經非常平價了，此時有了花市的制度，方便民眾的選購，無須專程到蘭展會場或郊區的蘭園，可謂價美物廉，尤其是蘭花禮籃的開發，的確是送禮大方、受禮高雅；台灣能夠開啟蘭花的大眾消費市場，內銷市場才能正常的運作。

蘭業興起時代的歸結

第四輯所敘述台灣蘭業興起時代的這一段發展史，呈現出台灣蘭業的精神，也凸顯出台灣蘭業的盲點，整理如下：

---

[19] 本社，〈禮品蘭花：蘭界的新興市場〉，《蘭花世界》，182（臺北市，1993.08）：10-13。
本社，〈禮品蘭花：蘭界的新興市場〉，《蘭花世界》，183（臺北市，1993.09）：16-19。

（一）台灣蘭業的制度化

台灣蘭業走向產業的路線，就不能停留在副業型的且戰且走型態，而必須建立完善的制度加以配套，例如CITES的申報制度，新品種的登錄制度，專利權的制度，適合蘭業發展的評審制度，品質的控管制度，成本效益的評估制度；從副業轉型為專業的業者，更應體認市場詭譎多變，若有一個制度的環結失調，很可能造成全盤皆輸的結局，因此制度化是台灣蘭花產業必然的趨勢。

（二）台灣蘭業的多元化

蘭業興起時代呈現多元發展的現象，例如蘭花專業期刊內容出現適合不同讀者群的特色；各地蘭展主辦單位各有巧思，展現多元的表現方式，評審制度也訂定了多元的模式；蘭業的投資也呈現多元的規模，大型企業化的蘭園固然受到矚目，中小型的蘭園只要經營得法，仍有立足之地；蘭業多元發展的現象，固然可以符合不同族群的需求，但也因此造成資源分配分散的風險，資源不足將造成運作的阻礙。

（三）台灣蘭業的企業化

大型企業化的蘭園在此時期興起，由於投資額大、產量也大，因此需要有企業化的管理制度、研發部門、行銷管道；若能引進產官學界的資源，更能收事半功倍之效；但也可能因此而壓縮到中小型蘭園的生計，基本上，蘭業的發展，即使是中小型蘭園也要有企業化的觀念，以往家族式的經營管理，已經不符時代的發展趨勢，所謂麻雀雖小、五臟俱全，是以，中小型蘭園仍不容忽視企業化的觀念。

（四）台灣蘭業的國際化

台灣蘭業的發展，當然不能只依賴國內市場，而須將市場延伸到國外，因此，要生產何種蘭花？哪一國家喜歡哪一種蘭花？要如何運送保鮮？如何報關、檢疫、申報CITES？如何做好市場調查？如何品管？都是必須面對的課題，即使是中小型蘭園，若想走國際化的路線，也不容忽視國際化當有的管理機制，況且，國際化並不就是優於內銷取向，蘭業的發展端視業者設定的目標而定。

（五）台灣蘭業的普及化

台灣蘭業的普及化條件就是價格平民化，物美價廉是基本的要求，組織分生技術的問世，雖然造成蘭業發展一時的不適應，然而對蘭價平民化的趨勢則是一件好事，尤其是趣味蘭友的增加，也有助於國內市場的提升；然而，爾後是否考慮出版趣味者的專業期刊，以及是否考慮專為趣味者舉辦的蘭展，頗值得觀察。

第五輯
蘭花產業勃興的時代
1997-2015

第一章　蘭業勃興時代的技術層

技術層是蘭業最基礎的功夫，舉凡育種、栽培都是蘭花第一線業者具備的技術，加上學術研究的成果，應用在育種與栽培技術上，是蘭業勃興時代技術層提升的重要因素，也是吸引企業界投入蘭業重要的要件之一。

育種能力獨占鰲頭

從歷屆的台灣國際蘭展的表現，便可獲知台灣蘭花的育種能力，可說是獨占世界鰲頭，尤其是蝴蝶蘭的品種，更是國際所公認的品種王國。這項殊榮應該歸功於台灣幾十年來一些趣味家和半職業者，然而，蘭花產業化之後，蘭花走向平民市場，這些喜愛雜交育種的人士已有凋零的趨勢。許多專家就發現，台灣在蝴蝶蘭的育種能力是強項，但偏重於比賽花，對消費市場的需求助益有限。[1]

早期許多業餘的育種家不諳登錄制度，政府也未建立品種權制度，以致造成品種認定的困擾，品種被抄襲或盜用導致對育種者的不尊重，甚至損失龐大的權益。2008年（民國97年）成立的台灣蘭花育種者協會（Taiwan Orchids Breeder Society, TOBS），是蘭花育種者的平台，也是維護創育蘭花品種的專業組織，賴本仕（2008年，民國97年）指出，台灣蘭花育種者協會是全世界第一個正式的全方域蘭花育種者協會，育種是一件辛苦又孤獨的事，但育種者必須肯定自我價值，賴本仕呼籲前輩提攜後進者，拋棄個人成見，從中小學生向下紮根，培養第二代的學養基礎，舉辦第二代蘭花原文會考分級考試，新育的好花都應給獎鼓勵，經由巧思設計，

[1] 陳加忠，〈省思與檢討：對商業周刊報導的回應之一〉，《蘭藝生活》，20（臺南市，2007.10）：66-72。

應用於休閒環境與生活，延伸蘭花產業的出路。[2]2011年（民國100年）行政院農業委員會農糧署輔導，台灣蘭花育種者協會主辦第一屆台灣蘭花育種優秀人才菁英獎頒獎典禮，藉以肯定育種者的地位。[3]

育種就如同一項商品，必須經常創新，推出新穎的產品，以迎合消費市場的需求，也因此，需要有品種權的制度，以維護智慧財產者的權益。

種苗生物科技的成熟

依據陳麗敏2005年（民國94年）發表的報告顯示，近年來生物技術組織培養大量繁殖技術與轉基因品種之育成已成為種苗產業發展的主流，國內組織培養業者所經營之作物種類以蘭花類種苗佔85%為最大宗。國內目前利用生物技術組織培養從事植物種苗生產的業者約有100 家，主要的廠商如一心生物科技、台糖、清波蘭園（陸仕企業）、展壯園藝（台大蘭園）、世芥蘭業、兄弟國際蘭園、新高等。國內蘭科組織培養苗生產技術已相當成熟，且以文心蘭最為突出，尤其在日本市場，其品質及價格幾可與日本原產品相提並論。[4]

國內主要的植物種苗生技公司擁有的操作台，除一心擁有125台之外，其餘依序：十全、育品、世芥、新高、金車、長亨、寶龍、三和、展壯、豐源、陸仕、聖東、資生、佳昌之操作台在65台至15台之間；操作的蘭屬主要有蝴蝶蘭、文心蘭、虎頭蘭、國蘭、拖鞋蘭、嘉德麗雅蘭等；出口金額排名（2004年，民國93年）

2　賴本仕，〈對臺灣蘭花育種者協會（TOBS）的期許〉，《蘭藝生活》，30（臺南市，2008.08）：55。

3　黃桂金，〈第一屆臺灣蘭花育種優秀人才菁英獎頒獎典禮報導〉，《生活蘭藝》，61（臺南市，2011.03）：30-31。

4　陳麗敏，〈種苗生技產業現況與趨勢〉，《農業生技產業季刊》，1（臺北市，2005.03）：1-8。

依序為：蝴蝶蘭苗（87.8百萬元台幣）、蘭科植物瓶苗（70.1百萬元台幣）、文心蘭苗（2.4百萬元台幣）、拖鞋蘭苗（0.3百萬元台幣）、石斛蘭苗（0.1百萬元台幣）；出口國家金額排名（2004年，民國93年）：日本（42.5百萬元台幣）、美國（34.6百萬元台幣）、荷蘭（26.1百萬元台幣）、南韓（25.8百萬元台幣）、德國（10.5百萬元台幣）。[5]

由於種苗生物科技的成熟，蘭花才能大量的生產，而且可以去除病毒、控制品質和提高成活率，增加業者的利潤。

環控生物科技的提升

台灣蘭花的育種能力，在世界獨占鰲頭，尤其是蝴蝶蘭，品種不但多，而且逐年創新；在組織培養技術方面已經更臻成熟；接著就需要把無數的幼苗培養長大，便需要有相當完善的溫室讓它成長，因此在蘭業方面，環控的生物科技也必須跟著提升。溫室設施包含：被覆資材、加溫系統、降溫係統、噴灌系統、內部空氣循環、遮陰系統、環控系統等等。通過認證的溫室，至少要達到下列幾個條件：防蟲網孔徑0.6mm、雙重門、植床拉高為45cm、生鏽銅片。[6]

2004年（民國93年），朱欽昌指出：分生苗價格雖比實生苗高，但育成率高、品質穩定，比較適合商業化；國內是小型蘭園的聯合國，3-5百坪數的溫室，卻有十幾個品系來自幾個組織培養場，在生產管理上不易控管。[7]由於小型蘭園主打內銷市場，或專門培育新種，對溫室的環境控制或許不太在意，但大型蘭園恐無法

---

[5] 陳麗敏，〈種苗生技產業現況與趨勢〉，《農業生技產業季刊》，1（臺北市，2005.03）：1-8。

[6] 取自：2015年臺灣國際蘭展科技展示區。

[7] 朱欽昌，〈蝴蝶蘭組培苗的生產規劃與面臨的問題（上）〉，《蘭藝生活》，12（高雄市，2004.12）：30-34。

因陋就簡，否則將因小失大。

朱欽昌（2005年，民國94年）指出：台灣蘭花的產銷不協調，季節影響有大小月之分；其次規格不統一，台灣組織培養業者數量堪稱世界第一，生產技術各有所長，培養基各有獨家配方，容器五花八門，卻產生外銷運輸上的不統一，徒增成本；此外，外銷運費高，是業者外銷蘭苗的痛，運費以體積加重量計價，因此如何裝箱節省空間，選擇何種材質的瓶罐，較輕又節省空間，也需考慮，尤其是外來苗的競爭，包含大陸、東南亞、東非、中南美洲等，其中以從大陸和泰國進口的「便當盒苗」最為堪慮。[8]可見，除了溫室之外，培養蘭花的瓶、罐、盆、箱之規格，在在影響蘭花的生長、運輸的方便以及成本的節省。

賴本仕（2008年，民國97年）很欣賞剛蓋好的育品蘭園之一萬坪現代化溫室，少人工的自動化設計，隱藏式的噴藥系統，節能減碳的地上降溫系統，餘熱可回收不浪費，小苗集中方便管理，並設置自動輸送系統，進出貨區設計完善，與荷蘭溫室大小相近，賴本仕認為，荷蘭不怕台灣育種能力與擁有最多品種，因為品種可以買的到，但荷蘭怕的是台灣擁有量產的設施與能力，畢竟台灣的天候比荷蘭佔有優勢，因此呼籲政府加強輔導業者提升水準。[9]

台灣蘭花能夠連根帶盆進入美國，如今韓國、加拿大、澳洲和紐西蘭也同意台灣蘭花可以附帶介質進口，為此，農委會推動台灣業者將蝴蝶蘭以海運方式出口，委託台灣區花卉輸出業同業公會，及台灣蘭花產銷發展協會執行海運試銷；[10]海運試銷的優點有：降低成本、進軍國際，節省運輸成本50%-75%，海運關鍵技術：苗株

---

[8] 朱欽昌，〈蝴蝶蘭組培苗的生產規劃與面臨的問題（下）〉，《蘭藝生活》，1（高雄市，2005.01）：26-29。

[9] 賴本仕，〈蝴蝶蘭的大未來〉，《生活蘭藝》，31（臺南市，2008.09）：58-59。

[10] 陳蓓祺，〈「蝴蝶蘭保鮮處理儲運技術廠商評選要點」會議〉，《生活蘭藝》，2（臺南市，2006.04）：78。

處理（馴化、殺蟲、殺菌）、冷藏貨櫃（溫度19℃，濕度85%，換氣率75CMH）、特殊包裝（台車、紙箱、塑膠籃）、預冷（確保包裝中的苗株在櫃中的溫度）等。不過，蘭花的健康檢查，就是蘭花病毒檢測技術，則是另一個必須加強的領域，花卉出口大國荷蘭，推出無病毒健康苗，台灣在產官學的合作推廣下，病毒檢測認證已成為種苗場外銷的重要工作。[11]

科技化的培養技術與運輸技術，不但可以減省人力的支出，藉由環控生物科技的提升，對蘭株可以培養更健康、成長更順暢、漸少損害率，尤其是現代化、科技化的溫室，是台灣蘭花產業勃興重要的利器。

企業紛紛投入戰局

依據陳麗敏2005年（民國94年）發表的報告指出，由於國內業者多為家族經營的企業型態，因此除少數公司有與國外合作生產外，大多為代工生產組織培養瓶苗的經營型態。2004年（民國93年）國內花卉種苗的從業人員約800人，其中研發人力約為10%，所投入的研發經費約佔營業額的14%。近年來許多產業的西進策略，亦吸引了國內花卉業者於大陸建立生產基地，包括金車、台大蘭園、台糖等約半數以上的業者已相繼赴大陸投資，並集中在上海、江蘇、福建、廣東及雲南等地栽培蘭花。除著眼於大陸低廉的生產及營運成本外，其逐年提升且龐大的花卉消費市場實為商機之所在。以下介紹6家企業化經營的蘭園：[12]

（一）陸仕集團旗下的清波蘭園從出口蝴蝶蘭開始進行企業轉型，開始蝴蝶蘭的栽培，所採取的是以接受委託代工育苗的經營策略，60%是自有品種，其餘的花種則是由國外客戶提供。

---

[11] 取自：2015年臺灣國際蘭展科技展示區。

[12] 陳麗敏，〈種苗生技產業現況與趨勢〉，《農業生技產業季刊》，1（臺北市，2005.03）：1-8。

該公司擁有栽培育室20,000坪。

（二）一心生物科技前身為創立於1978年（民國67年）之一心蘭友服務中心，目前為東南亞最大的蘭花瓶苗培育中心，擁有1,600坪的瓶苗培育溫室、無菌操作台（120cm）125台、6,400坪的育種及苗株溫室栽培場，年產瓶苗120萬瓶（約3,000萬株）。

（三）台大蘭園（展壯園藝），成立於1981年（民國70年），1996年（民國85年）至美國南加州設有約3公頃的蘭花栽培場，國內外合計有9公頃的栽培面積，並與10家協助栽種幼苗的衛星蘭園合作。

（四）2003年（民國92年）由新發國際生物科技公司更名為台林生物科技，於2002年（民國91年）引進組織培養技術後，積極投入蝴蝶蘭的研發，有無菌操作台55台、自動化環控之無塵室1,200 坪、瓶苗馴化室209坪。

（五）台糖自1988年（民國77年）開始投入蝴蝶蘭育種，成立種苗中心與精緻農業發展中心，並建置蝴蝶蘭的基因轉殖技術庫，應用基因轉殖技術，選育抗病毒及抗病蝴蝶蘭新品種，已開發出逾百個新品種。

（六）金車生物科技公司成立於1988年（民國77年），致力於花卉組織培養、細胞培養、基因轉殖、品種選育、無病毒健康種苗生產。看好蝴蝶蘭種苗外銷日本的商機，金車生技於2003年（民國92年）月持續投資新建溫室使總溫室面積達12,500坪。

依照陳加忠的分析，台灣的蝴蝶蘭產業業者可分成三種型態：[13]

（一）趣味栽培者：台灣約有400家，育種能力強，喜好參加展覽或的肯定，不以營利為導向，可走向觀光休閒農業一途，不

[13] 陳加忠，〈省思與檢討：對商業周刊報導的回應之一〉，《蘭藝生活》，20（臺南市，2007.10）：66-72。

但與一般蘭花業者不衝突，而且絕對有利於台灣的蝴蝶蘭產業之發展，即使是荷蘭也樂觀其成。

（二）自生自滅的小農：台灣絕大多數的蝴蝶蘭業者之型態，雖能生產出種類繁多、價格低廉、自產自銷、短期獲利，卻無法進行計畫性的生產，未能提升技術與生產品質，無法在國際市場立足。

（三）具國際競爭力之企業農場：以企業經營型態的大規模生產公司，在國際市場上尋得自己的定位。

在台灣蘭花產業勃興時期，大型的企業化蘭園固然受到大眾的矚目，他們擁有各種的人才，產量大、行銷廣，但是這種規模的蘭園數量並不多，反倒是中小型的蘭園，雖然規模小，但都依各自的興趣發展出自己的特色，擁有自己開發的小眾市場，就台灣蘭業發展史來看，台灣的蘭業能有今日的成就，這些中小型蘭園功不可沒。

蘭心紀事

蘭業技術層的提升，一方面靠經驗，另一方面靠科技，尤其是生物科技。一個蘭花業者終其一生的經驗固然可貴，而經驗的傳承更可以一代傳一代，尤其是育種的技術，必須耐心的等候育種的結果，對於蘭株的屬性，也需要長年的相處，方能得知蘭株喜愛的生長環境。至於生物科技方面，則是日新月異，其進步的速度令人歎為觀止，然而，科技的溫室或器材價格昂貴，所費不貲，並非所有的業者都能經常更新，因此，如何讓業者降低成本，也能享有最新的生物科技設施，是為學術單位需要面對的課題。

第二章　蘭業勃興時代的制度層

如果將技術層與制度層作比喻的話，技術層的工作像是單兵作戰，而制度層像是在打團體戰，蘭花產業想要蓬勃發展的話，就是需要打團體戰，團體戰講求分工與合作，規劃與配套，裡應與外合，自由與民主，因此必須建立各種的制度，方能讓所有的業者依照遊戲規則來走。因此，民間的蘭花團體，官方的相關單位，相關的學術研究機構，都在蘭業勃興時代的制度層裡扮演重要的角色。

蘭花相關民間團體

自從中華民國蘭藝協會於1992年（民國81年）解散之後，國內的蘭友頓時失去重心，形成群龍無首的階段。部分蘭友考量實際面的需求，紛紛結合屬性相近的蘭友成立蘭花專業團體。從「內政部人民團體全球資訊網」查詢到的有下列17個：[1]

台灣國蘭聯合協會（1973年成立，新竹縣）

中華民國蘭藝協會（1977年成立，台北市）（1992年解散）

台灣省國蘭協會（1984年成立，桃園市）

中華民國四季蘭協會（1989年成立，台中市）（已解散，年代不明）

中華蘭花協會（1994年成立，桃園市）

台灣仙履蘭協會（1995年成立，台中市）

台灣細葉國蘭協會（1995年成立，台中市）

中華民國洋蘭推廣協會（1997年成立，高雄市）（已解散，年代不明）

[1] 內政部人民團體全球資訊網，http://cois.moi.gov.tw/moiweb/web/frmHome.aspx。

台灣蕙蘭協會（1999年成立，花蓮縣）

中華文心蘭產銷發展協會（1999年成立，台中市）

台灣蘭花產銷發展協會（2001年成立，台南市）

台灣蘭藝創技協會（2006年成立，台中市）

台灣蘭花育種者協會（2008年成立，彰化縣）

台灣蕙蘭產銷發展協會（2009年成立，台中市）

台灣國蘭產銷發展協會（2012年成立，南投縣）

台灣蘭花產業聯盟發展協會（2013年成立，台南市）

中華白花文心蘭產銷協會（2013年成立，雲林縣）

這17個蘭花專業團體，以申請者所在縣市別分：台中市6個、台南市2個、桃園市2個，台北市、高雄市、新竹縣、彰化縣、雲林縣、南投縣、花蓮縣各1個；以蘭花類屬來分：國蘭5個、文心蘭2個、蕙蘭類2個、仙履蘭1個、洋蘭1個，未特別指名者有：蘭花3個、蘭藝2個、四季蘭1個、蘭花育種1個；協會名稱強調產銷、發展與推廣目的者有7個，其餘的多半與趣味者有關；若以成立年代來看，有13個是中華民國蘭藝協會解散之後（1992年，民國81年）才成立的。

目前17個蘭花專業團體有3個已經解散，實際上對蘭業比較有影響力的，為2001年（民國90年）成立的台灣蘭花產銷發展協會。台灣蘭花產銷發展協會成立宗旨為：「結合全國蘭花生產及銷售業者，推動蘭花產銷業蓬勃發展、開發國內外市場、提昇產銷技術及協助政府發展花卉產業基本政策。」其願景任務有以下9項：[2]

（一）舉辦展覽及研討會，增進產銷業者專業知識交流。

（二）蘭花市場應用開發及教育。

（三）參與國際蘭花組織，推動生產技術移轉。

（四）輔導蘭花產銷業者，提高生產及銷售能力。

---

[2] 臺灣蘭花產銷發展協會官方網站，http://www.toga.org.tw/。

（五）舉辦國內外蘭花市場考察及推銷活動。
（六）發行蘭花產銷動態刊物，推廣蘭花專業知識。
（七）培育蘭花產銷技術人才，促進蘭花產業永續發展。
（八）協助政府發展花卉產業基本政策，增進全民身心發展。
（九）辦理各種蘭花之建檔、評鑑授證、展覽、評審、觀摩等事項。

最具體的表現就是舉辦台灣國際蘭展、月例會為蘭友評審蘭花、審查並公布授獎花、發行《蘭藝生活》、《生活蘭藝》與《台灣蘭訊》專業期刊、編輯出版研討會報告書、蘭展專刊、舉辦蘭友海外研習等。此外，值得重視的2008年（民國97年）成立的台灣蘭花育種者協會，是結合全國蘭花育種者，從事研究、創育蘭花品種的專業團體。[3]

民間團體乃由興趣相投者組織而成，在自由民主的社會裡，蘭界所成立的民間團體呈現多元的現象，有些團體活力十足，有些團體勢力單薄，但也不容忽視他們的存在。由於民間團體形式富有彈性，尤其在推廣活動時靈活自如，不像官方組織經常綁手綁腳，但民間組織籌款不易，因此官方與民間若能合作得宜，必然相得益彰，獲得雙贏的局面。

舉辦大型國際蘭展

世界有三大蘭展：1.三年一度的世界蘭展（World Orchid Conference，WOC），並主導空檔的二年分別舉辦亞太蘭展（Asian Pacific Orchid Conference，APOC）和歐洲蘭展（European Orchid Conference，EOC），這些蘭展均在世界各國城市輪辦；2.每年一度的日本東京巨蛋國際蘭展；3.每年一度的台灣國際蘭展。

在台灣，1987-1992年（民國76-81年）舉辦的第一～六屆國際蝴蝶蘭特展，係由國產汽車大企業所贊助，1993年（民國82年）台

---

3 臺灣蘭花育種者協會官方網站，http://tobs.org.tw/。

灣第七屆國際蘭展是第六屆國際蝴蝶蘭特展的延伸，在士林園藝所舉行，再度聘請美國夏威夷評審團參與。[4]1990年（民國79年）中華蘭協也曾於台北士林園藝所舉辦中華國際蘭展，[5]以上這些號稱「國際」的蘭展，其實僅有零星國際蘭友參與，尚不成氣候。

台灣國際蘭展（Taiwan International Orchid Show，TIOS）於1998年（民國87年）開辦，接著1999年（民國88年）連二屆在高雄舉行，2000年（民國89年）於台北紐約紐約舉行，2002年（民國91年）停辦，2003年（民國92年）由台灣蘭花產銷發展協會（TOGA）舉辦亞太預展，2004年（民國93年）舉辦亞太蘭展，2005年（民國94年）於台灣蘭花生物科技園區（TOP）舉行迄今，已被公認為世界三大蘭展之一。[6]

由台灣蘭花產銷發展協會主辦的台灣國際蘭展，係於2004年（民國93年）台灣舉辦亞太蘭展之後，便已超越歷屆亞太蘭展和世界蘭展之規模，主要的幕後支持者，政府單位有農委會、國貿局、外貿協會、台南縣政府，主辦單位為台灣蘭花產銷發展協會，2005年（民國94年）起每年固定在台灣蘭花生物科技園區舉行。[7]

第一屆亞太蘭展於1984年（民國73年）在日本東京舉行，第8屆亞太蘭展於2004年（民國93年）台灣台南舉行（台南縣仁德鄉貝汝流通中心），舉辦國際性蘭花會議與蘭展，係為了增進蘭花產業的流通，為了蘭花保育，為了拉近人類與蘭花的距離，豐富人類的生活，讓和平幸福永遠在人間。[8]此蘭展計有20多個國家團體與會，室內展區超過3700坪，創下WOC和APOC最高紀錄，個體審查

---

[4] 周武吉，〈臺灣第七屆國際蘭展報導〉，《蘭花世界》，178（臺北，1993.04）：14-15。

[5] 張建邦，〈感謝與期許〉，《中華蘭藝》，13.3（臺北，1990.05）：1-2。

[6] 黃禎宏，〈2010臺灣國際蘭展〉，《生活蘭藝》，50（臺南市，2010.04）：62-69。

[7] 黃禎宏，〈2009臺灣國際蘭展〉，《生活蘭藝》，38（臺南市，2009.04）：8-16。

[8] 陳石舜，〈第八屆亞太蘭花會議暨蘭展緣起〉，《蘭藝生活》，創刊版（高雄市，2004.01）：29。

花1213件，也是名列前茅，參觀人數達15萬人次。[9]世界蘭花協會會長Joyce Stewart觀後指出，共有800位來自世界各地蘭友參加，展場有18座大型、24座中型、10座小型之景觀布置，審查者多數來自海外；在政府的支援下，產官學界共襄盛舉，會議有專題講座有47場，專題研究成果50件，內容豐富。[10]

2005年（民國94年）第一次在台灣蘭花生物科技園區舉行，參觀人數達10幾萬人次，10幾個國家蘭友參展，1000多株蘭花參展；[11]然有蘭友批評，展場沒有明確的動線指示牌，像兒童遊樂園。[12]或許是初次在此舉行，對場地尚不熟悉之故，也凸顯蘭友對此國際蘭展的期望甚高。

從2008年（民國97年）台灣國際蘭展開始，有固定的Logo，從「商品消費」走進「品牌消費」的時代；[13]主辦單位邀請美國蘭花協會（AOS）進行個體審查，依據該會至世界各國審查的經驗，每年頒出FCC獎項者通常只有一、二十面，[14]最多的一年達32面，而且每一個蘭展至多只頒出2面，此次2008年（民國97年）台灣國際蘭展一口氣就頒出了6面FCC，AM獎項也有82面，震驚了全世界蘭壇。[15]此時的蘭友仍然以高標準評論該蘭展，期待台灣國際蘭

---

9 編輯部，〈人物專訪：臺灣蘭花產銷發展協會理事長盧哲民〉，《蘭藝生活》，4（高雄市，2004.04）：28-29。

10 Joyce Stewart原著，王俊彬翻譯，〈國外學者對第八屆亞太蘭花會議在臺灣臺南之感言〉，《蘭藝生活》，11（高雄市，2004.11）：36-37。

11 王俊斌，〈2005年臺灣國際蘭展紀實〉，《蘭藝生活》，5（高雄市，2005.05）：21-22。

12 J.J.，〈期待、失望、無奈：2005年臺灣國際蘭展觀後感〉，《蘭藝生活》，5（高雄市，2005.05）：49。

13 黃禎宏、賈益強，〈從此一致的形象：臺灣國際蘭展〉，《蘭藝生活》，25（臺南市，2008.03）：76-78。

14 FCC（First Class Certificate）第一級獎90-100分；AM（Award of Merit）有價值的獎賞80-89分；HCC（High Class Certificate）高級獎70-79分。

15 資料室，〈絕世的驚奇，六面FCC/AOS的榮耀〉，《生活蘭藝》，26（臺南市，2008.04）：31。

展（TIOS）多一點的蘭業味，少一點政治味；[16]蘭展現場接受申請CITES的官員給蘭友的印象不像是在協助，而像刁難，甚至不懂對申請者所填寫的花名，以致評語不太客氣。[17]

到了2010年（民國99年）台灣國際蘭展，此屆的AOS審查委員又破天荒的審出13面FCC，118面AM，再度打破紀錄。[18]2011年（民國100年）這一屆國內外評審委員達200位之多，光是AOS的評審委員也有17位，其中FCC有6面，AM有65面。[19]

上述這些蘭展都是民間團體所舉辦的，從早期的全國蘭展，走到國際蘭展規模，雖然走得辛苦，卻也嘗到了甜頭，因為辦蘭展所舉辦的審查活動，其實也是蘭展的重頭戲；花藝的審查原本屬於藝術的領域，審查者難免存有主觀的觀點，只要涉及競賽，在客觀的條件之下，便有輸家與贏家，而且往往冠軍只有一個，難免會有遺珠之憾，然而，從另外一個角度來想，敢將自己所栽培的作品，提到大庭廣眾之下，讓人品頭論足，分享辛苦栽培的成果，有這種勇氣基本上就已經得獎。

官方擬定政策輔導

行政院農業委員會於1996年（民國85年）資助國立嘉義技術學院園藝技術系（嘉義大學園藝學系前身）執行「拖鞋蘭生產業者普查資料」，了解業者的基本狀況。依據行政院農業委員會委託財團法人台灣經濟研究院執行之「98年度農業生物技術領域產業發展現況及規劃報告」所提供（報告出版日期為2009年12月）資料指出：

行政院農業委員會（以下簡稱農委會）於2006年（民國95年）行

---

16 莫言又言，〈期待一個蘭業期待的TIOS〉，《生活蘭藝》，27（臺南市，2008.05）：30-31。

17 總編，〈編後語：臺灣蘭界向前衝，政府官員們請別再混了〉，《蘭藝生活》，26（臺南市，2008.04）：80。

18 黃禎宏，〈2010臺灣國際蘭展〉，《生活蘭藝》，50（臺南市，2010.04）：62-69。

19 黃禎宏，〈2011臺灣國際蘭展〉，《生活蘭藝》，61（臺南市，2011.03）：20-27。

政院生技產業策略諮議委員會（Bio Taiwan Committee，BTC）會議中提出訂定重點產業、建立商品化平台及輔導農企業等三項解決產業關鍵問題之行動方案，並以進一步整合「農業生物技術國家型科技計畫」累積之研發能量為任務。因此訂定「農業生物技術產業化發展方案」，以農業體系、前瞻規劃、法規政策、技術開發、人才培育、資金佈局及市場開發等各層面積極推動。此外，為因應全球化及國際經貿自由化，確保農業永續發展，發揮台灣農業的科技優勢與地理條件，農委會基於健康、效率、永續經營的施政理念，提出「精緻農業健康卓越方案」，於2009年（民國98年）5月經行政院院會通過，是行政院推出生技、觀光、綠能、醫療照護、精緻農業及文創等六大新興產業之一，也是政府推動的重點發展產業。「精緻農業健康卓越方案」提供前瞻的農業願景，創造國人新的生活價值，是「軟實力」的展現。其中「卓越農業」部分將全力發展農業生物技術、蘭花、觀賞魚、石斑魚、植物種苗及種禽畜等農業科技。

在蘭花產業現況方面說明如下：

（一）我國2008年（民國97年）蘭花種植面積579公頃，產值26.5億元，外銷比率70%以上，外銷金額22.7億元，主要外銷美國、日本、荷蘭及韓國等國。栽培技術不斷精進，組培苗出瓶至3.5吋成熟株量產時間可較日本、歐洲等地縮短約6個月，另積極參加國際蘭展，產業已具國際能見度及競爭力。且國內新品種育種能力強，品種智財權保護制度已建立，有利於國內外行銷。蝴蝶蘭更被規劃為「精緻農業健康卓越方案」的重點發展產業之一。

（二）蘭花生物科技園區已完成開發115公頃，引進自動化及高效節能設施，產業群聚效應已顯現，並配合國際蘭展舉辦及參展，產業具國際能見度及競爭力。[20]

---

[20] 農業生技產業資訊網，http://agbio.coa.gov.tw/overview.aspx。

除了中央層級的單位擬定政策輔導蘭業之外，各地方政府多少也會搭配中央的政策，而擬定配合措施。其中使力最多的是台南縣與台南市政府，協助台灣蘭花科技園區的成立，台灣國際蘭展的舉辦，都有立竿見影之效。

積極推廣蘭業教育

不論是蘭花的專業技術或蘭花專業的學術層，最終都要能被蘭業所應用，方能使蘭花業者受惠，蘭花業者的業績和成就之累積，才是提升國家經濟力的基礎。因此，積極舉辦業者的專業教育訓練，是最直接的推廣蘭業教育方式，在蘭業勃興時期，不論是學術單位、研究單位、推廣單位、民間團體，在舉辦推廣蘭業教育方面，質與量都較以往提升許多，也直接提升了蘭花從業人員的專業素質。以下資訊均取自《蘭藝生活》與《生活蘭藝》期刊，雖然只是隨機取樣，卻已可概略了解各界對推廣蘭業教育之重視程度。

2004年（民國93年）行政院農委會種苗繁殖改良場，實施「文心蘭、蝴蝶蘭母本保存園設置輔導計畫」，輔導業者建立符合國際規範的母本園及操作管理流程，同時進行病毒篩檢，期以提升蘭花業者種苗品質、協助外銷拓展、維持競爭優勢。[21]隔年（2005年，民國94年），在農委會農糧署的資助下，由種苗改良繁殖場、嘉義大學和中興大學合作，為植物組織培養種苗業設備體檢，以提升產品之品質。[22]

2006年（民國95年），由農委會農糧署補助，國立嘉義大學園藝技藝中心主辦「蘭花產業農業科技人才培訓班」。[23]同年，嘉義

---

[21] 行政院農委會種苗繁殖改良場，〈文心蘭、蝴蝶蘭母本保存園設置輔導計畫〉，《蘭藝生活》，9（高雄市，2004.09）：32-33。

[22] 種苗改良繁殖場，〈94年植物組織培養種苗業設備體檢輔導計畫〉，《蘭藝生活》，6（高雄市，2005.06）：3。

[23] 李定雄，〈參加蘭花產業農業科技人才培訓班感言〉，《生活蘭藝》，1（臺南市，2006.03）：36-39。

大學舉辦校慶蘭展暨蘭花產業發展及病蟲管理研討會。[24]另外，中興大學生物產業機電工程學系與台南區農業改良場合辦了「蝴蝶蘭量產自動化技術研習班」。[25]翌年（2007年，民國96年），為執行農業經營深耕計畫，行政院農業委員會種苗改良繁殖場舉辦「種苗產業經營管理提升班」。[26]

2008年（民國97年），台灣蘭花產銷發展協會於彰化台大蘭園舉行「中區會員座談會暨蘭花整合性管理防治講習會」；[27]該協會也在同年舉行「高屏區會員座談會暨蘭花產業現況與病毒病害防制講習會」。[28]隔年（2009年，民國98年），嘉義大學於蘭潭校區農學院舉行「蘭花育種與產業發展研討會」。[29]

歷年舉辦這些蘭花研習會或研討會的機構，多半都是擁有農學院的大學校院，或是直屬官方的農業推廣單位，其中嘉義大學的前身嘉義農專，在農專時期就經常為蘭友舉辦各種推廣教育，這種重視實務的推廣教育活動，蘭友比較能夠接受與吸收。

建立品種權制度

在蘭業興起時期，台灣發生「黃帝事件」的專利權問題猶言在耳，在業界的催促之下，政府權責單位終於建立了植物品種權

---

[24] 王俊斌，〈嘉義大學校慶蘭展暨蘭花產業發展及病蟲管理研討會〉，《生活蘭藝》，1（臺南市，2006.03）：69-71。

[25] 資料室，〈蝴蝶蘭量產自動化技術研習班公告〉，《生活蘭藝》，3（臺南市，2006.05）：26。

[26] 行政院農業委員會種苗改良繁殖場，〈種苗產業經營管理提升班〉，《生活蘭藝》，15（臺南市，2007.05）：40-41。

[27] 陳俊呈，〈TOGA中區會員座談會暨蘭花整合性管理防治講習會〉，《生活蘭藝》，32（臺南市，2008.10）：32-33。

[28] 陳俊呈，〈TOGA高屏區會員座談會暨蘭花產業現況與病毒病害防制講習會〉，《蘭藝生活》，34（臺南市，2008.12）：54。

[29] 資料室，〈98年度蘭花育種與產業發展研討會〉，《生活蘭藝》，36（臺南市，2009.02）：66。

制度。〈植物種苗法〉於1988年（民國77年）公布，為因應植物新品種保護國際聯盟（UPOV）1991年（民國80年）公約，及各國植物品種保護法之規定，於2004年（民國93年）經行政院修正公布為〈植物品種及種苗法〉。[30]

蘭花的品種權，也就是蘭花的智慧財產權，蘭花的優秀品種在海外被競爭對手侵權生產銷售的嚴重性，必須在被侵權行為所在地的國家申請植物品種權，以獲得保護權益，2007年（民國96年）歐盟同意我國申請植物品種權，獲得27個會員國的保護，2009年（民國98年）美國、澳洲、日本也已經同意我國申請植物品種權，[31]2010年（民國99年）中國大陸也同意了申請植物品種權。[32]

李定雄曾於2005年（民國94年）向蘭友宣導：植物品種權保護的意義，在於保障育種者的合法權益，對因故意或過失侵害品種權者，品種權所有人得請求賠償，因此，蘭友得依此法向農委會提出申請。[33]農委會也於嘉義大學舉辦「蘭花產業人才培訓班」講解「蘭花新品種鑑定及規範」。[34]然朱欽昌（2005年，民國94年）認為種苗專利法立意雖佳，卻也有矛盾：依種苗專利法的規定，未審查通過前不得販售，然一株蘭苗從選種到審查通過需時二年半，再經種植開花，前後需投資5年的時間，若非資本雄厚的大廠，恐無法支撐。[35]

依行政院農業委員會公告指出：蘭科植物自2003年（民國92

---

[30] 張仁銓，〈蝴蝶蘭品種權申請介紹〉，《生活蘭藝》，3（臺南市，2006.05）：8-22。

[31] 張仁銓，〈蘭科植物品種權申請現況〉，《蘭藝生活》，37（臺南市，2009.03）：8-10。

[32] 取自：2015年臺灣國際蘭展科技展示區。

[33] 李定雄，〈植物品種權介紹〉，《蘭藝生活》，10（高雄市，2005.10）：64-67。

[34] 李定雄，〈植物新品種鑑定及規範-以蘭花為例〉，《蘭藝生活》，11（高雄市，2005.11）：68-73。

[35] 朱欽昌，〈蝴蝶蘭組培苗的生產規劃與面臨的問題（下）〉，《蘭藝生活》，1（高雄市，2005.01）：26-29。

年）開始公告核發植物品種權證書，至2009年（民國98年）止，6年內核發了86件，其中以蝴蝶蘭為主，文心蘭次之。[36]此外，中華民國專利公報2007年（民國96年）公告了一項與蘭業有關的專利，就是「植物組織培養瓶組合蓋體改良結構」。[37]

品種權制度的建立時間雖然稍晚，有官方建立的品種權制度，相信可以嚇阻一些不肖者的投機與仿冒，然而在執法的效率與能力方面，還有待時間的考驗。

蘭花生物科技園區

2003年（民國92年）行政院農委會為因應我國加入WTO對農業產生的衝擊，亟需加速發展高科技農業，以提昇我國農業全球營運競爭力，設置「台灣蘭花生物科技園區」是其中的一項。該園區不同於過去一般農產品專業生產區，主要係透過園區內的產業聚落效應，針對具國際競爭力的品項如蝴蝶蘭，採「公辦民營」方式甄選園區經營主體，協助進駐園區的花農業者創新研發新品種，再以衛星農場體系結合園區內外花農從事大規模生產，共同開拓國際市場，以解決過去農民單打獨鬥、缺乏通路的問題，進而打造台灣成為世界級的「蘭花王國」。園區位於台南縣後壁鄉，由台南縣政府向台糖公司洽租土地，在農委會資助下開發工程，提供每戶花農最高額度四千萬元之貸款。[38]

台灣蘭花生物科技園區（TOP）被號稱為世界唯一的，政府期待能夠帶動民間投資，吸引大陸台商回流，創造整體經濟效益；發揮產業群聚效應，創造產業升級，提升產業國際競爭力；打造台

---

[36] 行政院農業委員會，〈植物品種權核准公告表〉，《蘭藝生活》，36（臺南市，2009.02）：14-17。

[37] 中華民國專利公報，〈植物組織培養瓶組合蓋體改良結構〉，《生活蘭藝》，13（臺南市，2007.03）：72-73。

[38] 行政院農業委員會官方網站，http://www.coa.gov.tw/show_news.php?cat=show_news&serial=1_diamond_20030502411500。

灣成為世界蘭花產業的領導者，為台灣提供農企業成功的範例與楷模。[39]

由台灣蘭花產銷發展協會主辦的台灣國際蘭展，自2005年（民國94年）起每年固定在台灣蘭花生物科技園區舉行：2009年（民國98年）台南縣政府將台灣蘭花生物科技園區委託擴建、整建及營運（ROT）案，經公開甄選委由台灣蘭業公司營運管理12年。[40]

公辦民營的台灣蘭花生物科技園區，才成立十餘年，與其初期的定位與功能，似乎尚未發揮到各界所期待，目前僅有發揮硬體的使用，對於生物科技軟體方面，似乎尚未發揮。

---

[39] 行政院農業委員會官方網站，http://www.coa.gov.tw/show_news.php?cat=show_news&serial=1_diamond_20030502411500。

[40] 臺南縣政府，〈臺灣蘭花生物科技園區委託擴建、整建及營運（ROT）案簽約典禮〉，《生活蘭藝》，41（臺南市，2009.07）：22。

蘭心紀事

制度層的建立是需要有人去制定它，同時也需要有人去執行它或運用它，這些都需要時間的考驗，並且需要因時、因地制宜，隨時做檢討與調整。尤其是蘭業國際化之後，國際蘭花市場詭譎多變，各種競爭對手出招頻仍，制度層的建立絕非僵化而一成不變，因此不論是官方或是民間組織，都必須隨時準備因應措施。

第三章　蘭業勃興時代的學術層

蘭業勃興時代的知識，一方面來自傳統經驗的累積，另一方面來自學術研究的發現或驗證。台灣在蘭業尚未發達的時代，許多蘭界的知識都仰賴「進口」，凡是沒能力到國外「見識」的蘭友，僅能仰賴「進口」的書籍或期刊，看不懂外文的只好看譯文，甚至道聽塗說。到了蘭業勃興的時代，書籍與期刊豐富了，投入研究的學者專家也增加了，蘭業的知識也跟著蓬勃了起來。

蘭花專業期刊

在國家圖書館期刊文獻資訊網檢索到的蘭花專業期刊，剔除2種未標示年代者，於1997年（民國86年）之後仍正常發刊的，依首刊出版年代順序整理如下：[1]

《蘭友月刊雜誌》（台北市：蘭友雜誌社，1972-）

《中華民國國蘭協會會刊雜誌》（台北市：中華民國國蘭協會，1976-）

《蘭花世界》（台北縣：蘭花世界雜誌社，1978-）

《中國蘭雜誌》（台北市：中國蘭雜誌社，1981-2000）

《國蘭天地》（台北市：國蘭天地雜誌社，1984-2012）

《台北蘭藝》（台北市：中華民國蘭藝協會台北市分會，1985-）

《中華蘭學》（台北市：中華蘭學出版社，1987-）

《蘭藝生活》（台南縣學甲鎮：蘭藝生活出版社股份有限公司，2004-2006）

《生活蘭藝》（台南縣學甲鎮：遠博文化事業股份有限公司，

---

[1] 國家圖書館期刊文獻資訊網。http://readopac3.ncl.edu.tw/nclJournal/search。

2006-2011）

《台灣蘭花》（彰化縣大村鄉：台灣蘭花育種者協會，2011-）

《台灣蘭訊》（台南市：台灣蘭花產銷發展協會，2012-）。

而在1997年（民國86年）之後才發刊的，僅有上述最末4種，嚴格說起來應該只有2種，因為《生活蘭藝》乃是《蘭藝生活》之延續，《台灣蘭訊》則是《生活蘭藝》縮小版。綜觀這些期刊，本時期真正對蘭業有影響力的當為《蘭藝生活》與《生活蘭藝》。《蘭藝生活》與《生活蘭藝》均為長29.5公分全彩印刷版本，每冊大約在88頁左右，內容以栽培技術、產業科技、蘭園專訪、人物專訪、蘭種介紹、好書介紹、蘭展訊息、審查花公告、新品種介紹以及廣告業等；《蘭藝生活》還包含蘭花的應用產業之報導，例如押花天地、花藝設計、園藝觀光遊程、園藝生活家園地、蘭花攝影、蘭花郵票、蘭花現代畫、蘭花陶藝、組合花DIY、景觀園藝、九九書畫會、婚紗花展、花市動態等。

然而，由於網路科技的發達，重創紙本的出版事業，當然也波及蘭花的專業期刊，蘭友所需要的蘭花資訊，幾乎都可透過網路搜索的到，導致紙本期刊一一收刊或縮版。例如：2012年（民國101年）《生活蘭藝》更為《台灣蘭訊》，內容縮減為以商情的提供、國內外市場動態、蘭花鑑賞為主。[2]

蘭花學位論文

透過國家圖書館全球資訊網，檢索台灣博碩士論文系統，選取經常指導研究生撰寫蘭花主題論文的教授，以完成年代與主要關鍵詞統計如下表：[3]

---

[2] 編者群，〈編者的話〉，《臺灣蘭訊》，1（臺南市，2012.03）：2。

[3] 國家圖書館全球資訊網：http://ndltd.ncl.edu.tw/cgi-bin/gs32/gsweb.cgi/ccd=FH6OAJ/result#result。

表四：台灣9位教授經常以蘭花為主題指導碩博士之論文分析表

教授姓名	任職單位	1980-1989（民國69-78）	1990-1999（民國79-88）	2000-2009（民國89-98）	2010-2014（民國99-103）	總計	主要關鍵詞
李　哖	台灣大學園藝研究所	11	24	19	0	54	蝴蝶蘭、溫度
陳福旗	屏東科技大學農園生產系	0	0	20	12	32	蝴蝶蘭、文心蘭、
陳虹樺	成功大學生命科學系	0	1	17	10	28	蝴蝶蘭、花色
張喜寧	台灣大學園藝研究所	0	3	16	2	21	蘭菌、蝴蝶蘭
楊長賢	中興大學生物科技學研究所	0	0	6	10	16	文心蘭、阿拉伯芥、開花基因
陳文輝	成功大學生物科技研究所	0	4	11	1	16	蝴蝶蘭、基因轉殖
張唯勤	台灣大學園藝研究所	0	5	10	0	15	體胚發生、癒傷組織、文心蘭
沈再木	嘉義大學農學研究所	0	0	13	1	14	蝴蝶蘭、貯運
王才義	中興大學園藝研究所	0	5	7	0	12	蘭菌、幼苗生長、共生發芽
合計		11	42	119	36	208篇	

從以上統計表，約略可以知道台灣的大學校院研究所，是從2000年（民國89年）開始大舉重視蘭花研究的課題，其中以蝴蝶蘭最受重視，關切的大學大多都擁有農學院或生物科技背景的系所，從主要關鍵詞可以獲知指導教授的專攻領域。

期刊蘭花論文

仍透過國家圖書館全球資訊網，檢索台灣期刊論文索引系統，查詢「學術性」論文篇名，以orchid為關鍵詞，並剔除island、幽蘭二詞，獲得90篇，當然，有許多以蘭花屬名或種名為篇名者並不在列，茲以不同的變項統計如下：[4]

表五：台灣期刊蘭花論文以刊名統計表

刊名	Taiwania	Botanical Studies	植物病理學會刊	合計
篇數	19	5	4	28
同一刊名達4篇（含）以上者28篇（如上列），未達4篇者有62篇。3篇者有：農業機械學刊、行政院農業委員會台中區農業改良場研究彙報、植物種苗、中華林學季刊、科學農業、故宮學術季刊、Taiwan Sugar，共7種刊物21篇。2篇者有：台灣林業科學、台灣農學會報、行政院農業委員會台南區農業改良場研究彙報、中國園藝、台灣糖業研究所研究彙報、國立台灣大學理學院植物學系研究報告、興大園藝，共7種刊物14篇。1篇者有：27筆。總計有44種期刊，90篇。				

表六：台灣期刊蘭花論文以類目統計表

類目	應用科學	自然科學	語言文字學	社會科學	藝術	其他	合計
篇數	44	31	5	4	4	2	90

表七：台灣期刊蘭花論文以出版年統計表

年代	1970-1979（民國59-68）	1980-1989（民國69-78）	1990-1999（民國79-88）	2000-2009（民國89-98）	2010-2014（民國99-103）	合計
篇數	3	2	9	42	34	90

雖然以上這3個統計表只是個粗略檢索的資料，未能涵蓋所有的蘭花主題之論文，仍可以約略看出台灣期刊蘭花論文，也是從2000年（民國89年）開始大量重視蘭花研究的課題，這些文獻大都

[4] 國家圖書館全球資訊網：http://readopac.ncl.edu.tw/nclJournal/。

刊載在大學校院的專業期刊，而且被歸類在應用科學和自然科學之領域佔最大多數，顯見蘭花知識的開發偏重在科學的領域，尤其是蘭業對理性知識的需求之急迫性。

蘭花專業文獻

蘭花專業文獻比較集中，並易於搜尋者，以下幾例值得關注。首先，在網路上，有系統的將有關蘭花的文獻公開貼在網頁，免費供網友查閱下載的網站，以國立中興大學生物系統工程研究室陳加忠教授的BSE LAB最為豐富，其中有關設施環控工程類文章198篇，蘭花產業類文章164篇，蘭界感言篇類文章63篇，[5]這些尚不包括以外文發表的各種期刊論文。學術界的研究成果，若能將它轉換成一般蘭業人員閱讀的文章，方便蘭業人員吸收與運用，乃是最負責任的學者。

陳加忠為文指出：將歷年的研究成果無償地貼在公開網站，卻甚少台灣蘭友願意分享，反倒是中國大陸和荷蘭之業者重視有加。[6]此外，他還自行成立一個「台灣商業蘭花學校（TCOS）」，在2008-2010年（民國97-99年）連續三年，他在中興大學開授「蘭花量產學分班」，一共三期，並和學員維持一個月聚會一次，上課地點也逐漸固定在後壁蘭花生技園區尚昕蘭園，參加的學員也開始不限於原來蘭花量產班的同學。[7]這種非正式的學制之學習效果，自然會比較實用，貼近業者的需求，理論與實際相結合，才是學術研究的實質效益。

另有一例，由成功大學陳文輝教授主導成立的蘭花研究中心，

---

[5] 國立中興大學生物產業機電工程學系生物系統工程研究室陳加忠教授的BSE LAB，http://amebse.nchu.edu.tw/services.htm。

[6] 陳加忠，〈缺憾還諸天地：對商業周刊報導的回應之三〉，《蘭藝生活》，22（臺南市，2007.12）：51-53。

[7] 國立中興大學生物產業機電工程學系生物系統工程研究室陳加忠教授的BSE LAB，http://amebse.nchu.edu.tw/services.htm。

乃學術界投入蘭花研究的代表性案例之一。該中心成立的目的在於結合過去多年來台灣蝴蝶蘭生物技術研發團隊參與執行「國家型農業生物技術計畫」之研究結果，將研究結果產業化，但學術與產業仍是有一段落差，因此要實際應用研究成果仍需要進行風險評估，為此，該中心成立了「蘭花生技產學聯盟」，向業界推行學界開發的蘭花技術平台。[8]陳文輝與該中心主任陳虹樺於2007年（民國96年）共同編著之〈蘭花生物科技〉，是世界第一本蘭花生物技術之專書，作者有中央研究院等機構之精英。[9]

另外，由行政院農委會補助，財團法人生物技術開發中心出版的《農業生技產業》季刊，於2005年（民國94年）創刊，它是個產、官、學、研各界共同參與的園地，是各個領域專業工作者的知識庫，為農業生技產業的指標性刊物。[10]生物科技產業研究中心（Biotechnology Industry Study Centre）為台灣經濟研究院 （Taiwan Institute of Economic Research）旗下組織，《農業生技產業》除發行紙本期刊之外，也提供檔案貼在網頁，供需要者閱讀與參考。它雖然不是蘭花專屬刊物，但內容不乏與蘭業有關的生物技術文獻，值得關注。

---

[8] 成功大學蘭花研究中心網頁，http://orchid.rsh.ncku.edu.tw/files/11-1162-9214.php?Lang=zh-tw。

[9] 陳文輝、陳虹樺編著，〈新書介紹-蘭花生物科技〉，《蘭藝生活》，20（臺南市，2007.10）：64-65。

[10] 農業生技產業資訊網，http://agbio.coa.gov.tw/magazine_list.aspx。

蘭心纪事

本章列舉的蘭花期刊、學位論文、期刊論文、以及少數研究單位，並非本時期的全部，他如國科會的專題研究、行政單位或推廣單位委託的專案、以及正式出版的專書均未列入。在傳統上，蘭業仰賴自己或他人傳授的經驗，顯然是不夠運用的，尤其是蘭業進入勃興時代之後，業者之間競爭激烈，國際之間的競爭更是無情，因此，業者不但需要政府的輔導，也需要學術界的支持。當然，學者如何取得業界的信任，如何了解業界實務上的需求，學術理論與實務運用之間方能密切結合，但學者切勿駕凌業者之上，畢竟學者是從旁協助的客體，業者才是蘭業的主體，因為投資的成敗都是由業者承擔的。

第四章　奮戰不懈的劉黃崇德

劉黃崇德單槍匹馬闖蕩國際蘭業之後，進入蘭業的勃興時期，國內的組織分生技術更臻成熟，大型蘭園紛紛崛起，以致他的單槍匹馬不敵整支軍隊，加以他的幾位兒女相繼投入蘭業，因此不得不重新思考自己在蘭業的定位。

開闢石卓溫室生產

1997年（民國86年）發生亞洲金融風暴之後，劉黃崇德的蘭花國際交易大受影響，轉戰國內市場又缺乏自己栽培的蘭花，欲做組合盆蘭花禮籃生意，經常向其它蘭園購買蘭株很不符經濟效益，因此才動腦筋增闢蘭園。劉黃崇德選擇在海拔1200公尺的石卓闢建溫室生產蝴蝶蘭，是有他的道理的，他說：

> 會在石桌蓋溫室，是我蘭花事業的另一個轉捩點，為了讓蝴蝶蘭四季都可開花，我觀察日本的蘭園這麼久，對蝴蝶蘭的產業非常看好，因為它有商業化的先天條件與價值，一是花期長，二是繁殖容易且快速，三是容易調整花期，這些都是在日本被開發出來的。因此我想到需要在中海拔山上有個農場，我便參考日本的做法，引進現代技術與建玻璃溫室蘭園在中海拔山上，之後台灣也有業者陸續跟進，成功的或失敗的都有，想成功必須投入不少的資金方能如願，因而開拓外銷市場成功者不在少數。（訪談稿，20150228b）

在1986年（民國75年）之後，台灣陸續有大型蘭園蓋溫室大量種蝴蝶蘭，但是都是在平地興建的，受到氣候的影響，夏季缺花嚴重，無法一年四季提供花株供應市場，因而出此對策，由於效果甚

愛蘭園石卓溫室。

佳，引發其他蘭業仿效跟進，也是台灣蘭業業者走在時代前端下賭注成功的案例。對此，劉黃振坤和賴玉婉補充解釋說：

> 在山上蓋溫室催花最早可能是吳慶福老師，他用簡易的塑膠棚架，尚無完善的加溫設施。賴玉婉說他叔叔（台大蘭園）曾經也將蘭株送到埔里、台大實驗林催花，放在小型實驗棚裡，人家實驗用的塑膠帳篷。中埔的姜長文也曾用玻璃溫室，荷蘭式的有側窗沒水牆，但不是他蓋的，第一個將蝴蝶蘭種在玻璃溫室他是第一人，但老爸在石卓蓋的玻璃溫室是當時台灣投資額規模最大的，全部4棟約1000坪左右。（訪談稿，20150302）

可見，原先有些業者曾經使用過玻璃溫室種蝴蝶蘭，但都只是試驗性質而已，沒把握做商業性的大額投資，劉黃崇德相當的有自信，也有把握，便率先在中海拔投資玻璃溫室種蝴蝶蘭。當然，劉黃崇德仍然沒有和銀行打交道貸款，而是和自己的子女、女婿、媳婦共同合資所籌建。劉黃崇德利用這些溫室，除了出租給蘭友之外，也投入種植白色蝴蝶蘭外銷日本，他說：

> 之後我會投入種植白色蝴蝶蘭，起因於我在日本的那位韓裔蘭友，他原先是個園藝資材商，從南洋進口水草、椰殼等資材，之後因四國的農會需要購買大量的蘭株，擔任我和農會之間的仲介商，他將我的報價加碼轉報給農會賺取傭金，所以賺了不少，再以此資金購買土地轉種蘭花，數年後他鼓勵我做切花，當時我在日本的生意已經衰微，所以才決定與他合作做切花，供應了一年白花之切花，雖然有賺一些，但不符合我原先的期待，因為他沒有遵守當初的約定，原先的約定傭金10%，但是花寄到他手上後，他負責賣，錢他收、帳他做，結帳的帳單寄來之後，發現許多零零碎碎的開銷帳目卻由我吸收，所以一年後就結束了合作，我給他的理由是家族成員反對，自此我就轉向內銷，送到台北內湖花市拍賣。（訪談稿，20150301b）

對劉黃崇德而言，本可退休一享清福，然而他那奮戰不懈的鬥志，永不服輸的個性，促使他繼續投入產銷的行列。在石卓投資興建溫室，對他來說是一筆金額龐大的投資，也是人生的最大賭注，他憑著自己的經驗與遠見，毅然決然地做此決定，並且輔導自己的子女加入產銷行列。這種家族型的蘭園，正是台灣典型的中小型蘭園。

劉黃振坤的下坑蘭園

劉黃振坤於1985年（民國74年）退伍，跟著父親經營愛蘭園，

劉黃振坤位於番路鄉台三線旁的下坑蘭園。

於1988年（民國77年）赴日本望月蘭園學習半年，1993年（民國82年）與賴玉婉女士結婚，育有二女，1995年（民國84年）開始組蘭花盆送台北銷售，1997年（民國86年）申請青年貸款在鹿滿蘭園蓋溫室正式獨立經營，這12年間均未領過正式薪水，劉黃崇德為了讓自己的子女有獨立自主經營蘭園的能力，遂於2002年（民國91年）70歲（虛歲）時，做了一個重大決定，他說：

> 因為在現代的社會，這種決定（分家）拖久愈難處理，尤其是看到別人家族發生不愉快的案例，更加令我深覺需要適時解決，為了做這個決定，其實我做了很久的思索，邊工作邊想，希望能夠做到最公平又沒爭議，最後才在中秋節那天召集家庭會議，將我身邊僅有的資產分給大家，是為了讓大家有自己發展的空間，雖然不是均分，但也甚為合理。（訪談稿，20150301b）

自此，劉黃振坤運用他和父親一起打拼購入的「台三線」旁這塊土地，於當年開始建設「下坑蘭園」，以此為據點，夫妻二人假日分別在台北建國花市和嘉義文化中心花市擺攤，必要催花時才送到石卓溫室，2013年（民國102年）完成下坑農舍興建，舉家搬遷新舍，更加專心投入蘭業的經營，劉黃振坤謙虛的說：

> 下坑蘭園這種規模在台灣算最小型的（約400坪），因為台灣蝴蝶蘭開始外銷時都是大規模農場經營的，在跑台北組合盆時，屏東養豬場轉型的那家清波蘭園、台糖就率先投入，之後興農、金車相繼加入，都是超級大戶。（訪談稿，20150302）

劉黃振坤的下坑蘭園乃是劉黃崇德的愛蘭園之延伸，採取自給自足、自力更生的態度面對蘭業的挑戰，劉黃振坤跟過自己的父親十餘年的經驗，吸取父親組盆的理念與技巧，目前已經能夠獨當一面，在國內內銷市場佔有一席之地。

陳盈達的愛蘭花房

陳盈達是劉黃崇德的女婿，也是么女劉黃碧圓的夫婿，他們夫妻同樣擁有農業教育背景，1987年（民國76年）婚後，陳盈達就經常抽空協助劉黃崇德的愛蘭園之工作，陳盈達說：

> 我在嘉義酒廠上班，婚後就開始協助岳父一些蘭園工作，主要是利用假日載進載出，當時還沒周休二日，所以周日才可過來幫忙，到處跑。此時日本生意以出口為主，曾經有許多球友（桌球俱樂部）到鹿滿蘭園幫忙剝水草一些雜事，銷日本要裸根，有些苗連盆買進來，必須去水草，用電扇吹乾以免腐爛，再用報紙包裝裝箱，由劉黃振三（劉黃崇

陳盈達位於嘉義市區的愛蘭花屋。

> 德之三子）載運到機場寄送；這時的鹿滿蘭園四處都是竹子，簡易溫室還沒蓋，大家都在車庫作業；之後，也從各地購進拖鞋蘭，檢疫出關後將貨寄出，因此也經常到各蘭園採購或收帳，貨太多時，曾經請假跟岳父去日本。（訪談稿，20150305）

1999年（民國88年）嘉義酒廠公布優退措施，陳盈達經評估之後也於退休後投入蘭花產業，他說：

> 在提出退休申請時，岳父開始在石卓規劃興建溫室第一、二棟，我88年（1999年）退休後繼續合資第三、四棟，蓋好以出租為主，出租狀況不佳時，剩餘的床位就和方先生（地

主）、岳父三人合資種花，主要是去買成株送到山上溫室催花，約維持一年，之後由我獨資，有三哥（劉黃振三）協助，原先開福斯廂型車，之後新買一部3.5噸貨車，花籃在山上組好才開車到山上載，很不方便，三哥發生車禍後，才考慮山下需有溫室，於92年（2003年）在嘉義住家附近興建愛蘭花房為據點。

陳盈達和劉黃振坤走的蘭業類似，都是在平地擁有自己的溫室為據點，在中海拔也擁有自己的溫室可以催花，稱得上是小型蘭花業者，也是此時期的典型業者範例。陳盈達說：

會去山上找地蓋溫室，是因為山下夏天缺花嚴重，組合花時缺蝴蝶蘭，石卓溫室的地主方先生是專做原生種雜屬的邱先生介紹的；目前全台的溫室到底有多少，也許農糧署可查到，有一篇報告說山上有二萬多坪，是明查暗訪的，但不見得過量，因為有些人賣得好，溫室是否夠用，和國際景氣有關。

台灣蝴蝶蘭的產業分工較細，有播種做瓶苗的、小苗中苗的、大苗催花的業者，若自己沒溫室或分生設備，有些流程可委託代工，受委託者賺工資，不必打通路，以我為例，我只買大苗到山上催花，載運到店裡來自己賣，因此山下賣場也需要小型溫室；有一時期石卓溫室只剩我和振坤租，這時這種量算很大，但以現在而言只是普通而已，例如大林的育品、一心，彰化的台大就都很大規模，岳父以國際交易見長，種花需全心投入照顧，若要買花賣花就無法分身。（以上2段訪談稿，20150305）

2004年（民國93年）台北花木批發市場完工啟用，陳盈達和劉黃崇德各租了一個攤位，陳盈達的攤位初期委由他的姊夫管理，劉黃崇德的交由劉黃振育經營。陳盈達的愛蘭花房亦是劉黃崇德的愛蘭園之延伸，目前也是一個獨立經營的小型蘭業業者，憑藉自己的眼光，運用有限的資金，在嘉義市區鞏固了自己的市場。

蘭心紀事

在本時期的台灣尚保有許多中小型蘭園，他們處於大型蘭園的夾縫中求生存，自有一套經營守則，當然，在此蘭業勃興時期的蘭業，已經不是停留在幾十年前的規模與技術，雖然只是小型蘭園，但溫室科技、生技管理均已跟上時代，產銷通路搭配自己的特色產品，自有一套生存法則，可譽為台灣蘭業的小尖兵。

第五章　回歸趣味的劉黃崇德

劉黃崇德晚年雖然還在蘭業闖盪，但已不像當年有如拚命三郎般的氣魄，此時一邊產銷白花蝴蝶蘭，一邊回歸一個趣味者的心態，享受玩蘭的樂趣，其中，撰述蘭界的濫觴物語，參與日本以趣味者為主的全日本蘭協活動，這二者最值得表述一番。

感念前輩飲水思源

2002年（民國91年）劉黃崇德的子女為他做70大壽（虛歲），同年的中秋節，他將自己身邊的不動產分給子女運用，自此，便心無旁騖，專心回歸自我，將自己大半生投入蘭界的經歷，用感恩的心態，敘說前輩為蘭界所鋪陳的道路基礎，俾能讓我們這些後生晚輩能夠瞭解到，今日讓我們乘涼的樹蔭，前人是如何栽種營造的。隔年（2003年，民國92年）他的「濫觴物語」系列文章的第一篇正式發表，至2007年（民國96年）共有9篇，臚列如下：

（一）劉黃崇德，〈濫觴物語：記開啟蘭花產業始祖慶春蘭園典故〉，《豐年半月刊》，53.16（台北市，2003.08）：49-53。
劉黃崇德，歴史を作り出人生－台湾洋蘭産業の揺籃期，ORCHIDS, All Japan Orchid Society, 2012, No.51, 47-48.

（二）劉黃崇德，〈濫觴物語（2）記述美齡與李金盛的故事（上）〉，《豐年半月刊》，54.6（台北市，2004.03）：54-56。
劉黃崇德，〈濫觴物語（2）記述美齡與李金盛的故事（下）〉，《豐年半月刊》，54.7（台北市，2004.04）：59-50。

（三）劉黃崇德，〈濫觴物語（3）不可遺忘陳國榮所長對蘭藝的功勞〉，《豐年半月刊》，54.13（台北市，2004.07）：50-52。

（四）劉黃崇德，〈洋蘭發祥地在台中〉，《豐年半月刊》，55.22（台北市，2005.11）：64-65。
劉黃崇德，台湾洋ラン發展史の疑惑, ORCHIDS, All Japan Orchid Society, 2009, No.48, 33-34.

（五）劉黃崇德，〈濫觴物語外傳：台南縣蘭人的第一號人物郭睿〉，《蘭藝生活》，8（高雄市，2005.08）：47。

（六）劉黃崇德，〈濫觴物語：台中的蘭藝人文歷史-陳忠純醫師〉，《生活蘭藝》，2（台南市，2006.04）：36-40。

（七）劉黃崇德，〈濫觴物語：記述福報遺人間的啟光仙〉，《生活蘭藝》，20（台南市，2007.10）：32-33。

（八）劉黃崇德，〈濫觴物語：蘭藝文化墮落的檢討〉，《生活蘭藝》，21（台南市，2007.11）：31。

（九）劉黃崇德，〈濫觴物語：謎樣的身世——美齡蘭〉，《生活蘭藝》，22（台南市，2007.12）：54-55。
劉黃崇德，〈美齡蘭の宿命〉，《日本蘭協會誌》，50（日本關西，2007.12）：6-7。

這些文章多數都是他自己的親身經歷，不瞭解的部分都還親自訪問當事者或關係人，可信度甚高，他曾撰寫〈尊重歷史、創造未來〉一文，說明之所以會撰述這些文章的用意：此文旨在敘說自己在蘭界闖盪了50多年，除了歐洲以外，跑遍了主要的蘭花生產國與消費國，參加無數次的大小蘭展，接觸各大蘭園的主人，雖然沒能在蘭界開大園和賺大錢，自喻過著兩袖清風、自我存在的日子；然而他所知曉的蘭界故事，加上自己的經歷，卻是蘭界少有的活字典。此文他舉了許多蘭界成功或失敗的例子，來告誡有志投入蘭花事業的蘭友，做決策一定要以歷史為師，先尊重歷史，再創造未來。[1]

[1] 劉黃崇德，〈尊重歷史、創造未來〉，《生活蘭藝》，12（臺南市，2007.02）：14-18。

這9篇文章其中的3篇，他自己改寫成日文獲刊載於日本之《日本蘭協會誌》和全日本蘭協會的"ORCHIDS"，可見，劉黃崇德在日本蘭界的知名度，並不僅只是一個很會買賣蘭花的販子而已，而且是一個懂得了解歷史、留下歷史、尊重歷史、善用歷史經驗的文人。

全日蘭會的趣味者

劉黃崇德為了獲得日本蘭藝的發展情形，也為了充實自己的蘭藝知識，於2007年（民國96年）加入了全日本蘭協會（AJOS）的會員，他說：

> 最近也加入了AJOS會員，這是以趣味為導向的全日本蘭花協會，他們准許外國人加入會員，我主要用意就是可以與日本人直接交流，並獲得情報，以及認識一些蘭友，絕大部分是趣味者，業者很少，中島文子就是在此結識的，他們有些會員還被邀請來台參加國際蘭展，我曾邀請在此認識的會員到家裡來唱卡拉OK，也在家裡樓上留宿他們。
>
> 該協會每一個月例會通常有40-50人參加，開花期會增加到70-80人，多數人會帶著自己栽培的花參加評選，也可以交換買賣，我只是偶爾參加，也不會帶花出席，因為沒把握花能順利賣出，沒賣出去的花會不好處理；這些趣味者都是高社會階層人士，例如律師、建築師、醫師；會費每年8000日圓，趣味者組成的全日本蘭花協會各地方都有友好分會，成員絕大多數都是蘭花的玩家與愛好者。
>
> 有一次去中島家裡拜訪，她給我看一些俳句的作品，她是日本蘭花界俳句的發起人，負責舉辦俳句的徵集與展覽會，親自將各界投稿的稿件用毛筆書寫於紙板上，於大型花展期間順便公開展出，當年我看到的作品是首次徵集的作

> 品，一一懸掛在她家裡的牆上，她的書法真的不錯，所以被公推為代筆者，我現場念了這些作品幾篇之後，自覺這種程度我也可以寫呀，因此，我趁她在廚房準備中餐之際，靈機一動，提筆寫了5首，當場投稿，其中有一首她幫我修飾過，被評選員——資生堂老頭家特別欣賞，獲得第一名，她隨即傳了fax告訴我這個好消息，激發了我的信心與興趣，因此我每年都會投稿共襄盛舉，我現在了解到，俳句需要符合情感原則，不但要體現情境與心境，也要契合蘭花的主題，若論蘭藝的總總歷練我絕對足夠，但對日文的修辭尚未達理想的境界，尤其是一些感性的用字遣詞，我必須查字典或參考他人文章彌補之，目前我的投稿數量為全日本第一，也經常接受公開表揚。（以上3段訪談稿，20150228b）

劉黃崇德於2007年（民國96年）完成了「濫觴物語」系列文章之後，接著想玩趣味者所玩的蘭藝，然而斯時台灣的蘭藝組織已不復見，蘭友四散，聚會不易，而歷史悠久的全日本蘭協會正符合他的需求，雖然必須遠道日本與會，他卻樂此不疲；在偶然的機會裡，接觸到日本的俳句，它類似中國詩詞的文學意境，悟性甚高的劉黃崇德居然以一個「外國人」的身分，奪得全日本蘭界第一，也可謂之「台灣之光」。

2015年（民國104年）中島文子來台參觀2015台灣國際蘭展時，接受筆者之訪問，經由劉黃崇德之翻譯，她說：

> 因為他（劉黃崇德）在日本寫了許多有關蘭花的俳句，使得日本蘭花的俳句水準提升，他也曾將台灣的綠竹移植到日本，也將日本的仙履蘭帶到台灣，使台灣發展出台灣的仙履蘭世界，這種交流很有價值。由於日本目前水電愈來愈貴，業者壓力甚大，所以台灣努力栽培賣到日本，可獲雙贏，由

> 於他加入我們全日蘭花協會，所以讓台、日蘭友有機會相互交流，參加台灣的國際蘭展，互蒙其利，就都是因為有他，促成雙方約十年來的交流。（訪談稿，20150306a）

中島文子是全日本蘭協會的核心成員，是個純蘭花趣味者，個性爽朗，交友甚廣，負責推廣俳句已有績效，受訪所言頗為中肯。年近八旬的劉黃崇德於2011年（民國100年）寫下〈福至心自靈〉一文，此文乃敘述他自己接觸日本俳句，乃至獲獎的歷程與心境，並以此文呼應曾發表過的〈蘭花王國的願景〉3篇文章，又以參加日本蘭會首度開辦的俳句比賽，所獲之首獎內容與全國蘭友共勉：「或許，您所奉獻的蘭花成果，將把您導引至極樂世界」。[2]

綜觀蘭業勃興時期的台灣蘭界，似乎已經沒有符合劉黃崇德玩蘭的場域，所幸，他懂日語，也曾結交許多日本蘭友，因此全日本蘭協會成為他晚年玩蘭的最佳去處，讓自己從新看待蘭花，詮釋蘭藝。

親友旁觀劉黃崇德

從事蘭花事業60餘載的劉黃崇德，晚年自喻過著兩袖清風、自我存在的日子。然而，他對蘭界有何貢獻？台灣蘭界將如何評價他的表現？史學界又將如何為他作歷史定位？從以上描述他所走過的足跡，在一旁接觸到、觀察到、體悟到劉黃崇德的親朋好友們，是這麼說他的：

> 劉黃吳淑珠：從阿嬤（劉黃賴好）口中得知他小學期間功課很好，排班上前幾名，也推崇他的才能。（訪談稿，20150313b）

2　劉黃崇德，〈福至心自靈〉，《生活蘭藝》，60（臺南市，2011.02）：39-41。

劉黃碧慧：他對子女很兇，對小孩要求很嚴格，但他專注於工作，所以小孩都是阿嬤和老媽陪伴長大的。（訪談稿，20150226b）

劉黃振育：他很難溝通，他有他的威嚴，斯巴達式的教育，無法接受晚輩的意見，我在家裡幫他時工作綁手綁腳。爸個性公正直言，樹立不少敵人，在蘭會受到排擠，我看在眼裡，年輕時曾想未來能為他討回公道，恢復聲望；他很主觀，想改變其既成觀念很難，旁人也幫不上忙，自從我和阿福合作種蘭之後，他略有改變。（訪談稿，20150323）

劉黃碧圓：他經常寫文章投稿，也擔任嘉義縣和台灣省蘭花協會幹事部的行政工作，文章都是夜深人靜或清晨時寫的，另一才能是書法，寫了一手好字，受到身邊朋友的稱讚，從小我就很崇拜，引發我的興趣與學習，站在旁邊看他寫書法，學習他的書法風格。他的個性倔強，堅持己見，有些業者會敬而遠之。（訪談稿，20150310）

賴玉婉：他是一位熱愛蘭花的販子，買賣實在，不會買空賣空，誇大不實，有把握拿到貨才會答應對方，也因為愛花才會對嘉德麗雅的不捨，畢竟那是他從年輕接觸的屬種，建立了深厚的情感，經常將自己辛苦栽培的花拿到前庭欣賞，而不是一般人只是為了賺錢而種花。

中島文子：他比日本人還日本人，很像日本東北人那種精神（比較強悍、耿直的性格）。（訪談稿，20150306a）

鄭耘明：[3]已經認識二、三十年了，曾向我買嘉德麗雅，他是我們蘭界的寶，是TIOS（台灣國際蘭展）審查委員會第二位主委，做得很好，他很勤於念書，知道許多故事，了解過去的大小事，考不倒他，在他身上學到正派，也是擔任評審最重要的條件，外表道貌岸然，一般人不敢接近他，缺乏親和力，嚴肅，其實相處之後才知他平易近人，很好相處。（訪談稿，20150315a）

李定雄：[4]已經認識二、三十年了，他是蘭界敬重的前輩，我剛開始接觸蘭花時，資源不足，他不吝指導我，那時台灣蘭花正要開拓外銷市場，他對開拓日本市場功不可沒，他之所以被敬重，主要是講信用、誠實，對蘭花的研究也很投入，對後輩很照顧，有問題會熱心協助，對帶動蘭界產業有所貢獻。我曾經帶花到日本交貨，日本蘭友發現品項不對，他當場幫忙化解紛爭。（訪談稿，20150315b）

李勇毅：[5]我12、13歲就喜歡翻閱蘭花雜誌，我是在《蘭花世界》上看過他的文章，但未曾見過其本人，那時知道他會拿一些新品種回來，也曾在《洋蘭月刊》看過他翻譯介紹土屋格教授，曾翻譯過土屋格整本的著作，印象很深刻。我小學時就喜歡種花，住在左營中油宿舍，那裡有許多家庭的庭園蘭園，也曾到嘉義、台中參觀蘭園，之後念嘉義農專，看到他本人時非常震驚，在協會聽過他的專題演講，自然科學博物館也曾邀請過他演講，尤其是聽過許多場介紹一些蘭花的歷史與故事，台灣前期的那一段，現在幾乎沒幾個人知道

[3] 鄭耘明：臺灣蘭花產銷發展協會審查委員會主任委員（南投 佳琦蘭園）。

[4] 李定雄：臺南大學南師藝聯會理事長（臺南 中營蘭園）。

[5] 李勇毅：自然科學博物館副研究員。

了，所以他能夠把這段歷史補白，真的很難得。（訪談稿，20150307a）

劉黃崇德在蘭界翻滾了近60載，從以上的經歷描述，發現他不僅是一位盡心盡力的蘭花販子，同時也是一位道地的趣味蘭藝家，吾人從他翻譯，〈世界らん展日本大賞2010－特別報導〉一文的內文以及心得中可以窺知一二，翻譯該文最後觸景生情地說：自從日本巨蛋的第1屆，筆者開始有攤位去做買賣，一轉眼這一次是第20屆，其中因各種因素偶爾前往作客，心境之複雜是相當地感慨，景氣的起伏，蘭花產業的變遷，世界情勢的演化，都是蘭花歷程影響的題材；不變的是熱愛蘭花真摯的心，與蘭為伍的人生，無限地追求蘭花的奧祕所獲的心得，才是自我的心滿意足。[6]

綜合本書各時期對劉黃崇德所敘述的生平事蹟，整理出他在台灣蘭界有如下的特殊表現：

一位白手起家的台灣嘉義青年打造了愛蘭園傳奇；

一位好學不倦的台灣蘭花販子收集豐富的蘭界文獻；

一位小學學歷的台灣蘭花販子發表百餘篇蘭界文章；

一位獨具慧眼的台灣蘭花販子開創蘭花插花之應用；

一位台灣蘭花販子獨闖日本為台灣蘭界開拓市場；

一位台灣蘭花販子率先投資興建中海拔專業溫室；

一位懂得飲水思源的台灣蘭花販子撰述蘭界前輩史；

一位台灣蘭花販子擔任日本東京巨蛋世界蘭展評審；

一位忠厚老實的台灣蘭花販子擔任台灣國際蘭展主審；

一位愛蘭如痴的台灣蘭花販子榮獲日本俳句大賞；

一位台灣蘭花販子見證了台灣蘭花發展史一甲子。

---

6 日本讀賣新聞刊載、劉黃崇德翻譯，〈世界らん展日本大賞2010——特別報導〉，《生活蘭藝》，50（臺南市，2010.04）：75-77。

蘭心紀事

劉黃崇德從不知蘭花為何物開始，婚前只知道父親將蘭花買賣當做謀生的飯碗。婚後生子之後，為了養家活口，順著環境接觸蘭花、種植蘭花、買賣蘭花，逐漸的涉入蘭業這一行。從參與蘭會與蘭展，結交蘭友、拓展人脈，在蘭界獲得一席之地，在台灣省蘭藝協會的時代，不斷的撰文投稿、學習插花藝術，以實事求是、精益求精的精神在蘭界服務，他不僅是個蘭業家，也是個蘭藝家，只因為子女眾多，此時仍以蘭業為重；在蘭業興起時期，他開啟了國外蘭業市場，生活更為忙碌，成了空中飛人，以致無暇好好的玩蘭；年過七旬分了家，此時才心無旁鶩，撥空轉回自己熱愛的蘭藝，他會用蘭藝的觀點審查別人的蘭花，他也期待年輕的蘭花業者，除了秉持傳統倫理道德從事蘭業之外，也要了解蘭業先輩走過的歷史足跡，體驗先輩愛蘭的精神。

第六章　蘭業勃興時代的蘭業文化

蘭業勃興時代掀起了一場蘭業的革命，也造就了時代的蘭業文化。蘭業的「革命」，意味著有起也有落，有興也有衰，其中國際化的蘭業文化，就是一場激烈競爭的市場，也加速了蘭藝與蘭業的分途，甚至促使了蘭藝的凋零；同時，在大型國際蘭展的審查工作，也面臨極為嚴苛的挑戰；至於台灣官方期待的「蘭花王國」，立意雖佳，仍需產官學界更加努力。

國際化的戰局

正當企業化的大型蘭園一一問世之後，產量大量增加勢必走向外銷一途，業者投入大筆的資金，不但要回收成本，更期待賺得利潤，因此會自謀出路，在外銷的過程與在國際上遇到的戰局，其過程所遭遇到的困境，均需邊走邊修正，以踩穩所建立的外銷制度。

所謂知己知彼、百戰百勝，那麼，國外強勁的競爭對手是如何看待台灣蘭業的，據陳加忠所述：2004年（民國93年）正是台灣官方、學術、研究界大規模投入蘭花產業的旗艦元年，而荷蘭與美國本土蘭花公司對於台灣蝴蝶蘭產業的定位是：1.育種與選種的王國，也是全球品種的提供者；2.組織培養苗的代工生產國，未來產品為中母瓶；3.高溫品種的代工基地。[1]美國Kerry先生對於台灣蘭花產業的評論：台灣的育種十分優秀，但是還不夠，因為銷售到世界各地的蘭株都有出現病毒，再者，台灣的生產效率不佳，遠遜於荷蘭，他們生產潔淨的種苗，為顧客選擇適合的品種，還有堅強的國際行銷夥伴。[2]台灣蘭業是否接受這種定位與批評，似乎是喜憂

[1] 陳加忠，〈蝴蝶蘭的國際競爭——2004年的回顧〉，《蘭藝生活》，1（高雄市，2005.01）：44-50。

[2] Kerry Herndon原著，陳加忠編譯，〈美國Kerry先生對於臺灣蘭花產業的評論〉，

參半，見仁見智。

為了拓展外銷，台灣區花卉輸出業同業公會2006年（民國95年）組織台灣花卉業者赴美拓銷團赴美了解市場行情；[3]同時，舊金山台灣貿易中心也提供「美國蘭花市場簡易市調」，[4]其中蘭花是台灣外銷美國的主力花卉之一。但是，多數學者的看法是，業者必須調整好內部的經營策略，只要有優秀的產品，自然會有市場價值。

陳加忠（2006年，民國95年）認為：台灣出現幾個極端的變化，一些成功的蘭園，雖然面積規模不到一公頃，但藉由品質的提升、生產數量的整齊、生產時程的把握、在海外建立品牌，產品自然供不應求，品種不在於多，而是徹底了解品種的特性；另一個極端變化，是以往的小中大苗代工型態的瓦解，返回以往一條龍的經營模式，雖是小園，自播種開始，組織培養苗請人代工之外，小中大苗、抽梗開花、組盆運輸展售均自己承包，其生存之道，在於不斷推陳出新品種，在市場上以特殊性取勝，也是為國外市場育出大批品種的基地。[5]他舉荷蘭為例，蘭花公司將小苗售出後，會輔導買主以相同於荷蘭的生長溫室環境栽培，台灣的業者只負責前段的售出，買家以自己的方式繼續栽培，分成二段的生長環境，無法控制品質，折衷的辦法就是建立海外基地。[6]

高紀清（2006年，民國95年）也提出他的觀點：蝴蝶蘭被政府列為旗艦產業，向國際間發出豪語，要成為蝴蝶蘭王國，官方與學

《生活蘭藝》，6（臺南市，2006.08）：44-45。

3 李定雄，〈2006臺灣花卉業者赴美拓銷團參訪紀實〉，《生活蘭藝》，6（臺南市，2006.08）：8-15。

4 舊金山臺灣貿易中心資料提供、李定雄整理，〈美國蘭花市場簡易市調〉，《生活蘭藝》，7（臺南市，2006.09）：64-77。

5 陳加忠，〈蝴蝶蘭的國際競爭——2004年的回顧〉，《蘭藝生活》，1（高雄市，2005.01）：44-50。

6 陳加忠，〈蝴蝶蘭海外基地的建立〉，《生活蘭藝》，8（臺南市，2006.10）：24-26。

者皆有心投入，業者卻不同調配合，十多年來蝴蝶蘭產業並沒多少長進，只有品種更替、產量增加、水牆風扇與活動植床廣泛使用而已，以上中國都做得到。[7]高紀清言下之意，中國大陸是一個強勁的競爭對手。這幾年台灣業者對大陸的市場非常的關切，對岸也頻頻向台灣業者招手，有些已經投資設廠，有些還在觀望。

泰安市政府舉辦2009年（民國98年）山東泰安首屆國際蘭花節暨第六屆花木交易會，該活動與台資三益集團的配合，邀請台灣和東南亞國家參與；泰安市政府訂下發展目標：建設亞洲最大蝴蝶蘭研究發展、組織培養和生產基地，4A級旅遊風景區，定期舉辦泰山國際蘭花節。[8]2010年（民國99年）第十屆亞太蘭展搭配第20屆中國蘭花博覽會在重慶市舉行，大會邀請台灣蘭花產銷發展協會協助辦理，計有30多個國家、600多株蘭花參展，台灣蘭花育種者協會也受邀參與。[9]從以上二例可以看出，兩岸的蘭業接觸頻繁，如何營造出雙贏的局面，業者與官方都需要凝聚共識，以謀對策。

由於台灣的內銷市場有限，蘭業勃興時期增加這麼多的大型蘭園，自然需要拓展外銷，然而國際市場的開拓，並不是有好貨品就能獲利，其間還需要了解國際市場之間的關係與需求，尤其是目前最強的對手荷蘭，以及未來可敬的對手中國大陸，皆是業者最關心的問題。

趣味者的凋零

自從蘭花採用組織分生大量生產之後，不但讓蘭花價格平民化，也造就了蘭花產業的蓬勃發展，這對蘭花文化的傳承可喜可

---

[7] 高紀清，〈談旗艦產業——蝴蝶蘭〉，《生活蘭藝》，8（臺南市，2006.10）：82-30。作者曾任臺灣蘭花產銷發展協會第四、五任理事長。

[8] 賴本智，〈2009年9月山東泰安首屆國際蘭花節暨第六屆花木交易會報導〉，《生活蘭藝》，45（臺南市，2009.11）：42-48。

[9] 黃禎宏，〈第十屆亞太蘭展在重慶〉，《生活蘭藝》，51（臺南市，2010.05）：62-69。

賀，然而，在欣喜的背後也產生一些隱憂，就是對傳統趣味者的打擊。在蘭藝協會時期的陳忠純醫師，是本時期育種能力的高手，也是不以營利為目的的玩家，他就認為組織分生是屬於商業行為，不是趣味者所追求的目標。在蘭業興起之後，蘭藝與蘭業漸漸分途，到了蘭業勃興時期，蘭業有了產官學的支持，也有台灣蘭花產銷發展協會的統整，以致台灣蘭業突飛猛進，反觀喜愛蘭藝的這些趣味者逐年凋零，一一打退堂鼓。

曾春北感慨的說，1970年代（民國60年代）的蘭展以趣味者較多，展出的花都是主人精心育種的傑作，然而當今的蘭展花多屬組織分生的複製花，得獎的作品便拿去大量生產，成為市場的便宜貨，不再物以稀為貴，建議蘭藝的歸蘭藝，市場花歸市場花。[10]然而，許多蘭花展示活動比擬成體育活動競賽，[11]甚至以全場總冠軍「轎車一部」為號召，[12]這也難怪會嚇走了許多趣味者，不足為奇。日本的中島文子接受訪問時，據她所知：日本的趣味者團體和業者的團體作風不同，趣味者著重在購入的蘭花，悉心的呵護、成長、追求完美為目的，業者手上的蘭花，則是希望輪轉愈快愈有利。（訪談稿，20150306a）

當然，此時期仍然還是有一些堅持趣味的玩家，例如商場界出生的林錦山純粹喜歡種植各種蘭花，從一株友人送的實生苗開始，自己慢慢摸索，四處串門子請教高人，歷經17年的經驗，經常參加各種蘭展，南征北討，抱走無數獎盃，自得其樂。[13]沈和貴以現代詩詞讚美蘭花，歌頌蘭花，懷念蘭花，敬佩蘭花。[14]劉黃崇德

---

[10] 曾春北，〈從蘭展看蘭藝〉，《蘭藝生活》，2（高雄市，2005.02）：14。

[11] 古坑花卉生產合作社、臺灣蘭花產銷發展協會，〈全運會農特產品展：蘭花展示活動競賽〉，《生活蘭藝》，1（臺南市，2006.03）：51-62。

[12] 林芳蘭，〈臺灣史上最大獎的蘭展即將展開——2007臺中全國蘭展〉，《生活蘭藝》，9（臺南市，2006.11）：32-34。

[13] 資料室，〈趣味家專訪——林錦山〉，《蘭藝生活》，12（高雄市，2004.12）：56-57。

[14] 沈和貴，〈蘭花謎、蘭花迷〉，《生活蘭藝》，10（臺南市，2006.12）：64-65。

在此時期認識了比較多的日本趣味蘭友，他在一個因緣際會之下，認識了日本蘭友村上謨弘，是一位退休銀行員，玩蘭已有20年經歷，偏愛豆蘭，村上氏看上了劉黃崇德家裡的一株豆蘭，劉黃崇德為了這株豆蘭，外加幫他尋找的共7株，趁到日本參加AJOS之便順便帶給他，而他回贈了自編的3本豆蘭屬（*Bulbopyllum*）和捲瓣蘭屬（*Cirrhopetaum*）之原生種的總目錄全集，這也是世界獨一無二的作品，劉黃崇德不僅如獲至寶，對日本的趣味者蘭友深感敬佩之意，他雖然不是植物學專業，也不是靠蘭花過活的業者，卻能如此的投入，四處收集資料並經查證，完成這本沒有市場價值的蘭藝工具書，說他傻瓜也好，他仍然樂在其中。[15]可見日本的趣味者玩蘭玩到相當的投入與專業，甚至比學者或業者都還要專精。

還有一例，劉黃崇德以榮譽審查委員身分，為台灣國際蘭展聘至大會演講的齊藤正博做翻譯，劉黃崇德於譯後感言：本文作者是一名醫師，擔任AJOS會長，是一位道地的蘭藝趣味家，曾獲東京巨蛋蘭展最高榮譽獎（亦即是「日本大賞」達三次），其演講內文中指出，由於近年遺傳因子學的科技精進，可以更精準地運用在蘭花分類，尤其是有些爭議性的分類，已可迎刃而解，此文針對蕾麗雅亞族（*Laelia*）原生種分類的變革，提出詳盡的說明。[16]

也因為蘭業文化的勃興，業者在埋頭苦幹、往前衝刺的同時，是否也需要讓自己靜下心來欣賞自己種的蘭花，或者欣賞別人種的蘭花，甚至對趣味者給予一些鼓勵與關懷。劉黃崇德發現，目前在日本仍有少數的趣味者喜愛蝴蝶蘭以外的屬種，例如嘉德麗雅、石斛、萬代、拖鞋以及其他特殊種類等，這些趣味者維持著欣賞品味的態度，而台灣像這種純粹的趣味者似乎已經絕跡。（訪談稿，

---

[15] 劉黃崇德，〈機緣的故事〉，《生活蘭藝》，19（臺南市，2007.09）：日本蘭友50-51。

[16] 齊藤正博原著、劉黃崇德翻譯、劉黃碧圓整理，〈在登錄時得以使用的主要蕾麗雅亞族的原生種：有關於最近的變更〉，《生活蘭藝》，29（臺南市，2008.07）：24-35。

20150216）依劉黃崇德的分析，目前台灣擁有「蘭花產業文化」，而「蘭花文化」稍嫌薄弱，泰國也是如此，缺乏厚實的「蘭花文化」，「蘭花產業文化」將無法持久支撐，劉黃崇德很推崇日本擁有厚實的「蘭花文化」，全國各地大大小小的蘭會活動頻繁，玩蘭花的趣味者不乏其人，反觀台灣的蘭會屈指可數，而且還仰仗政府的補助，會員連會費都懶得繳，更遑論會務的正常發展了。[17]

玩蘭花的趣味者大致可分為二類，一是自得其樂者，另一則是眾樂樂者，自得其樂者，不太會受到各種時代或者政經的變化所影響，但是眾樂樂者，通常需要組織團體，建立有制度、有秩序的遊戲規則，例如辦蘭展、欣賞會、審查會、出版期刊、舉辦推廣活動等，讓各路英雄好漢將自己的作品與人分享，甚至將自己培養蘭花的心得提出報告，寫作發表，出版專書，這種境界似乎在日本可以看得到，在台灣卻快絕跡了。

審查者的挑戰

蘭展的審查制度其來有自，這項沿自貴族式的審查文化有其歷史背景，我國也是沿襲是項傳統文化迄今，這種蘭展的審查制度，就如同檢視蘭友平日的養蘭成果，自己辛苦照顧培養的蘭株，自然也期待獲得眾人的肯定，然而，在台灣的蘭展史上每一個時期，均有耳聞蘭友對審查結果不滿或抗議情事，是以，也經常有審查委員表示無奈甚至拒審，不論如何，歸咎其因，蘭展的審查制度畢竟是一件好事，如何把審查的角色扮演好，是每位擔任審查者的天職，也是應該面對的挑戰。劉黃崇德已經有擔任近50年蘭展審查委員的經驗，甚至擔任過台灣國際蘭展主審，以及受邀擔任日本巨蛋蘭展審查工作，他說：

---

17 劉黃崇德，〈蘭花王國的願景（文化篇）〉，《生活蘭藝》，34（臺南市，2008.12）：11-13。

> 台灣從有蘭會組織開始就有審查制度，通常是根據美國蘭花協會（AOS）所制訂的審查規則，模仿美國的標準訂定台灣自己的審查指標，即使日本也是模仿美國的規則，是以，台灣的評選指標基本上是健全的，至於是否信服於人，端視審查員的素質問題，尤其是每位審查員的美感會有差異，我擔任過主審，我認為擔任審查員的條件，第一，就是心態要公正公開，不得有私心，審查員打的分數的高低會影響花的價值；其二，必須了解國際發展的潮流與現勢，世面看得多、經驗多者；審查員由理事會提名並投票表決聘任的，當然有時難免會有人抗議，所以審查員必須有能力說服他人，讓人心服口服，有這樣的程度才可擔任審查員。（訪談稿，20150228b）

也是擔任台灣國際蘭展審查委員的劉黃碧圓說：

> 台灣蘭藝協會因蘭花產業沒落而消失，之後因蘭花外銷已有起色，也受日本舉辦世界蘭展的刺激，業者認為有必要成立一個組織，台灣蘭花產銷發展協會成立後，主要任務是辦蘭展，是蘭業最重要的對口單位，具有整合作用，該會也成立了審查委員會，第一位主委卸任後，爸（劉黃崇德）被推薦接任主委，我經常擔任他的司機，所以也參與了該組織的活動，同時和我的教學工作互補。（訪談稿，20150310）

台灣蘭花產銷發展協會的審查委員，已經改成分級制度，訂有審查委員晉升辦法，每位審查委員經由擔任見習審查委員開始培養，需有出席審查會12次以上的經驗，熱心協助審查會或展覽會，完成專題演講報告，經各組組長推薦並通過能力檢定者，得晉升為準審查委員，準審查委員須繳交一篇專題報告，再經出席審查會6

次以上的經驗者，得報請理事會同意聘為公認審查委員。[18]可見，該會的審查委員的培養過程，較以往各時期來的嚴謹，素質也會比較整齊。

依黃禎宏指出：就2008年台灣國際蘭展而言，從美國邀請來的美國蘭花協會（AOS）的審查團8位成員，其中7位皆是富有聲望的資深審查員，經過嚴格的晉升制度才能獲得該會的審查委員資格，他們的背景幾乎都不是蘭花業者，另一位則是助理。[19]依黃禎宏的觀察發現，美國蘭花協會的審查員與台灣的審查員，雙方的審查文化確實有些差異：就著眼點來說，AOS審查員會從欣賞的角度找優點加分，台灣的審查員則從找缺點的角度扣分；以分數的計算起點而言，AOS審查員會調出歷史紀錄，尋找分數的基點，台灣的審查員則以自我中心衡量分數的基點；就自信心來看，AOS審查員都能獨當一面，該給的分數就放手給，台灣的審查員似乎包袱比他人重了一些，打起分數綁手綁腳的；再以開放的心胸重視別人的育種心血觀之，AOS審查員會站在育種者的立場想，台灣的審查員則會拿它和相類似的案例做比較。[20]

絕大多數的業者參加審查的目的，就會和利益連在一起，期待獲得金牌或FCC，期待一舉成名，一夜致富的心態大有人在。在世界各國的蘭界也都會舉辦蘭展和審查，採用的審查評分標準也大同小異，但是其中含有主觀意識的判斷，因此，一株蘭花在此蘭展得獎，在另一蘭展可未必；是以，審查者大可不必在意參展者的反應，只要憑良心評分即可，同時，參展者也應該信任審查者，以平常心面對審查的結果。

---

[18] 林嘉妤，〈TOGA審查委員晉升辦法〉，《蘭藝生活》，4（高雄市，2005.04）：30。

[19] 黃禎宏，〈TIOS 2008 的AOS審查團〉，《生活蘭藝》，29（臺南市，2008.07）：40-41。

[20] 黃禎宏，〈由TIOS 2008的六面FCC/AOS，省思臺灣的審查文化〉，《生活蘭藝》，27（臺南市，2008.05）：24-29。

創造蘭花王國的願景

台灣的蘭業在勃興之後，創下了許多歷史的紀錄，也超越許多蘭業先進國家，然而政府官員為了向民眾宣導政績，自稱台灣是「蘭花王國」、「蝴蝶蘭王國」，那麼，「王國」是什麼樣的概念呢？出口量世界第一？市場占有率世界第一？品質世界第一？還是代工產量世界第一？是已經達到「王國」境界？還是已達到「王國」為標的？民眾似乎並不理解，但是在專業的眼裡，大家心知肚明，劉黃崇德對「蘭花王國的願景」的看法，認為台灣的蝴蝶蘭產業已達世界一等，就自認為「蝴蝶蘭王國」，然而在劉黃崇德眼裡，這只能做短暫的自豪，他從蘭業歷史的演進，認為想要立下「蘭花王國的願景」，台灣還有一段很漫長的路要走，昔日流行「蘭花女王」嘉德麗雅蘭，退燒後虎頭蘭、春石斛、仙履蘭，都有過「蜜月」的時光，但也幾乎都被組織分生技術所打敗，目前風靡的蝴蝶蘭能屹立不搖嗎？劉黃崇德認為，之後將走入「多元化」的年代，各種蘭屬只要用心栽培，都會在市場上佔有一席之地，但他也強調，新一代的業者須以公義、倫理、神聖三者面對蘭藝事業，同時他也呼籲政府或公益團體能成立「蘭花智庫」、「蘭花博物園」、「蘭花學院」、「蘭花科研中心」，典藏各種圖書資料、各品種母株、培養研究人才等基礎工程，方有圓「蘭花王國」的機會。[21]

陳加忠也對許多傳播媒體似乎已經認定台灣是蝴蝶蘭王國的報導很不以為然，他發現在2004年（民國93年）之後，台灣蘭花業者在媒體的慫恿之下，開始驕縱霸氣、不可一世之心態瀰漫，台灣蘭花產業的真正對手不是荷蘭，而是自己沉淪的驕縱心態。[22]他認

---

[21] 劉黃崇德，〈蘭花王國的願景〉，《生活蘭藝》，18（臺南市，2007.08）：12-14。

[22] 陳加忠，〈缺憾還諸天地：對商業周刊報導的回應之三〉，《蘭藝生活》，22（臺南市，2007.12）：51-53。

為：台灣舉辦大型的國際蘭展，擁有大型的蘭花生物科技園區，就自詡台灣是蝴蝶蘭產業是天下第一，其實只是報喜不報憂的假象。他指出：台灣要走向國際，必須面對荷蘭的強大競爭對手，同時也要自我檢視台灣蘭花產業鏈中的弱勢，例如蘭花病毒的問題與檢測能力，大苗海運輸送之品質控管，品種的使用與品種權的合法性，台灣蘭花生物科技園區的功能發揮等等。[23]陳加忠強調：台灣的蝴蝶蘭產業若定位在國際化，就必須掌握住固本源與紮深根二者：

（一）固本源：就是維持種源與育種能力，短利者賣出獲取權利金，申請品種權則可以保護自己的權利。台灣的蝴蝶蘭業者必須保護好具有外觀特性、量產特性與市場特性的品種。

（二）紮深根：為了使台灣的蝴蝶蘭產業走向國際化，技術面、制度面、觀念面和人才面四者必須更上一層樓，其中人才的能力培養最迫切，除了從基本學理開始，也須培養觀察與歸納能力，提升外語能力，以及隨時掌握國際市場資訊。[24]

台灣能許下蘭花王國的願景，立意甚佳，但如何達到蘭花王國的願景，則需要訂出目標與策略，如何透過產官學界之間的合作，是重要關鍵。但是也要提醒政府切莫涉入過深，學術界莫與產業界脫節，學術研究成就需能應用於產業界，產業界則無需過度仰賴政府，虛心接受學術界的意見，如是，台灣許下蘭花王國的願景，將指日可待。

蘭業勃興時代的歸結

2015年台灣國際蘭展（Taiwan International Orchid Show，TIOS）每年在台灣蘭花生技園區舉行，已經邁入第11年，號稱目

---

[23] 陳加忠，〈省思與檢討：對商業周刊報導的回應之一〉，《蘭藝生活》，20（臺南市，2007.10）：66-72。

[24] 陳加忠，〈固本與紮根：對商業周刊報導的回應之二〉，《蘭藝生活》，21（臺南市，2007.11）：32-37。

前世界規模最大的蘭花展覽會，並朝精緻農業、觀光、生技與文化等四大領域發展，由台灣爭取到2020年（民國109年）世界蘭展主辦權觀之，台灣蘭花產業在國際上的地位，已經不容小覷。從第五輯所述的台灣蘭業勃興時代的這一段發展史，的確讓台灣的蘭業走進國際市場，也在國際上佔有一席之地，但是未來是否能維持如此的優勢，甚至更上一層樓，達到真正獨霸世界的「蘭花王國」之願景，尚有一段努力的空間。台灣蘭業勃興的重要因素以及所發展出來的文化現象，有如下的重點：

（一）蝴蝶蘭的崛起

劉黃崇德認為，目前流行蝴蝶蘭的原因，就是不論是實生或組織分生只需一年多就可再開花，而且花期長達3-4個月，深受消費者青睞，外銷市場極大，所以蝴蝶蘭價格可以平民化，反觀嘉德麗雅蘭成本高，市場的接受率低，在日本的蘭花市場生態也是如此。（訪談稿，20150216）依據陳麗敏2005年（民國94年）發表的報告顯示，台灣生產出口的組織培養蝴蝶蘭瓶苗、種苗皆是蘭花產業首屈一指。[25]在全球蝴蝶蘭市場上更是掌握了有五成以上的種源，以致政府官員特別輔導蝴蝶蘭產業，規劃為「精緻農業健康卓越方案」之一環。其實，在蘭業興起時代，蘭界已經透過產業界的贊助，於1987-1992年（民國76-81年）舉辦的第一至六屆的國際蝴蝶蘭特展，雖然規模不如預期，卻也奠定了台灣蝴蝶蘭產業的實力。加以台灣蘭花產銷發展協會舉辦了大規模的台灣國際蘭展之後，真正的打開了台灣蘭業的外銷市場，其中蝴蝶蘭佔有舉足輕重的地位，國際上蘭業人士也都知道，台灣蝴蝶蘭的確是世界最有特色的國家。

[25] 陳麗敏，〈種苗生技產業現況與趨勢〉，《農業生技產業季刊》，1（臺北市，2005.03）：1-8。

（二）產官學的投入

官方比較政策性的支持蘭花產業，行政院農業委員會於2006年（民國95年）整合的「農業生物技術國家型科技計畫」，以及訂定「農業生物技術產業化發展方案」，是一個重要的起始點，2009年（民國98年）行政院推出生技、觀光、綠能、醫療照護、精緻農業及文創等六大新興產業，其中「精緻農業健康卓越方案」全力發展農業生物技術，蘭花被列為重點輔導項目。有了政府機構做後盾，補助民間團體舉辦大型國際蘭展，學術界獲得諸多的生物科技研究專案經費，學術論文與期刊論文有如雨後春筍般的湧現，舉辦諸多的輔導蘭業業者之研討會與研習班，提升業者的專業知識與技能，同時，台灣蘭花生物科技園區成立，植物品種權制度的建立，都直接或間接的促成產業界投入蘭業發展的重要因素。

（三）垂直式的分工

垂直式的分工生產體系，主要是針對蝴蝶蘭而言，1990年代（民國80年代）之後，台灣蝴蝶蘭產業逐漸形成了垂直式的分工合作栽培體系。育種與申請專利權，是台灣蘭業的強項之一，其中不乏一些早期的副業型的趣味經營者；其次，組織培養技術專家，這種業者必須擁有專業的技術與設備，有些育種家或蘭園栽培者都仰賴組織培養公司，以便大量繁殖，並保有優質種苗繁殖技術；再其次，就是栽培管理蘭園者，不論是小型、中型或大型蘭園，都擁有溫室設備大量培養蘭苗，蘭苗又有瓶苗、小苗、中苗、大苗、帶梗苗、帶花苗等階段，有些業者只培養其中某幾個階段，有些業者還提供中海拔溫室，供需要的業者催花之用；再者，蘭花行銷者也是一種專業，包含市場調查、包裝運送技術，都已經發展出一門專業；以上所述垂直式的分工生產，除非資本雄厚的財團企業資本家，方能同時擁有這些分工生產專業。

（四）產業化的反省

蘭花產業化之後，發生蘭藝與蘭業的分途，蘭業有產官學界的支持，使得台灣蘭業逐漸勃興，蘭藝在自生自滅之下反而逐漸凋零。蘭藝與蘭業一定要分途嗎？不能攜手合作、相輔相成嗎？高齡九旬的台灣蘭界大老陳石舜認為：台灣蝴蝶蘭產業已經發展到了一個階段，下一個階段可以往吃的方向發展，其香味也可以開發化妝品，同時他也期待成立一個蘭花圖書館，由各界蘭友捐贈，讓讀者可以邊看書、賞花、研究，還邊喝咖啡。（陳石舜專訪影片之觀賞筆記，20150315）這不就是蘭藝與蘭業融合的理念嗎？行政院農業委員會官方網站，將劉黃崇德譽為蘭花達人，文中指出：劉黃崇德是台灣光復之後的一個蘭花貿易家，台灣蘭花產業發展史的見證人之一，也是開啟台灣蝴蝶蘭成為世界產銷王國指標性人物之一。[26]年逾八旬的劉黃崇德，對蘭花產業化的反省，期許蘭界必須重視文化建設的基礎工程，首重蘭花歷史的整理和理解，其次是傳統倫理道德的維繫，不論是蘭花的趣味者或是業者，均要擁有這種修為，方能導正蘭花文化步入正軌，蘭花王國的願景方能實現。[27]

茲將蘭藝文化的層次分析如下表，並與飲食文化、運動文化做對照，俾便清楚的理解各層次的特性，以及各層次之間的相異之處，也期待蘭友們更清晰的了解到，蘭業只是蘭藝的一環，蘭業的地位主要是在為蘭藝服務的技術層（器物層）和制度層（管理層），真正廣大的蘭花消費者與趣味者，還包含有心理層（情緒層）、社會層（人際層）、道德層（倫理層）、藝術層（美學

---

[26] 行政院農業委員會官方網站，農業知識入口網，蝴蝶蘭主題館，軌跡坊→養蘭達人→劉黃崇德，http://kmweb.coa.gov.tw/subject/ct.asp?xItem=6152&ctNode=1404&mp=31&kpi=0&hashid=#。

[27] 劉黃崇德，〈蘭花王國的願景（文化建設篇）〉，《生活蘭藝》，38（臺南市，2009.04）：52-54。

層）、聖化層（信仰層）、心靈層（自我層）的現象，於自由自在、自動自發的情境之下，從事自己感興趣的餐飲活動或體育活動或蘭藝活動，以獲得內心真正的樂趣。是以，在飲食文化圈裡，有美食家也有專業廚師，在運動文化界裡，有業餘運動員也有職業運動員，在蘭藝文化裡，有蘭藝趣味者也有蘭花業者；如果從事蘭業業者能夠深入瞭解蘭花消費者或蘭藝趣味者之需求的話，蘭業的發展才有立足之地。

表八：蘭藝文化的層次分析比較表

文化的層次	飲食文化	運動文化	蘭藝文化
技術層（器物層）	烹飪技巧、食材衛生、烹飪廚具、基因改造	鍛鍊體能、動作技巧、運動器材、運動科學	育種、栽培技巧、組織分生、溫室、生物科技
制度層（管理層）	廚房管理、採買制度、餐廳管理、餐飲行銷、食安政策、餐飲健康教育	運動規則、運動賽會、運動組織、運動行銷、運動政策、運動贊助	蘭花欣賞會、審查會、蘭花組織、產銷制度、品種權制度、推廣教育
心理層（情緒層）	感受各式料理、挑戰味蕾、穩定情緒	自我挑戰、贏得讚賞、追求卓越	賞心悦目、獲得肯定、生活調劑
社會層（人際層）	聚餐會友、聯絡感情	結識朋友、族群融合、公平競爭	以蘭會友、廣結善緣
道德層（倫理層）	食品誠實標示、憑良心烹飪	運動道德、品格修養	誠實登錄、生態保育
藝術層（美學層）	餐廳情調、餐飲藝術	運動欣賞、創意運動表演	蘭藝創意、詠詩作畫
聖化層（信仰層）	餐飲禁忌、食素積德	運動酬神	婚喪喜慶擺飾
心靈層（自我層）	追求自我實現、寧可廢寢忘食也要追求夢想、追求內在的幸福感；於自由自在、自動自發的情境之下，從事自己感興趣的餐飲活動或體育活動或蘭藝活動，以獲得內心真正的樂趣。		

附錄

訪談資料

○訪談過程基本資料表（依訪談日期順序排列）

訪談日期	訪談地點	受訪談者	訪談主題	訪談時間	轉譯稿字數
20150214	受訪者自宅	劉黃崇德	幼年家庭、童年生活、小學表現	40分鐘	1800
20150215	受訪者自宅	劉黃崇德	婚前生活、小學畢業後、自我進修	51分鐘	3100
20150216	受訪者自宅	劉黃崇德	婚後初期、服役、種菊花、進入蘭業	1小時	3600
20150226a	受訪者自宅	劉黃崇德	蘭友簡介、參加蘭會、士林蘭展、投稿益友	57分鐘	3400
20150226b	第一受訪者自宅	劉黃吳淑珠、劉黃碧慧	幼年生活、談劉黃崇德	19分鐘	850
20150228a	愛蘭花房	劉黃崇德	出國買賣、跑單幫、泰國、夏威夷、日本	1小時16分鐘	5800
20150228b	受訪者自宅	劉黃崇德	參與各種蘭展經驗、跑日本線、AJOS	1小時22分鐘	5300
20150301a	訪問者自宅	劉黃崇德	看老相片說故事	1小時6分鐘	2300
20150301b	訪問者自宅	劉黃崇德	生活軼事、自產自銷	53分鐘	3000
20150302	受訪者自宅	劉黃振坤、賴玉婉	談投入蘭業、劉黃崇德	1小時11分鐘	2900
20150305	愛蘭花房	陳盈達	談投入蘭業、劉黃崇德	35分鐘	980
20150306a	東園軒餐廳（嘉義市）	中島文子	談劉黃崇德	7分鐘	400
20150306b	東園軒餐廳（嘉義市）	望月信和	談劉黃崇德	2分鐘	200
20150307a	訪問者自宅	李勇毅	談劉黃崇德	3分鐘	300
20150307b	訪問者自宅	劉黃崇德	談陳忠純	4分鐘	300

20150310	訪問者台北自宅	劉黃碧圓	蘭花繁殖方法	1小時、無錄影	未做轉譯稿
20150313a	受訪者自宅	劉黃崇德	補充訪談、剖香腳流程	48分鐘	1900
20150313b	受訪者自宅	劉黃吳淑珠	婚前婚後生活	26分鐘	1400
20150314	愛蘭花房	劉黃碧圓	談劉黃崇德	56分鐘	2200
20150315a	烏樹林世界蘭展會場	鄭耘明	談劉黃崇德	3分鐘	100
20150315b	烏樹林世界蘭展會場	李定雄	談劉黃崇德	6分鐘	200
20150321	從雲霄古道至東市現場	劉黃崇德	兒時憶往	12分鐘	未做轉譯稿
20150323	受訪者自宅	劉黃振育	談投入蘭業、劉黃崇德	37分鐘	1400
20150427	受訪者自宅	劉黃崇德	濫觴物語人物補充	32分鐘	550
合計				15小時6分鐘	41980字

*訪問者：徐元民

*訪問者自宅：竹崎鄉內埔村

*使用工具：錄影機、腳架

*轉譯稿（transcribe）作業：2015/2/14至2015/4/27，平均每1小時錄影檔作業時間約6小時。

*無錄影訪談採筆記記錄。

*訪談日期即為訪談稿的編號。

○受訪談者背景資料表（以姓氏筆畫順序排列）

姓名	性別	年齡	任職	與劉黃崇德關係	備註
中島文子（日籍）	女	約70	全日本蘭花協會理事、副會長	蘭友	
李定雄	男	約70	台南大學南師藝聯會理事長	蘭友	經營中營蘭園（台南）
李勇毅	男	約40	國家自然科學博物館副研究員	蘭友	
望月信和（日籍）	男	約50	經營望月蘭園	蘭友	
陳盈達	男	54	經營愛蘭花房	女婿	愛蘭花屋：嘉義市東區

劉黃吳淑珠	女	80	無	夫妻	自宅：竹崎鄉紫雲村
劉黃振三	男	56	自由業	父子	隨機訪問，無錄影
劉黃振坤	男	53	經營下坑蘭園	父子	自宅：番路鄉下坑
劉黃振育	男	59	經營家庭蘭園	父子	自宅：嘉義市東區
劉黃振峰	男	62	經營家庭蘭園	父子	隨機訪問，無錄影
劉黃崇德	男	82	經營愛蘭島蘭園	本人	自宅：竹崎鄉紫雲村
劉黃碧華	女	57	經營苗木買賣	父女	隨機訪問，無錄影
劉黃碧圓	女	54	嘉義大學園藝學系講師	父女	
劉黃碧慧	女	60	退休教師	父女	
鄭耘明	男	約55	台灣蘭花產銷發展協會審查委員會主任委員	蘭友	經營佳琦蘭園（南投）
賴玉婉	女	50	經營下坑蘭園	媳婦	自宅：番路鄉下坑

引用文獻

一、期刊：

Albert CHU，〈談提振蘭藝之淺見〉，《蘭花世界》，172（台北市，1992.10）：28。

AOS Bull原載，本刊譯，〈對業餘蘭花育種者的忠告〉，《台灣蘭藝》，16.3（台北市，1977.05）：200-202。

AOS Bull原載，本刊譯，〈對業餘蘭花育種者的忠告〉，《台灣蘭藝》，16.3（台北市，1977.05）：200-202。

Brian S. Rittersausen原著，顧敏勝譯，〈如何適應華盛頓條約，保護自然運動，日本限制蘭花輸入的背景〉（譯自New Orhids No.12），《中華蘭藝》，9.1（台北，1986.01）：51-66。

Gordon W. Dillon原著，本刊譯，〈蘭花評審雜談〉，《台灣蘭藝》，14.2（台北市，1975.03）：97-99。

J.J.，〈期待、失望、無奈：2005年台灣國際蘭展觀後感〉，《蘭藝生活》，5（高雄市，2005.05）：49。

Joyce Stewart原著，王俊彬翻譯，〈國外學者對第八屆亞太蘭花會議在台灣台南之感言〉，《蘭藝生活》，11（高雄市，2004.11）：36-37。

Kerry Herndon原著，陳加忠編譯，〈美國Kerry先生對於台灣蘭花產業的評論〉，《生活蘭藝》，6（台南市，2006.08）：44-45。

Mary Noble著、龔憲曉譯，〈蘭株之新繁殖法〉，《台灣蘭藝》，5.1（台北市，1966.05）：8-9。

Merle A. Reinikka著、賴武揚譯，〈近代蘭學之父：約翰・林德禮〉，《台灣蘭藝》，7.6（台北市，1968.11）：179-182。

Merle A. Reinikka原著，資料室譯，〈蘭藝史上四名人〉，《台灣蘭藝》，12.6（台北市，1973.11）：250-254。

Robert M. Hamilton著、龔憲曉譯，〈分生組織栽培震盪器簡介〉，《台灣蘭藝》，5.3（台北市，1966.05）：100。

The Orchid Review原載，林榮森譯，〈英國蘭花栽培史概況〉，《台灣蘭藝》，16.5（台北市，1977.09）：336-338。

土屋格原著，本刊譯，〈台灣蘭界觀感〉，《台灣蘭藝》，13.4（台北市，1974.07）：158。

土屋格原著、編輯室譯，〈分裂組織繁殖蘭株〉，《台灣蘭藝》，4.5（台北市，1965.09）：10-11。

土屋格著，崇德譯，〈夏威夷蘭界近況〉，《台灣蘭藝》，8.3（台北，1969.05）：77-79。

土屋格著、崇德譯，〈蘭栽培的基礎問題（一）〉，《台灣蘭藝》，5.1（台北，1966.01）：10-13。

土屋格著、黃靈芝譯，〈台灣蘭界觀感〉，《台灣蘭藝》，7.3（台北市，1968.05）：101-108。

土屋格著、關凱圖譯，〈蘭花的螢光燈栽培〉，《台灣蘭藝》，5.5（台北，1966. 09）：167-168。

山家弘士原著、劉黃崇德譯，〈滿沾汙恥：蘭花世界的「聖杯」〉，《蘭藝生活》，11（高雄市，2005.11）：38-43。

中華民國專利公報，〈植物組織培養瓶組合蓋體改良結構〉，《生活蘭藝》，13（台南市，2007.03）：72-73。

日本讀賣新聞刊載、劉黃崇德翻譯，〈世界らん展日本大賞2010——特別報導〉，《生活蘭藝》，50（台南市，2010.04）：75-77。

王成源，〈蘭藝詩詠四首〉，《台灣蘭藝》，4.4（台北市，1965.07）：27。

王俊斌，〈2005年台灣國際蘭展紀實〉，《蘭藝生活》，5（高雄市，2005.05）：21-22。

王俊斌，〈嘉義大學校慶蘭展暨蘭花產業發展及病蟲管理研討會〉，《生活蘭藝》，1（台南市，2006.03）：69-71。

王清烈，〈蘭海十年浮沉錄〉，《洋蘭月刊》，7（嘉義市，1987.01）：2 6-28。

王博仁，〈蘭的組織培養法〉，《台灣蘭藝》，9.2-6（台北市，1970.10）：21-31。

古坑花卉生產合作社、台灣蘭花產銷發展協會，〈全運會農特產品展：蘭花展示活動競賽〉，《生活蘭藝》，1（台南市，2006.03）：51-62。

台大蘭園，〈第十三屆蘭花會議的感言〉，《中華蘭藝》，13.5（台北，1990.09）：151-153。

台大蘭園，〈台灣蘭業的展望及目標〉，《蘭花世界》，117（台北市，1988.01）：47-48。
本社，〈台大蘭園青年杯春季蘭花競賽〉，《蘭花世界》，163（台北市，1992.01）：24-25。
本社，〈台大觀光蘭園盛大開幕報導〉，《蘭花世界》，134（台北市，1989.06）：59。
本社，〈約翰哈里士（John Harris）外科醫師、蘭科專家〉（譯自The Orchid Review Vol. 88, p.200-204），《中華蘭藝》，4.1（台北，1981.01）：28-31。
本社，〈第三屆國際蝴蝶蘭特展〉，《蘭花世界》，132（台北市，1989.04）：10-17。
本社，〈禮品蘭花：蘭界的新興市場〉，《蘭花世界》，182（台北市，1993.08）：10-13。
本社，〈禮品蘭花：蘭界的新興市場〉，《蘭花世界》，183（台北市，1993.09）：16-19。
本社，〈籲請中華蘭協領導全國蘭界開辦國際性蘭展〉，《蘭花世界》，128（台北市，1988.12）：12-15。
朱欽昌，〈重振台灣的蝴蝶蘭事業〉，《洋蘭月刊》，7（嘉義市，1987.01）：21。
朱欽昌，〈蝴蝶蘭組培苗的生產規劃與面臨的問題（上）〉，《蘭藝生活》，12（高雄市，2004.12）：30-34。
朱欽昌，〈蝴蝶蘭組培苗的生產規劃與面臨的問題（下）〉，《蘭藝生活》，1（高雄市，2005.01）：26-29。
朱嘉雄，〈古典蘭蕙的欣賞：蘭蕙同心錄－品論篇詮釋〉，《台灣蘭藝》，10.4-5（台北市，1971.07-09）：141-149。
米澤耕一，〈祝詞〉，《台灣蘭藝》，1.1（台北市，1962.07）：2-3。
米澤耕一口述、大島明一筆記、郭宗熙譯，〈與米澤耕一先生談台灣蘭藝情況記〉，《台灣蘭藝》，2.3（台北市，1963.05）：9-17。
米澤耕一撰、春夢譯，〈米澤耕一先生來函：原函由李金盛先生提供〉，《台灣蘭藝》，2.5（台北市，1963.09）：23。
行政院農委會種苗繁殖改良場，〈文心蘭、蝴蝶蘭母本保存園設置輔導計畫〉，《蘭藝生活》，9（高雄市，2004.09）：32-33。

行政院農業委員會，〈植物品種權核准公告表〉，《蘭藝生活》，36（台南市，2009.02）：14-17。

行政院農業委員會種苗改良繁殖場，〈種苗產業經營管理提升班〉，《生活蘭藝》，15（台南市，2007.05）：40-41。

何資璋，〈看日本，談我國〉，《蘭花世界》，109（台北市，1987.05）：29-31。

克銘，〈「雜感一二」的共鳴〉，《台灣蘭藝》，4.2（台北，1965.03）：15。

吳昭回，〈交配家，請幫忙登錄一下〉，《中華蘭藝》，5.5（台北，1982.09）：415-416。

李定雄，〈1988年台灣第2屆國際蝴蝶蘭特展〉，《蘭花世界》，122（台北市，1988.06）：92-94。

李定雄，〈2006台灣花卉業者赴美拓銷團參訪紀實〉，《生活蘭藝》，6（台南市，2006.08）：8-15。

李定雄，〈參加蘭花產業農業科技人才培訓班感言〉，《生活蘭藝》，1（台南市，2006.03）：36-39。

李定雄，〈植物品種權介紹〉，《蘭藝生活》，10（高雄市，2005.10）：64-67。

李定雄，〈植物新品種鑑定及規範－以蘭花為例〉，《蘭藝生活》，11（高雄市，2005.11）：68-73。

李鵬郎，〈東京12屆世界蘭展的觀見、觀念、觀感〉，《蘭花世界》，110（台北市，1987.06）：30-35。

沈和貴，〈蘭花謎、蘭花迷〉，《生活蘭藝》，10（台南市，2006.12）：64-65。

阮育雄，〈蘭花組織培養實務〉，《蘭花世界》，115（台北市，1987.11）：32-34。

周武吉，〈不要讓蘭花笑我們俗〉，《蘭花世界》，172（台北市，1992.10）：10。

周武吉，〈做個受敬重的養蘭人〉，《蘭花世界》，79（台北市，1984.11）：10。

周武吉，〈您有資格參加蘭展嗎？〉，《蘭花世界》，180（台北市，1993.06）：10-13。

周武吉，〈台灣第七屆國際蘭展報導〉，《蘭花世界》，178（台北，1993.04）：14-15。

周武吉，〈台灣第七屆國際蘭展報導〉，《蘭花世界》，178（台北，1993.04）：14-15。

周武吉，〈蘭樂之所在〉，《蘭花世界》，26（台北市，1980.05）：10-11。

周鎮，〈A.O.S.評審員的資格〉、〈A.O.S.評審員的義務與責任〉，《台灣蘭藝》，13.6（台北市，1974.11）：293。

周鎮，〈必也正名乎〉，《台灣蘭藝》，5.1（台北市，1966.05）：24-29。

周鎮，〈台灣蘭協審壇初期簡史〉，《台灣蘭藝》，14.5（台北市，1975.09）：287-288。

周鎮，〈雜感一二〉，《台灣蘭藝》，4.1（台北市，1965.03）：10-12。

周鎮，〈蘭園中〉，《台灣蘭藝》，4.5（台北市，1965.09）：1。

周鎮主答，〈蘭藝信箱〉，《台灣蘭藝》，1.2（台北市，1962.08）：11。

岡見義男著、崇德譯，〈蘭栽培的歷史〉，《台灣蘭藝》，6.3（台北，1967. 05）：97-100。

忠秋，〈有感〉，《台灣蘭藝》，4.5（台北市，1965.09）：29。

林秉勳，〈嘉義愛蘭會十二月份蘭花欣賞會〉，《台灣蘭藝》，2.1（台北市，1963.01）：22。

林芳蘭，〈台灣史上最大獎的蘭展即將展開-2007台中全國蘭展〉，《生活蘭藝》，9（台南市，2006.11）：32-34。

林金其，〈喚起內心感性來欣賞蘭花〉，《中華蘭藝》，7.2（台北，1984.03）：131-134。

林章信，〈蘭友俱樂部：愛蘭源〉，《蘭花世界》，32（台北市，1980.11）：41。

林進賢，〈蘭花與我：蘭蘭蘭〉，《蘭花世界》，29（台北市，1980.08）：35。

林嘉妤，〈TOGA審查委員晉升辦法〉，《蘭藝生活》，4（高雄市，2005.04）：30。

林榮賢，〈台灣蘭藝的將來〉，《台灣蘭藝》，1.3（台北市，1962.09）：1-2。

秉勳，〈天下一品的故事〉，《台灣蘭藝》，8.2（台北市，1969.03）：47。

虎吉原著、編輯室譯，〈栽培蝴蝶蘭四十年之回顧（續）〉，《台灣蘭藝》，4.2（台北市，1965.03）：3-5。

屋格著、黃靈芝譯，〈台灣蘭界觀感（續）〉，《台灣蘭藝》，7.4（台北市，1968.07）：128-131。

春夢，〈忠純蘭園〉，《台灣蘭藝》，1.3（台北市，1962.09）：13-14。

春夢記，〈寶島蘭訊〉，《台灣蘭藝》，3.4（台北市，1964.07）：10。

洪東發，〈嘉義北嶽殿蘭展〉，《台灣蘭藝》，1.3（台北市，1962.09）：23-24。

為心，〈蘭花的啟示〉，《中華蘭藝》，14.5（台北，1991.09）：64。

美國蘭協會會刊著、周鎮譯，〈蘭藝辭彙〉，《台灣蘭藝》，7.5（台北市，1968.09）：145-174。

唐譯耕司、伊藤五彥合著、崇德譯，〈嘉德麗雅的近代名花二種〉，《台灣蘭藝》，8.1（台北，1969.01）：12-15。

孫福根，〈世界花后「蘭」〉，《台灣蘭藝》，14.6（台北市，1975.11）：302-303。

孫福根，〈非蘭之蘭〉，《台灣蘭藝》，14.6（台北市，1975.11）：311-12。

宮尾進著、崇德譯，〈台灣蘭蕙史：主談台北地方〉，《台灣蘭藝》，5.4（台北，1966. 07）：136-139。

徐相明，〈「黃帝」給我們的省思〉，《洋蘭月刊》，14（嘉義市，1987.08）：22-23。

徐相明，〈如何從失敗中站起來〉，《洋蘭月刊》，24（嘉義市，1988.06）：72-74。

徐相明，〈我們都是大家樂的受害者〉，《洋蘭月刊》，15（嘉義市，1987.09）：24-25。

徐相明，〈該是坐下來檢討的時候了〉，《洋蘭月刊》，22（嘉義市，1988.04）：84-86。

徐相明，〈蘭展：蘭界發展的雙行道〉，《洋蘭月刊》，20（嘉義市，1988.02）：91-92。

徐通德，〈評周著洋蘭〉，《台灣蘭藝》，1.1（台北市，1952.07）：7。

翁文謨，〈編輯後記〉，《台灣蘭藝》，4.2（台北市，1965.03）：32。

翁文謨編，〈論蘭科植物（一）〉，《台灣蘭藝》，4.1（台北市，1965.01）：6-9。

翁文謨編，〈論蘭科植物（二）〉，《台灣蘭藝》，4.2（台北市，1965.03）：6-13。
翁文謨編，〈論蘭科植物（三）〉，《台灣蘭藝》，4.3（台北市，1965.05）：11-13。
翁金珠，〈蘭界元老陳石舜〉，《中華蘭藝》，12.3（台北，1989.05）：72-74。
翁麗珠，〈蘭界元老陳石舜〉，《中華蘭藝》，12.3（台北，1989.05）：72-74。
高紀清，〈談旗艦產業－蝴蝶蘭〉，《生活蘭藝》，8（台南市，2006.10）：82-30。
崇德，〈九十二老人，七十六青年〉，《台灣蘭藝》，4.4（台北，1965.07）：22。
崇德，〈士林園試所恭祝總統華誕「蘭菊祝壽」〉，《台灣蘭藝》，6.6（台北，1967.11）：190-192。
崇德，〈不速之客蒞嘉的六分之五天〉，《台灣蘭藝》，6.2（台北，1967.03）：64-67。
崇德，〈五月花——嘉義五月份蘭花欣賞會感想記〉，《台灣蘭藝》，3.3（台北，1964.05）：16。
崇德，〈分類分組評審的檢討〉，《中華蘭藝》，5.6（台北，1982.11）：478-482。
崇德，〈東南亞蘭協蘭展紀盛〉，《中華蘭藝》，4.1（台北，1981.01）：25-27。
崇德，〈迎客記〉，《台灣蘭藝》，8.5（台北，1969.09）：148-149。
崇德，〈為蘭藝而藝蘭〉，《台灣蘭藝》，7.6（台北，1968.11）：183-185。
崇德，〈展覽報導〉，《台灣蘭藝》，6.4（台北，1967.07）：148。
崇德，〈恭祝總統就職蘭展〉，《台灣蘭藝》，11.4/5（台北，1972.7/9）：188。
崇德，〈泰國見聞隨筆（一）〉，《中華蘭藝》，5.1（台北，1982.01）：47-49。
崇德，〈泰國的蘭花事業〉，《中華蘭藝》，3.3（台北，1980.05）：228-230。

崇德，〈進言〉，《台灣蘭藝》，5.2（台北，1966.03）：67。
崇德，〈嘉義五月份欣賞會側記〉，《台灣蘭藝》，6.3（台北，1967.05）：109。
崇德，〈嘉義愛蘭會秋季蘭展報導〉，《台灣蘭藝》，4.6（台北，1965.11）：29。
崇德，〈蝴蝶蘭「壽山」的疑問〉，《台灣蘭藝》，8.2（台北，1969.03）：59-60。
崇德，〈難忘的蘭友〉，《台灣蘭藝》，4.5（台北，1965.09）：24-25。
崇德，〈蘭花插例－嬌豔臨風、驚鴻舞蝶〉，《台灣蘭藝》，3.5（台北，1964.09）：8。
崇德，〈蘭與蘭（門裡從東）〉，《台灣蘭藝》，5.1（台北，1966.01）：34。
張仁銓，〈蝴蝶蘭品種權申請介紹〉，《生活蘭藝》，3（台南市，2006.05）：8-22。
張仁銓，〈蘭科植物品種權申請現況〉，《蘭藝生活》，37（台南市，2009.03）：8-10。
張玉本，〈我為什麼不當評審委員〉，《台灣蘭藝》，15.1（台北市，1976.01）：33-34。
張朱金璋，〈從「蘭友」到「台灣蘭藝」〉，《台灣蘭藝》，1.1（台北市，1962.07）：4。
張朱金璋，〈難忘的人和品種〉，《台灣蘭藝》，8.1（台北市，1969.01）：6-7。
張志昌，〈書法〉，《台灣蘭藝》，4.4（台北市，1965.07）：26。
張建邦，〈石斛蘭、父親花〉，《中華蘭藝》，15.4（台北，1992.07）：3。
張建邦，〈感謝與期許〉，《中華蘭藝》，13.3（台北，1990.05）：1-2。
張耀海，〈創刊獻言〉，《中華蘭藝》，1.1（台北市，1978.01）：2。
張耀海，〈過去與未來〉，《台灣蘭藝》，13.4（台北市，1974.07）：135。
張耀海，〈蘭協今後之展望〉，《台灣蘭藝》，15.4（台北市，1976.07）：196-197。
張馨，〈徘徊於十字路口的蝴蝶蘭〉，《洋蘭月刊》，18（嘉義市，1987.12）：57-59。

張馨，〈蘭花生長氮磷鉀、蘭展成功金銀銅：別讓獎牌的銅臭味銹蝕了蘭藝的芬芳〉，《洋蘭月刊》，9（嘉義市，1987.03）：20-21。

採訪組，〈台大蘭園的碩士園丁：賴本智先生榮獲第十屆創業青年楷模〉，《洋蘭月刊》，19（嘉義市，1988.01）：10-13。

採訪組，〈第一屆國際蝴蝶蘭特展〉，《洋蘭月刊》，11（嘉義市，1987.05）：44-45。

採訪組，〈黃帝賣身契大公開〉，《洋蘭月刊》，12（嘉義市，1987.06）：19-24。

採訪組，〈蘭花生產改進研討會〉，《洋蘭月刊》，22（嘉義市，1988.04）：88-89。

望月信和著、劉黃崇德譯，〈「麗之島」的蘭栽培〉，《洋蘭月刊》，24（嘉義市，1988.06）：84-87。

莊朝基，〈蘭栽培：我的記憶〉，《台灣蘭藝》，7.2（台北市，1968.03）：67-68。

莊楊傑，〈蘭花各符號之說明〉，《台灣蘭藝》，2.1（台北市，1963.01）：14-15。

莫言又言，〈期待一個蘭業期待的TIOS〉，《生活蘭藝》，27（台南市，2008.05）：30-31。

郭睿，〈我愛蘭的動機即開始種蘭的經過〉，《台灣蘭藝》，3.6（台北，1964.11）：21-22。

陳文輝、陳虹樺編著，〈新書介紹——蘭花生物科技〉，《蘭藝生活》，20（台南市，2007.10）：64-65。

陳加忠，〈固本與紮根：對商業周刊報導的回應之二〉，《蘭藝生活》，21（台南市，2007.11）：32-37。

陳加忠，〈省思與檢討：對商業周刊報導的回應之一〉，《蘭藝生活》，20（台南市，2007.10）：66-72。

陳加忠，〈缺憾還諸天地：對商業周刊報導的回應之三〉，《蘭藝生活》，22（台南市，2007.12）：51-53。

陳加忠，〈蝴蝶蘭的國際競爭——2004年的回顧〉，《蘭藝生活》，1（高雄市，2005.01）：44-50。

陳加忠，〈蝴蝶蘭海外基地的建立〉，《生活蘭藝》，8（台南市，2006.10）：24-26。

陳石舜，〈五十一年秋季擴大蘭展記盛〉，《台灣蘭藝》，1.5（台北市，1962.11）：18-21。

陳石舜，〈第八屆亞太蘭花會議暨蘭展緣起〉，《蘭藝生活》，創刊版（高雄市，2004.01）：29。

陳石舜譯，〈洋蘭熱潮〉（譯自新日本花卉雜誌），《中華蘭藝》，3.5（台北市，1980.09）：412。

陳忠純，〈漫談*C.* Sedlescombe〉，《台灣蘭藝》，3.1（台北市，1964.01）：6-7。

陳忠純，〈關於嘉德麗雅系白色花之利用〉，《台灣蘭藝》，1.4（台北市，1962.09）：14-16。

陳承訓，〈參加第四屆蘭花會議記（上）〉，《台灣蘭藝》，2.6（台北市，1963.11）：1-3。

陳承訓，〈參加第四屆蘭花會議記（下）〉，《台灣蘭藝》，3.1（台北市，1964.01）：1-5。

陳俊呈，〈TOGA中區會員座談會暨蘭花整合性管理防治講習會〉，《生活蘭藝》，32（台南市，2008.10）：32-33。

陳俊呈，〈TOGA高屏區會員座談會暨蘭花產業現況與病毒病害防制講習會〉，《蘭藝生活》，34（台南市，2008.12）：54。

陳信平，〈由專利蘭花——*Blc.* Men. Helen Brown ‘Sweet Afton’談蘭花專利〉，《中華蘭藝》，3.2（台北市，1980.03）：139-140。

陳信平，〈再談蘭花專利及*Blc.* Ports of Paradise ‘Gleneyries Green Giant’/AOS之專利資料〉，《中華蘭藝》，3.5（台北市，1980.09）：413-415。

陳蓓祺，〈「蝴蝶蘭保鮮處理儲運技術廠商評選要點」會議〉，《生活蘭藝》，2（台南市，2006.04）：78。

陳聰敏，〈一個初學種蘭者的煩惱〉，《台灣蘭藝》，3.4（台北市，1964.07）：5。

陳麗敏，〈種苗生技產業現況與趨勢〉，《農業生技產業季刊》，1（台北市，2005.03）：1-8。

陳耀基，〈巨變、懼變、拒變：走不出的蘭業困局〉，《洋蘭月刊》，15（嘉義市，1987.09）：44-49。

陳耀基，〈序〉，《洋蘭月刊》，創刊版（嘉義市，1986.06）：4。

陳耀基，〈蛻變的痛苦與成長的喜悅：論蛻變中的台灣蘭界及未來應發展的方針〉，《洋蘭月刊》，9（嘉義市，1987.03）：42-45。
陳耀基，〈台灣目前蘭花事業：紙老虎（一）〉，《洋蘭月刊》，3（嘉義市，1986.09）：32-34。
陳耀基，〈台灣目前蘭花事業：紙老虎（二）〉，《洋蘭月刊》，4（嘉義市，1986.10）：28-30。
傅振東，〈對蘭展的我見〉，《中華蘭藝》，5.2（台北，1982.03）：136-137。
彭昌祐，〈介紹珊達氏蘭花雜交種名錄〉，《台灣蘭藝》，9.2-6（台北市，1970.10）：167-168。
曾春北，〈從蘭展看蘭藝〉，《蘭藝生活》，2（高雄市，2005.02）：14。
渡邊諄一，〈環遊世界：蘭花郵票（一）〉，《台灣蘭藝》，4.5（台北市，1965.09）：30-32。
渡邊諄一著、闕凱圖譯，〈環遊世界蘭花郵票（五）〉，《台灣蘭藝》，5.3（台北市，1966.05）：101。
黃冠良，〈蘭花組織培養發展史〉，《蘭花世界》，150（台北市，1990.10）：31。
黃桂金，〈第一屆台灣蘭花育種優秀人才菁英獎頒獎典禮報導〉，《生活蘭藝》，61（台南市，2011.03）：30-31。
黃禎宏，〈2009台灣國際蘭展〉，《生活蘭藝》，38（台南市，2009.04）：8-16。
黃禎宏，〈2010台灣國際蘭展〉，《生活蘭藝》，50（台南市，2010.04）：62-69。
黃禎宏，〈2011台灣國際蘭展〉，《生活蘭藝》，61（台南市，2011.03）：20-27。
黃禎宏，〈TIOS 2008 的AOS審查團〉，《生活蘭藝》，29（台南市，2008.07）：40-41。
黃禎宏，〈由TIOS 2008的六面FCC/AOS，省思台灣的審查文化〉，《生活蘭藝》，27（台南市，2008.05）：24-29。
黃禎宏，〈第十屆亞太蘭展在重慶〉，《生活蘭藝》，51（台南市，2010.05）：62-69。
黃禎宏、賈益強，〈從此一致的形象：台灣國際蘭展〉，《蘭藝生活》，25（台南市，2008.03）：76-78。

黃靈芝，〈嘉德麗雅培養史〉，《台灣蘭藝》，8.1（台北市，1969.01）：21-24。
楊玉明，〈大埤的回憶〉，《台灣蘭藝》，8.2（台北市，1969.03）：47。
楊玉明，〈養蘭三樂〉，《台灣蘭藝》，7.2（台北市，1968.03）：69-70。
楊仲佐，〈花中雜俎〉，《台灣蘭藝》，4.3（台北市，1965.05）：7。
資料室，〈98年度蘭花育種與產業發展研討會〉，《生活蘭藝》，36（台南市，2009.02）：66。
資料室，〈中華民國台灣省蘭藝協會蘭花評審章則〉，《台灣蘭藝》，15.1（台北市，1976.01）：41-50。
資料室，〈國畫蘭蕙——張李德和畫〉，《台灣蘭藝》，4.5（台北市，1965.09）：1。
資料室，〈絕世的驚奇，六面FCC/AOS的榮耀〉，《生活蘭藝》，26（台南市，2008.04）：31。
資料室，〈台灣省農林廳為商討如何輔導本省花卉事業座談會紀錄〉，《台灣蘭藝》，8.1（台北市，1969.01）：32-36。
資料室，〈台灣省蘭藝協會56年度工作報告〉，《台灣蘭藝》，7.6（台北市，1968.11）：200-201。
資料室，〈台灣省蘭藝協會成立大會紀錄〉，《台灣蘭藝》，1.1（台北市，1962.07）：12-13。
資料室，〈台灣省蘭藝協會第8屆第1次會員大會會議記錄〉，《台灣蘭藝》，15.4（台北市，1976.07）：223-234。
資料室，〈台灣省蘭藝協會第四屆第四次理監事會議聯席會議記錄〉，《台灣蘭藝》，8.5（台北市，1969.09）：157。
資料室，〈台灣省蘭藝協會新會員名單〉，《台灣蘭藝》，3.2（台北市，1964.03）：32-33。
資料室，〈台灣省蘭藝協會新會員名單〉，《台灣蘭藝》，3.3（台北市，1964.05）：25。
資料室，〈台灣省蘭藝協會新會員名單〉，《台灣蘭藝》，3.4（台北市，1964.07）：13。
資料室，〈台灣省蘭藝協會新會員名單〉，《台灣蘭藝》，4.3（台北市，1965.05）：30-31。
資料室，〈台灣蘭花文獻一覽〉，《台灣蘭藝》，1.2（台北市，

1962.08）：13-15。

資料室，〈蝴蝶蘭量產自動化技術研習班公告〉，《生活蘭藝》，3（台南市，2006.05）：26。

資料室，〈趣味家專訪——林錦山〉，《蘭藝生活》，12（高雄市，2004.12）：56-57。

資料室，〈環遊世界：蘭花郵票（三）〉，《台灣蘭藝》，5.1（台北市，1966.01）：30-32。

資料室，〈蘭音：蘭花交換〉，《台灣蘭藝》，3.4（台北市，1964.07）：3。

種苗改良繁殖場，〈94年植物組織培養種苗業設備體檢輔導計畫〉，《蘭藝生活》，6（高雄市，2005.06）：3。

管虎吉原著、編輯室譯，〈栽培蝴蝶蘭四十年之回顧〉，《台灣蘭藝》，4.1（台北市，1965.01）：1-5。

台南縣政府，〈台灣蘭花生物科技園區委託擴建、整建及營運（ROT）案簽約典禮〉，《生活蘭藝》，41（台南市，2009.07）：22。

趙宗訓，〈蘭花與我：園主！野人獻曝〉，《蘭花世界》，29（台北市，1980.08）：36。

齊藤正博原著、劉黃崇德翻譯、劉黃碧圓整理，〈在登錄時得以使用的主要蕾麗雅亞族的原生種：有關於最近的變更〉，《生活蘭藝》，29（台南市，2008.07）：24-35。

劉木勝，〈蘭友俱樂部：蘭顛〉，《蘭花世界》，32（台北市，1980.11）：42。

劉啟光，〈發刊詞〉，《台灣蘭藝》，1.1（台北市，1962.07）：1。

劉啟光，〈台灣蘭藝簡介〉，《台灣蘭藝》，2.5（台北市，1963.09）：1-3。

劉尊賢，〈依事論事〉，《台灣蘭藝》，4.6（台北市，1965.11）：25-26。

劉黃崇德，〈台灣省蘭藝協會第7屆第3次理事會提案〉，《台灣蘭藝》，13.6（台北市，1974.11）：295。

劉黃崇德，〈洋蘭發祥地在台中〉，《豐年》，55.22（台北，2005.11）：64-65。

劉黃崇德，〈相片——55年度春季蘭展金牌獎得獎花〉，《台灣蘭藝》，5.3（台北，1966. 05）：80。

劉黃崇德，〈尊重歷史、創造未來〉，《生活蘭藝》，12（台南市，2007.02）：14-18。

劉黃崇德，〈福至心自靈〉，《生活蘭藝》，60（台南市，2011.02）：39-41。

劉黃崇德，〈機緣的故事〉，《生活蘭藝》，19（台南市，2007.09）：日本蘭友50-51。

劉黃崇德，〈濫觴物語（II）——記述美齡蘭與李金盛的故事（上）〉，《豐年》，54.6（台北，2004.03）：54-56。

劉黃崇德，〈濫觴物語（II）——記述美齡蘭與李金盛的故事（上）〉，《豐年》，54.6（台北，2004.03）：54-56。

劉黃崇德，〈濫觴物語（II）——記述美齡蘭與李金盛的故事（下）〉，《豐年》，54.7（台北，2004.04）：49-50。

劉黃崇德，〈濫觴物語（III）——不可遺忘陳國榮所長對蘭藝的功勞〉，《豐年》，54.13（台北，2004.07）：50-52。

劉黃崇德，〈濫觴物語：記述福報遺人間的啟光仙〉，《生活蘭藝》，20（台南市，2007.10）：32-33。

劉黃崇德，〈濫觴物語：台中的蘭藝人文歷史－陳忠純醫師〉，《生活蘭藝》，2（台南市，2006.04）：36-40。

劉黃崇德，〈濫觴物語：謎樣的身世——美齡蘭〉，《生活蘭藝》，22（台南市，2007.12）：54-55。

劉黃崇德，〈濫觴物語：蘭藝文化墮落的檢討〉，《生活蘭藝》，21（台南市，2007.11）：31。

劉黃崇德，〈濫觴物語外傳：台南縣蘭人的第一號人物郭睿〉，《蘭藝生活》，8（高雄市，2005.08）：47。

劉黃崇德，〈濫觴物語——記開啟蘭花產業始祖慶春農園典故〉，《豐年》，53.16（台北，2003.08）：49-53。

劉黃崇德，〈鮮為人知的小故事：記「黃帝」的另一段情〉，《洋蘭月刊》，13（嘉義市，1987.07）：37。

劉黃崇德，〈蘭花王國的願景（文化建設篇）〉，《生活蘭藝》，38（台南市，2009.04）：52-54。

劉黃崇德，〈蘭花王國的願景（文化篇）〉，《生活蘭藝》，34（台南市，2008.12）：11-13。

劉黃崇德，〈蘭花王國的願景〉，《生活蘭藝》，18（台南市，2007.08）：12-14。

劉黃崇德，〈蘭展參觀記〉，《中華蘭藝》，9.2（台北，1986.03）：168-172。

編者，〈台灣省蘭藝協會章程〉，《台灣蘭藝》，1.1（台北市，1962.07）：18-19。

編者，〈台灣省蘭藝協會會員名冊〉，《台灣蘭藝》，1.1（台北市，1962.07）：28-30。

編者，〈台灣省蘭藝協會蘭花審查規則〉，《台灣蘭藝》，1.1（台北市，1962.07）：20-27。

編者，〈編後贅言〉，《台灣蘭藝》，1.1（台北市，1962.07）：11。

編者群，〈編者的話〉，《台灣蘭訊》，1（台南市，2012.03）：2。

編輯室，〈中華蘭協順利完成全面改選：張建邦榮膺第四屆理事長〉，《洋蘭月刊》，26（嘉義市，1988.08）：68-80。

編輯室，〈日本進口蘭花分類及現況分析〉，《洋蘭月刊》，37（嘉義市，1989.07）：51-73。

編輯室，〈日本蘭花市場之展望〉，《洋蘭月刊》，38（嘉義市，1989.08）：65-71。

編輯室，〈日本蘭花進口檢疫規定與章程〉，《洋蘭月刊》，38（嘉義市，1989.08）：56-64。

編輯室，〈亞洲三大蘭園之一：進利蘭園〉，《洋蘭月刊》，2（嘉義市，1986.08）：10-12。

編輯室，〈台灣應如何因應日本洋蘭界的大變局〉，《洋蘭月刊》，28（嘉義市，1988.10）：76-79。

編輯部，〈人物專訪：台灣蘭花產銷發展協會理事長盧哲民〉，《蘭藝生活》，4（高雄市，2004.04）：28-29。

編輯部，〈亞太蘭展理事會理事主席陳石舜先生專訪〉，《蘭藝生活》，4（高雄市，2005.04）：22-23。

編輯部，〈省農林廳成立蘭花檢定中心〉，《中華蘭藝》，15.2（台北，1992.03）：57。

編輯部，〈第六屆國際蝴蝶蘭特展〉，《蘭花世界》，166（台北，1992.04）：10-11。

蔡大川，〈蝴蝶蘭分生的世界〉，《蘭花世界》，119（台北市，1988.03）：46-50。

蔡政雄譯，〈蘭科植物的分類與命名法〉，《蘭花世界》，163（台北市，1992.01）：26-28。

盧振南，〈關於蘭花種子之無菌培養〉，《台灣蘭藝》，5.1（台北市，1966.05）：5-6。

賴本仕，〈對台灣蘭花育種者協會（TOBS）的期許〉，《蘭藝生活》，30（台南市，2008.08）：55。

賴本仕，〈蝴蝶蘭的大未來〉，《生活蘭藝》，31（台南市，2008.09）：58-59。

賴本智，〈2009年9月山東泰安首屆國際蘭花節暨第六屆花木交易會報導〉，《生活蘭藝》，45（台南市，2009.11）：42-48。

總編，〈編後語：台灣蘭界向前衝，政府官員們請別再混了〉，《蘭藝生活》，26（台南市，2008.04）：80。

鍾曉星，〈士林園藝試驗所春季蘭展盛況〉，《台灣蘭藝》，4.2（台北市，1965.05）：23-25。

鍾曉星，〈美國蘭友訪華簡記〉，《台灣蘭藝》，3.4（台北市，1964.07）：7-9。

鍾曉星，〈華南銀行、台灣省蘭藝協會聯合舉辦五四年度春季擴大蘭展〉，《台灣蘭藝》，4.2（台北市，1965.05）：26-31。

舊金山台灣貿易中心資料提供、李定雄整理，〈美國蘭花市場簡易市調〉，《生活蘭藝》，7（台南市，2006.09）：64-77。

羅宗仁，〈台灣的蘭業發展與蘭農經濟（一）〉，《中華蘭藝》，13.4（台北，1990.07）：117-122。

蘇得志，〈蘭藝叢談〉，《台灣蘭藝》，10.4-5（台北市，1971.07-09）：169-174。

蘭農，〈將軍藝蘭家－胡偉克先生〉，《台灣蘭藝》，1.4（台北市，1962.09）：22-23。

籬齋居士，〈愛他蘭味養吾真：台灣蘭藝界元老張李德和女士簡介〉，《台灣蘭藝》，1.3（台北市，1962.09）：15-17。

二、專書：

內政部戶政司，《全國姓名探討》。台北市，內政部。2012。14-15，190-191，234-235，304-305。

江寶釵，《張李德和書畫集》，嘉義市：嘉義市文化局。2000。
江寶釵，《張李德和詩文集》，台北市：巨流。2000。
林清強，《蘭花傳奇－李金盛先生傳》。高雄市：李金盛紀念雙親教育基金會，2012。
陳慷汎，《張李德和集》，台南市：台灣文學館。2013。
黃源謀，《台灣通史》，台北縣：新文京開發出版公司，2007.07。

三、網路：

Taisuco 蝴蝶蘭網頁，http://www.taisuco.com/orchids。
內政部人民團體全球資訊網，http://cois.moi.gov.tw/moiweb/web/frmHome.aspx。
成功大學蘭花研究中心網頁，http://orchid.rsh.ncku.edu.tw/files/11-1162-9214.php?Lang=zh-tw。
行政院主計處國民所得統計年報（2012）， http://www.dgbas.gov.tw。
行政院農業委員會官方網站，http://www.coa.gov.tw/show_news.php?cat=show_news&serial=1_diamond_20030502411500。
行政院農業委員會官方網站，農業知識入口網，蝴蝶蘭主題館，軌跡坊→養蘭達人→劉黃崇德，http://kmweb.coa.gov.tw/subject/ct.asp?xItem=6152&ctNode=1404&mp=31&kpi=0&hashid=#。
國立中興大學生物產業機電工程學系生物系統工程研究室陳加忠教授的BSE LAB，http://amebse.nchu.edu.tw/services.htm。
國家圖書館全球資訊網，http://ndltd.ncl.edu.tw/cgi-bin/gs32/gsweb.cgi/ccd=FH6OAJ/result#result。
國家圖書館全球資訊網， http://readopac.ncl.edu.tw/nclJournal/。
國家圖書館期刊文獻資訊網，http://readopac3.ncl.edu.tw/nclJournal/search。
教育部重編國語辭典修訂本，http://dict.revised.moe.edu.tw。
農業生技產業資訊網，http://agbio.coa.gov.tw/overview.aspx。
台灣蘭花育種者協會官方網站，http://tobs.org.tw/。
台灣蘭花產銷發展協會官方網站，http://www.toga.org.tw/。
劉堂坤的謝夏命案，參閱http://www.twtimes.com.tw/index.php?page=news&nid=46640。

四、其他：

洪東發家屬，《洪東發先生生平事略》，嘉義市：未出版手冊。2014。
陳石舜專訪影片之觀賞筆記，2015年03月15日。

跋

我寫這種歷史故事型的文章，相對於那些學術性的論文，感覺比較輕鬆而有趣，內涵豐實而令人動容，從小人物的觀點觀看世界，更能貼近人類真正的歷史面貌。尤其是故事的主角劉黃崇德，他無私地提供了他畢生所收集的蘭花專業期刊與專書，接受訪談時精神抖擻，興致勃勃，並且用非常道地的台語娓娓道來，談及過往幾度熱淚盈眶，泣不成聲，令為人晚輩的我，必須以理性壓抑感性，方能順利完成訪談工作；最可貴的是，我所提問的主題，他都可以很有邏輯性的描述與分析，讓我節省許多整理轉譯稿的時間，特此鳴謝。

其次，要感謝岳母劉黃吳淑珠，她對早年的人、地、時、事、物記憶猶新，填補了許多歷史時空的疑點，也拾回了被遺忘的往事，對我敘說歷史事件時，得以釐清一些脈絡，還有，劉黃崇德提供的昔日照片都是她精心保存的。

再次，要感謝本書另一作者劉黃碧圓，她擁有園藝學術背景，又接觸蘭藝事務多年，提供了我重要的台灣蘭藝文化背景，對我在本書歷史的分期有更精準的界線，針對本書敘述蘭花的專業術語、學術用語也做了正確的修飾，她也提供許多相關的文獻，以及各個分期時代的重點事件，讓整個台灣蘭花發展史呈現出更完整的面貌。

再者，接受訪談的尚有中島文子（全日本蘭花協會副會長）、李定雄（台南大學南師藝聯會理事長）、李勇毅（國家自然科學博物館副研究員）、望月信和（經營望月蘭園）、陳盈達（經營愛蘭花房）、劉黃振三（自由業）、劉黃振坤（經營下坑蘭園）、劉黃振育（經營家庭蘭園）、劉黃振峰（經營家庭蘭園）、劉黃碧華（經營苗木買賣）、劉黃碧圓（嘉義大學講師）、劉黃碧慧（退休教師）、鄭耘明（台灣蘭花產銷發展協會審查委員會主任委員）、賴玉婉（經營下坑蘭園）等人，有他們提供的材料，讓本書得以更臻完善，在此一併致謝。

最後要感謝秀威資訊科技股份有限公司同意合作出版，欣喜之餘，本書第二作者劉黃碧圓卻於2015年12月25日罹癌辭世，所幸已為台灣蘭界留下一段正向的能量。

徐元民於嘉義・如魚莊園

2016年01月02日

Do人物65　PC0587

王者的園丁

──台灣蘭花達人劉黃崇德

作　　者／徐元民、劉黃碧圓
責任編輯／徐佑驊
圖文排版／楊家齊
封面設計／李孟瑾

出版策劃／獨立作家
發 行 人／宋政坤
法律顧問／毛國樑　律師
製作發行／秀威資訊科技股份有限公司
地址：114 台北市內湖區瑞光路76巷65號1樓
電話：+886-2-2796-3638　傳真：+886-2-2796-1377
服務信箱：service@showwe.com.tw
展售門市／國家書店【松江門市】
地址：104 台北市中山區松江路209號1樓
電話：+886-2-2518-0207　傳真：+886-2-2518-0778
網路訂購／秀威網路書店：https://store.showwe.tw
國家網路書店：https://www.govbooks.com.tw

出版日期／2016年7月　BOD一版　**定價**／380元

|獨立|作家|
Independent Author
寫自己的故事，唱自己的歌

王者的園丁：台灣蘭花達人劉黃崇德 / 徐元民,
劉黃碧圓著. -- 一版. -- 臺北市：獨立作家,
2016.07
面； 公分. -- (Do人物 ; 65)
BOD版
ISBN 978-986-93153-5-7(平裝)

1. 劉黃崇德 2. 臺灣傳記 3. 蘭花

783.3886 105009577

國家圖書館出版品預行編目

讀者回函卡

感謝您購買本書，為提升服務品質，請填妥以下資料，將讀者回函卡直接寄回或傳真本公司，收到您的寶貴意見後，我們會收藏記錄及檢討，謝謝！

如您需要了解本公司最新出版書目、購書優惠或企劃活動，歡迎您上網查詢或下載相關資料：http:// www.showwe.com.tw

您購買的書名：________________________________

出生日期：________年________月________日

學歷：□高中（含）以下　□大專　□研究所（含）以上

職業：□製造業　□金融業　□資訊業　□軍警　□傳播業　□自由業

□服務業　□公務員　□教職　□學生　□家管　□其它_____

購書地點：□網路書店　□實體書店　□書展　□郵購　□贈閱　□其他

您從何得知本書的消息？

□網路書店　□實體書店　□網路搜尋　□電子報　□書訊　□雜誌

□傳播媒體　□親友推薦　□網站推薦　□部落格　□其他__________

您對本書的評價：（請填代號　1.非常滿意　2.滿意　3.尚可　4.再改進）

封面設計____　版面編排____　內容____　文／譯筆____　價格____

讀完書後您覺得：

□很有收穫　□有收穫　□收穫不多　□沒收穫

對我們的建議：________________________________

____

____

____

請貼
郵票

11466
台北市內湖區瑞光路 76 巷 65 號 1 樓
獨立作家讀者服務部 收

（請沿線對折寄回，謝謝！）

姓　　名：＿＿＿＿＿＿＿＿　年齡：＿＿＿＿　性別：□女　□男

郵遞區號：□□□□□

地　　址：＿＿＿＿＿＿＿＿＿＿＿＿＿＿＿＿

聯絡電話：(日) ＿＿＿＿＿＿＿＿ (夜) ＿＿＿＿＿＿＿＿

E-mail：＿＿＿＿＿＿＿＿＿＿＿＿＿＿＿＿